五★星出东方

新中国的70年

1949-2019

杨冬权 著

中国文史出版社

图书在版编目（CIP）数据

五星出东方：新中国的70年 / 杨冬权著 . -- 北京：中国文史出版社，2019.7

ISBN 978-7-5205-1272-5

Ⅰ . ①五… Ⅱ . ①杨… Ⅲ . ①社会主义建设成就 – 中国 Ⅳ . ① D619

中国版本图书馆 CIP 数据核字（2019）第 181930 号

责任编辑：戴小璇

出版发行：中国文史出版社
社　　址：北京市海淀区西八里庄 69 号院　邮编：100142
电　　话：010-81136606　81136602　81136603（发行部）
传　　真：010-81136655
印　　装：廊坊市海涛印刷有限公司
经　　销：全国新华书店
开　　本：1/16
印　　张：27.25
字　　数：428 千字
版　　次：2019 年 9 月北京第 1 版
印　　次：2019 年 9 月第 1 次印刷
定　　价：78.00 元

引 言

巍巍共和国，煌煌七十年。
中华民族千年史，掀开新一篇。
百年的耻辱洗，失去的尊严还，
敢向强权说声“不”，可同各国来比肩。
海内外的炎黄子孙，高昂首，大开颜。

2019 年 10 月 1 日，是新中国——中华人民共和国成立 70 周年。

1949 年 10 月 1 日，毛泽东在天安门城楼当着 30 万人，向全中国、全世界宣告中华人民共和国成立，并在国歌伴奏下升起了新的国旗——五星红旗。从此，五星照中国，五星出东方，五星耀世界。

1949 年，在历史的长河中，本应该同其他年份一样，是平常的一年。但是，就因为在这一年，成立了中华人民共和国，把中国历史开了一个新貌，让中国历史进入了一个新的阶段，所以，这一年也就因此而在中国历史上成为有特殊标志意义的一年。本书就从 1949 年 10月开始，逐年记录 70 年间的大事要事，反映五星出东方也就是五星红旗飘扬在中国、出现在人类东方以后，中国的历史进程和巨大变化。

新中国的成立，既改变了中国，也改变了世界。在讲新中国 70 年之前，让我们以 1949 年为界标，粗略地看一看在它之前 70 年间的世界与中国吧！

在世界，由 1949 年上溯 70 年，1879 年，部分第一国际的西班牙联盟成员，在马德里创立西班牙社会主义工党，社会主义思潮在《共产党宣言》出版31年后，在欧洲有新的发展；

由1949年上溯67年，1882年，英国侵占埃及，大英帝国在非洲占一金角；

由1949年上溯53年，1896年，英国与法国签订协议，瓜分东南亚势力范围；

由1949年上溯50年，1899年，美国侵略军在菲律宾发动进攻，3年后，菲律宾政府终于投降，受美国统治；

由1949年上溯44年，1905年，爱因斯坦建立“狭义相对论”，更新了人们的世界观，给物理学带来革命性的变化；

由1949年上溯35年，1914年7月，第一次世界大战爆发，30多个国家的15亿人卷入战争；

由1949年上溯32年，1917年10月，俄国十月社会主义革命胜利，世界第一个社会主义国家首先在资本主义薄弱环节出现；

由1949年上溯15年，1934年，希特勒在德国建立法西斯统治；

由1949年上溯10年，1939年9月，德国又入侵波兰，英、法对德宣战，第二次世界大战在欧洲又摆下战场；

由1949年上溯4年，1945年5月和9月，德国和日本东西两大法西斯国家，先后无条件投降，第二次世界大战结束，同年，联合国宪章签署，联合国成立，战后国际秩序形成；

由1949年上溯3年，1946年，美国参议员在演说中提出美国正处在冷战之中，接着，丘吉尔在美国发表“铁幕”演说，世界开始进入冷战时代。

在中国，由1949年上溯70年，1879年即清光绪五年3月，日本把臣属中国500年的古国琉球吞并，将琉球夷为冲绳县，中国在近代失去了第一个藩属国；同年10月，中国在沙俄胁迫下签订中俄《交收伊犁条约》，既失领土，又赔白银，丧权辱国；

由1949年上溯65年，1884年即清光绪十年，法国侵略军在中越边境和东南沿海挑起战端，中国福建水师全军覆没，接着清政府又在镇南关清军大败法军的有利条件下，反与法国签订不平等条约，中国丧失了又一个传统的藩属国安南；

由1949年上溯55年，1894年即清光绪二十六年，中日爆发甲午海战，中国洋务派苦心经营的新式陆海军完全溃败，中国被迫与日本签订《马关条约》，割让台湾，赔付巨款，“四万万人齐下泪”，举国愤慨！

由1949年上溯51年，1898年即清光绪二十四年，资产阶级维新派发动“戊戌变法”，但仅百日，便告失败；

由1949年上溯49年，1900年即清光绪二十六年，英、美、法、德、俄、日、意、奥八国联军侵略中国，攻陷首都，镇压“扶清灭洋”的义和团农民运动，中国政府再签《辛丑条约》，中国殖民地地位进一步加深；

由1949年上溯38年，1911年即清宣统三年，孙中山领导辛亥革命，成功地推翻了封建帝制，开创了民国，但革命果实落到军阀手里，中国社会更加黑暗腐败；

由1949年上溯33年，1916年1月1日，袁世凯复辟帝制，改中华民国为中华帝国，83天后，在全国反对下，被迫取消帝制，恢复民国；

由1949年上溯30年，1919年5月，在巴黎和会上，中国外交失败，未能争得第一次世界大战战胜国的权利，北京发生青年学生的爱国运动，6月，工人阶级加入运动，使五四运动发展为全国性爱国运动，把中国的民主革命推进到新民主主义革命的新阶段；

由1949年上溯28年，1921年7月，中国无产阶级的政党——中国共产党成立，中国历史发展有了新的推动力量；

由1949年上溯25年，1924年1月，中国国民党第一次全国代表大会召开，中国共产党进入国民党中央领导机构，第一次国共合作形成，一年多以后，两党进行北伐，征讨封建军阀；

由1949年上溯22年，1927年，蒋介石发动四一二政变，屠杀革命队伍中的共产党人，共产党人被迫拿起枪杆子，进行武装起义，建立军队和革命根据地，开展土地革命；

由1949年上溯18年，1931年，日本发动九一八事变，国民党奉行不抵抗政策，日本迅速占领中国东北，中国开始局部抗日；

由1949年上溯15年，1934年10月，在蒋介石军队的“围剿”下，共产党领导的中央红军被迫进行长征，并于1935年到达陕北；

由1949年上溯12年，1937年，日军发动七七事变，中国军队奋起抵抗，抗日战争全面爆发；

由1949年上溯4年，1945年9月2日，日本向盟军投降，抗日战争结束；

由1949年上溯3年，1946年6月，国民党军队大举进攻共产党控制下的中原解放区，全面内战爆发，中国共产党领导军民进行了解放战争，仅用了3年时间，就消灭了国民党数百万军队，解放了包括国民党政府首都在内的全国大部分地区，并于1949年9月召开了中国人民政治协商会议，决定了国歌和国旗、首都、纪年，选举出中央人民政府领导人，为新中国的诞生做好了一切准备。

目录
CONTENTS

1951 年
新中国的70年

1952 年
新中国的70年

1953 年
新中国的70年

1954 年
新中国的70年

1955 年
新中国的70年

1956 年
新中国的70年

1957 年
新中国的70年

1958 年
新中国的70年

1959 年
新中国的70年

1960 年
新中国的70年

1961 年
新中国的70年

1962 年
新中国的70年

1963 年
新中国的70年

1964 年
新中国的70年

1965 年
新中国的70年

1966 年
新中国的70年

1967 年
新中国的70年

1968 年
新中国的70年

1969 年
新中国的70年

1970 年
新中国的70年

1971 年
新中国的70年

1972 年
新中国的70年

1973 年
新中国的70年

1974 年
新中国的70年

1975 年
新中国的70年

1976 年
新中国的70年

1977 年
新中国的70年

1978 年
新中国的70年

1979 年
新中国的70年

1980 年
新中国的70年

1981 年

新中国的70年

1982 年

新中国的70年

1983 年

新中国的70年

1984 年

新中国的70年

1985 年
新中国的70年

1986 年
新中国的70年

1987 年
新中国的70年

1988 年
新中国的70年

1989 年
新中国的70年

1990 年
新中国的70年

1991 年
新中国的70年

1992 年
新中国的70年

1993 年
新中国的70年

1994 年
新中国的70年

1995 年
新中国的70年

1996 年
新中国的70年

1997 年
新中国的70年

1998 年
新中国的70年

1999 年
新中国的70年

2000 年
新中国的70年

2001 年
新中国的70年

2002 年
新中国的70年

2003 年
新中国的70年

2004 年

新中国的70年

2005 年

新中国的70年

2006 年

新中国的70年

2007 年

新中国的70年

2008 年

新中国的70年

2009 年
新中国的70年

2010 年
新中国的70年

2011 年

新中国的70年

2012 年

新中国的70年

2013年

新中国的70年

2014 年

2015 年
新中国的70年

2016 年

新中国的70年

2017 年

新中国的70年

2018 年

新中国的70年

2019 年
新中国的70年

1949年

1. 中央人民政府委员会第一次会议举行

1949 年 10 月 1 日下午 2 时，中央人民政府委员会举行第一次会议。毛泽东主持了会议。会议一致决议接受中国人民政治协商会议共同纲领为政府施政方针，选举林伯渠为中央人民政府委员会秘书长，任命周恩来为中央人民政府政务院总理兼外交部长，毛泽东为中央人民政府人民革命军事委员会主席，朱德为中国人民解放军总司令，沈钧儒为中央人民政府最高人民法院院长，罗荣桓为中央人民政府最高人民检察署检察长。

2. 开国大典

1949 年 10 月 1 日下午 3 时，中华人民共和国中央人民政府成立典礼在天安门广场隆重举行。中央人民政府主席毛泽东庄严宣告："中华人民共和国中央人民政府今天成立了。"在雄壮的国歌声中，毛泽东按动电钮，升起了国旗，54 门礼炮齐鸣 28 响。从中国共产党成立，到中华人民共和国成立，刚好经过了 28 年的艰苦奋斗。毛泽东还宣读了中央人民政府公告："自蒋介石国民党反动政府背叛祖国，勾结帝国主义，发动反革命战争以来，全国人民处于水深火热的情况之中。幸赖我人民解放军在全国人民援助之下，为保卫祖国的领土主权，为保卫人民的生命财产，为解除人民的痛苦和争取人民的权利，奋不顾身，英勇作战，得以消灭反动军队，推翻国民党政府的反动统治。""本政府为代表中华人民共和国全国人民的唯一合法政府。凡愿遵守平等、互利及互相尊重领土主权等项原则的任何外国政府，本政府均愿与之建立外交关系。"接着举行盛大的阅兵式和群众庆祝游行。中国人民解放军总司令朱德在阅兵式上宣读了解放军总部的命令，命令人民解放军迅速肃清一切残敌，解放一切尚未解放的国土。全国已经解放的各大城市，也举行了热烈的庆祝活动。

中华人民共和国的成立，是中国共产党领导的中国人民革命的胜利，是五千年中国历史中和 20 世纪世界历史上的重大事件，极大地改变了当今世界的政治格局，壮大了世界和平、民主、进步和社会主义的力量，具有重大的世界意义。它是五四运动以来，中国发生的三大历史性事件之一，也是中华民族伟大复兴征途上的一个重要里程碑，它把中国带进了人民当家做主的新时代。从中华人民共和国成立之日起，中国共产党变成了执政党，开始在全国范围内执掌政权，党的任务由领导全国各族人民夺取政权转变为领导全国各族人民巩固政权，建设新国家，党的历史从此揭开新的篇章。

3. 与友好国家建交

1949 年 10 月 1 日，新中国成立的当日，周恩来外长致函各国，将中央人民政府公告通知各国政府。此后，友好国家纷纷与我建交。10 月 3 日，中国首先同友好邻邦苏联建立外交关系。紧接着，10 月 4 日，中国与保加利亚建交；5 日，与罗马尼亚建交；6 日，与朝鲜、捷克斯洛伐克、匈牙利建交；7 日，与波兰建交；16 日，与蒙古建交；25 日，与德意志民主共和国建交。在以美国为首的西方阵营拒绝承认新中国的形势下，这些国家与我建交，意义重大。这是新中国外交的一个胜利。

4. 进军中南西南

1949 年 10 月中旬，以打击国民党军队在中南地区主力为目的的衡宝战役胜利结束，共歼灭白崇禧部主力 4 万多人，解放了包括衡阳、宝庆在内的湘南、湘西大部分地区。11 月 4 日，广东战役又告胜利，人民解放军共歼灭国民党军 6 万多人，并于 10 月 14 日解放了国民党“总统府”驻地广州。11 月 6 日，人民解放军又发起广西战役，到 12 月 14 日，共歼敌 17 万多人，解放了广西全境。

1949 年 10 月 10 日，蒋介石把国民政府从广州迁到重庆，妄图纠集残部凭借西南地区的崇山峻岭，阻止人民解放军南下。11 月 1 日，人民解放军分多路进军西南，迅速解放黔东广大地区，11 月 30 日解放了重庆，并将胡宗南集团主力 40 余万人压缩包围于成都城下。在人民解放军的政策感召和军事威慑下，12 月 9 日，国民党政府云南省主席卢汉、西康省主席刘文辉等宣布起义，云南、西康和平解放。接着，人民解放军发起解放成都战役，在人民解放军的猛烈攻击下，蒋介石在大陆地区的最后一支主力除起义者外，全部被歼，27 日，成都解放。到 1950 年 4 月初，历时 160 多天的西南战役胜利结束，共歼敌 90 余万人，解放了四川、西康、云南、贵州 4 省的大部或全部，以及湖南、湖北、陕西、甘肃等省的最后 50 余座城市。国民党的反动势力被基本逐出了中国大陆。

5. 稳定物价

1949 年 11 月 1 日和 5 日，中央财经委员会两次开会研究稳定物价问题，以控制当时由投机势力操纵的恶性通货膨胀。之后，中央政府领导在全国范围内调集粮食、棉纱等物资，同时停止贷款并按约回收贷款，冻结资金，然后各大城市统一行动，趁市场高价大量抛售，与投机势力打了一场漂亮的“米棉之战”，哄抬物价的投机者遭到惨重失败，猛烈上涨的物价很快稳定了下来。人民政府在管理经济的新领域赢得了一个大胜利。

6. 两航起义

1949 年 11 月 9 日，在人民政府的政策感召下，原国民党政府的中国航空公司和中央航空公司全体员工 4000 人宣布起义。当晚，周恩来设宴招待起义人员。起义后留在香港的 70 余架飞机和其他资产，经过我国政府的外交努力和公司留港护产职工的斗争后，也回到大陆。在这前后，香港还发生了招商局的“海辽轮”起义、国民党资源委员会驻香港员工起义、招商局全体员工起义等一系列起义，这些起义为发展新中国航空和航运事业作出了很大贡献。

7. 取缔妓院

1949年11月21日，北京市第二届各界人民代表大会通过封闭妓院的决议。晚8时半，几百名公安战士奔赴北京著名的花柳巷八大胡同，一夜之间，北京224家妓院被全部封闭，1290多名妓女得到解放，在政府帮助下开始新生活。此后，上海等全国各大城市也迅速、坚决地封闭了妓院。在中国流行了3000多年的娼妓毒瘤，被迅速扫除。人民政府一举铲除娼毒，极大地提高了政府在全国人民中的威信。

8. 发行人民胜利折实公债

1949年12月2日，中央人民政府委员会第四次会议通过了1950年度全国财政收支概算，这是新中国第一个财政收支概算；并通过关于发行人民胜利折实公债的决定。1950年1月5日，人民胜利折实公债正式发行，全国人民踊跃购买。折实公债的发行，对战后的国家重建起了很大作用。

9. 毛泽东首次访苏

1949年12月6日，中共中央主席、中央人民政府主席毛泽东第一次走出国门，前往苏联进行友好访问，寻求建立和发展新的中苏两党和两国关系。16日，当毛泽东到达莫斯科的当天，苏共中央总书记、苏联部长会议主席斯大林便会见了毛泽东。1950年1月20日，中华人民共和国政务院总理兼外交部长周恩来也到达莫斯科参加中苏会谈。经过多次会谈讨论，1950年2月14日，两国政府签订了《中苏友好同盟互助条约》和《关于中国长春铁路、旅顺口及大连的协定》《关于贷款给中华人民共和国的协定》。在有效期30年的《中苏友好同盟互助条约》中，双方保证以友好合作的精神，并遵照平等、互利、互相尊重国家主权与领土完整及不干涉对方内政的原则，发展与巩固中苏两国之间的经济、文化关系，彼此给予一切可能的经济援助，并进行必要的经济合作。根据协定，苏联于1952年12月31日正式将长春铁路移交中国，苏联军队也于1955年5月26日全部撤出旅顺、大连回国。1945年苏军在对日作战中占领的旅顺、大连，全部归还中国。

1950年

10. 京汉、粤汉铁路修复通车

1950年1月1日，我国南北交通大动脉京汉、粤汉两条铁路全线修复通车。由于长期战争，这两条铁路全线交通已中断12年之久。从1949年1月开始，在两条铁路沿线解放了的地区，人民政府领导人民大规模抢修，经过一年的奋战，终于修复了这两条交通干线。

11. 收回外国在华兵营、收回海关

1950年1月14—16日，北京市军管会分别收回美国、法国、荷兰在北京兵营的地产，并征用各该地面上的兵营和其他建筑物，取消了帝国主义在中国的一项特权。这项措施，体现了新中国维护民族独立和国家主权的决心。

1950年1月20日，海关总署改订全国各关及所属各分支关的名称。27日，政务院又作出关于关税和海关工作的决定。在人民政府领导下，被帝国主义盘踞了100多年的中国海关终于完全收回，中国国门的钥匙开始放在了中国自己的口袋里，帝国主义利用不平等条约获取的在华经济特权终被废除。

12. 发行全国统一邮票

1950年2月10日，邮电部发行新中国首批通用邮票《天安门图》第一组共9枚。随着这套全国通用邮票的发行，从9月1日起，原由各地区发行的分区邮票停止使用。

13. 统一国家财经

1950 年 2 月 13—25 日，中财委召开全国财经会议，决定统一国家财政经济。3 月 3 日，政务院发布这一决定，规定统一全国的财政收支、物资制度和现金管理。新中国这一重大制度的实施，使国家经济状况迅速好转，我国高度集中的财经管理体制也从此形成。

14. 禁绝烟毒

1950 年 2 月 24 日，政务院发布严禁鸦片烟毒的通令，要求各地设立禁烟禁毒委员会，对继续贩运、制造、销售毒品者从严治罪。经过两年多的努力，禁毒取得举世瞩目的成果。肆虐中国百年的鸦片烟毒被基本禁绝，人民政府创造了又一个奇迹。

15. 确定六一儿童节和五四青年节

1950 年 3 月 30 日，教育部规定，6 月 1 日为儿童节，废除旧的“四四”儿童节。4 月 10 日，中国新民主主义青年团中央决定，以每年 5 月 4 日为中国青年节及青年团成立纪念日。自此，新中国的亿万儿童和青年，每逢“六一”和“五四”，都欢度他们自己的节日。

1950 年 6 月 1 日，在北京中山公园召开了六一国际儿童节庆祝大会，到会的有苏联、朝鲜、匈牙利、罗马尼亚、捷克等国家的小朋友及母亲。

16. 解放海南岛

1950 年 3 月，为了消灭盘踞海南岛的国民党军残部，解放海南，人民解放军发起海南岛战役，5 日和 26 日两次偷渡分别成功。4 月 16 日晚，解放军两个军的主力强渡琼州海峡，次日凌晨在琼北敌前胜利登陆，经过十余天激战，到 5 月 1 日解放全岛，歼敌 3 万余人。五星红旗插上了中国第二大岛海南岛。

解放海南，为人民解放军解放其他海岛，实现祖国完全统一提供了宝贵的经验。

17. 严禁机关部队经商

1950年4月22日，国家财经委员会发出关于严禁机关、部队经营商业的指示。这一指示的执行，保持了党政机关和人民军队的廉洁，有利于进一步提高政府和军队的凝聚力和战斗力。

18. 《婚姻法》颁布

1950年5月1日，中央人民政府将《中华人民共和国婚姻法》公布施行。在这之前，4月30日，中共中央通知全党保证《婚姻法》的执行。全国总工会、青年团中央、民主青联、全国学联和全国妇联发布关于拥护《婚姻法》的联合通知。《婚姻法》制定的基本原则，是要彻底摧毁中国长期封建制度在婚姻关系上加于人民的枷锁。《婚姻法》废除包办强迫、男尊女卑、漠视子女利益的封建婚姻制度，实行婚姻自由、一夫一妻、男女平等、保护妇女和子女的合法利益的新婚姻制度。这部新中国的第一部法律，集中体现了新中国的妇女解放政策，深受全国人民的欢迎。它的实行，使几千年来的中国社会家庭生活发生了伟大变革。

19. 留学生纷纷回国

1950年5月3日，新华社报道，海外的中国留学生，纷纷回国参加建设。在新中国的召唤下，许多海外学子，放弃在国外的优厚条件，回到祖国，参加热火朝天的建设事业。这些回国的留学生，用他们的专业技术，为社会主义建设事业服务，成为新中国各项建设事业的栋梁之材，为描绘新中国现代化的蓝图作出了自己的贡献，用实践体现了他们对新中国的忠诚和热爱。

20. 中共七届三中全会召开

1950 年 6 月 6—9 日，中共中央在北京召开了七届三中全会。毛泽东主持会议，并作了书面报告和重要讲话。刘少奇、陈云、周恩来、聂荣臻分别就土改、财经、外交与统战、军队整编等问题作了报告。会议确定要做好土改等八项工作，强调必须团结绝大多数人，而不要四面出击，树敌太多。这次会议确定了中国共产党在国民经济恢复时期的行动纲领，促进了国家财经状况的根本好转。

21. 土地改革

1950 年 6 月 14—23 日，由于大片的新解放区尚未进行土地改革，为了调动新解放区农民的积极性，全国政协一届二次会议重点讨论改革封建土地制度问题，刘少奇作了报告。28 日，中央人民政府委员会第八次会议讨论并通过了《土地改革法》。广大农民热烈拥护，各级土改工作团深入农村发动群众，划分农村阶级，没收和分配土地。在有三亿一千万人口的新解放区，土改运动轰轰烈烈。到 1953 年春，全国除少数民族聚居区和未解放的地区外，基本上完成了土改任务。在人民政府的领导下，亿万农民实现了“耕者有其田”的世代梦想，中国出现了农民拥有自己土地的千年巨变。

22. 抗美援朝

1950 年 6 月 25 日，朝鲜内战爆发。27 日，美国宣布武装干涉，发动对朝鲜的全面战争，同时派遣海军第七舰队入侵台湾海峡。6 月 28 日，周恩来外长发表声明，强烈谴责美国的侵略行径。毛泽东号召准备打败美国任何挑衅。7 月 7 日，中央军委决定组建东北边防军，以保卫东北边防、抗击美国侵略。8 月下旬，美国飞机悍然侵犯我国领空，扫射我国人民，把战火烧到中国。10 月初，美国侵略军不顾中国政府的一再警告，悍然越过三八线，大举侵犯朝鲜北方，迅速向朝中边境推进。在这个危急关头，朝鲜党和政府向中国党和政府提出出兵援助的请求。中共中央和毛泽东高瞻远瞩，审时度势，以雄伟的气魄和非凡的胆略，作出了抗美援朝，保家卫国的历史性决策。10月8日，毛泽东命令组成中国人民志愿军迅即出动，彭德怀为司令员兼政委。10月19日，志愿军雄赳赳、气昂昂地跨过鸭绿江，同朝鲜人民军一起，并肩打击美国侵略者。10月25日首战告捷。到1951年上半年，中国人民志愿军和朝鲜人民军连续发起了5次大的战役，歼敌近20万人，收复了平壤，并把敌人赶回三八线附近，从根本上扭转了朝鲜战局。

23. 镇反剿匪

新中国成立初期，全国各地残存着大量的土匪、恶霸、特务、反动党团骨干和反动会道门头子等反革命分子。朝鲜战争爆发后，他们以为时机已到，猖狂向人民发动进攻，制造了一起起反革命事件。为了巩固新生的人民政权，1950年7月23日，政务院发布《关于镇压反革命活动的指示》，一场大规模的镇压反革命的运动在全国开展起来。各地纷纷召开各种控诉会、公审会、展览会等，形成了检举、揭发、控诉反革命分子罪行的高潮。在“镇反”的同时，中国人民解放军展开了大规模的剿匪斗争。镇反剿匪历时三年，共破获600余起特务案件，肃清200多万武装匪特，一批沾满人民鲜血的历史反革命分子被抓获。1947年杀害刘胡兰烈士的凶手等，都相继落入法网。镇反剿匪基本肃清了中国大陆上残留的反革命势力，曾经猖獗一时的匪祸也基本上肃清，共和国出现了历史上从未有过的安定局面。新生的人民政权得到了巩固，各项社会改革和经济建设事业也得到了保障，并取得稳步发展。

24. 治理淮河

1950年7月，淮河流域发生特大洪水，灾区人民受灾严重。一向关心人民疾苦的毛泽东批示，限期治理淮河。10月14日，政务院发布治淮决定；11月6日，又成立了治淮委员会。豫、皖、苏三省大地上，几十万大军投入根治淮河的工程。在毛泽东“一定要把淮河修好”的号召鼓舞下，新中国根治水患的第一次决战，很快就取得了重大胜利，显示了人民政府领导人民抵御自然灾害的决心和能力。

25. 国徽图案公布

1950 年 9 月 20 日，毛泽东主席发布命令，公布中华人民共和国国徽图案。1949 年 7 月，政协筹备会向国内外征集国徽图案，原计划在共和国成立前确定下来。但应征的 900 幅图案无一能令人满意，因而新中国成立后，由原设计小组继续设计。经过广泛吸收意见和参考国内外资料，由梁思成执笔，大家共同讨论，终于绘制出各方面都满意的国徽图案。在新中国第一个国庆节前夕，庄严、富丽的中华人民共和国国徽诞生了。

26. 中国代表在联大控诉美国侵略台湾

1950 年 11 月 24—28 日，在中国政府的强烈要求下，中国特派代表伍修权及顾问乔冠华等出席联合国安理会讨论控诉美国武装侵略台湾案会议。伍修权 28 日在发言中指出：台湾自古以来就是中国领土不可分的一部分。远在哥伦布来到美洲大陆之前，中国人已经到了台湾。远在美国独立之前，台湾就已经成为中国领土不可分的一部分。从而向全世界表明了中国政府在台湾问题上的严正立场。

27. 接收外国在华文化机关

1950 年 12 月 29 日，政务院第 65 次政务会议通过《关于处理接受美国津贴的文化教育、救济机关及宗教团体的方针的决定》。据统计，1950 年底，全国接受外国津贴的高等学校共 20 所、中学 514 所、初级学校 1133 所，其中多数为接受美国津贴。《决定》公布后，北京、上海、南京等地的教会团体、医院、学校和救济机关，纷纷发表宣言或致电周恩来总理，支持政务院这一决定。接收外国在华文化机关由中国人民完全自办，进一步肃清了近代以来帝国主义在中国的影响，维护了中国人民的文化、教育、宗教事业权利。

28.《私营企业暂行条例》通过

1950 年 12 月 29 日，政务院第 65 次会议通过《私营企业暂行条例》。要求私营企业遵照执行政府制定的产销计划，以克服盲目生产，调整产销关系，逐步走向计划经济。企业应切实执行一切有关劳动法令。企业的财产和营业受充分的保护，管理权属于投资人，但劳资双方利益由劳资协商会议或劳资双方协商。

29. 中国军事顾问团赴越

1950 年 12 月，应越南民主共和国主席胡志明的请求，中国政府派出军事顾问团，并以大量军事装备和作战物资帮助越南抗击法国殖民军。1954 年 3 月到 5 月，顾问团帮助越南军民组织实施了奠边府战役，并由我国提供了战役所需的全部军事装备，使战役取得重大胜利，导致了越南北方的解放。

1951年

30. 全国工业会议召开

1951 年 2 月 12 日，全国工业会议在北京召开。会议决定：地方工业经营方向是面向农村、为大工业服务，发展当地有原材料而又有人力、资金的中小企业；依靠工人阶级，进行民主改革，逐步改变旧的管理制度，实行管理民主化；逐步进行生产改革，拟定生产计划，实施计划管理和经济核算制。工业企业在生产行政管理上实行厂长负责制，但应同管理民主制结合起来。工资制度的统一，大体分为三个阶段：一是实行地区调整；二是实行八级工资制；三是实行计件工资制。

31.《劳动保险条例》施行

1951 年 2 月 23 日，政务院第 73 次会议通过《中华人民共和国劳动保险条例》。主要内容为：劳动保险的各项费用，全部由实行劳动保险的企业行政方面或资方负担。对于职工的疾病不但负责治疗，而且发给工资补助金和救济金，直到病好能工作为止。工人、职员退休，有养老金或住院养老。对于战斗英雄、劳动模范，还有特殊优异的待遇规定。26 日，《条例》公布。至 5 月 1 日，全国 170 万以上职工开始享受劳动保险待遇。6 月底，全国被批准实施劳动保险的厂矿企业单位 2445 个，职工 217.84 万。

32. 加强人民民主政权建设

1951 年 4 月 24 日，政务院发布《关于人民民主政权建设工作的指示》，要求各级政府必须按期召开各级人民代表会议。各级人民政府的一切重大工作，应向各级该人民代表会议提出报告，经代表会议讨论审查，并作出决定。

凡尚未代行人民代表大会职权的县、市各界人民代表会议，应积极创造条件，以便迅速代行人民代表大会的职权；少数民族聚居地区的各级人民政府，应认真地推行民族区域自治，适时地建立民族自治机构。

33. 西藏和平解放

1951 年 4 月，在西藏爱国人士的积极努力下，西藏地方政府派出的以阿沛·阿旺晋美为首的谈判代表团抵达北京，同中央举行和谈。1951 年 5 月 23 日，《中央人民政府和西藏地方政府关于和平解放西藏办法的协议》在北京正式签字，西藏和平解放。1951 年 10 月 26 日，进藏部队根据协议进驻拉萨，接着又先后进驻察隅、江孜、日喀则、亚东、阿里等地，将五星红旗插上了世界屋脊。在人民政府领导下，西藏人民获得了新生，藏民族历史进入了一个新时代。

34. 普遍实行民兵制

1951 年 5 月 16 日，中共中央、中央军委发出《关于加强民兵建设的指示》，要求凡适龄男性公民，只要身体健康，都有参加民兵的权利和义务。1952 年 12 月 11 日《中华人民共和国民兵组织暂行条例》规定，民兵的主要任务是：保卫祖国，担负国家的兵役与战勤动员任务；协助人民解放军和公安部队，维护地方秩序，镇压反革命活动，保卫厂矿、仓库、交通与海防、边防；积极参加生产以及救灾、治水、造林等。至 1953 年底，全国有 23 万个乡建立了民兵队部，全国农村的民兵数量达 3340 多万。

35. 捐献飞机大炮运动发起

1951 年 6 月 1 日，中国人民抗美援朝总会号召全国人民捐献飞机大炮，支持抗美援朝。全国各地区、各阶层人民热烈响应。著名豫剧演员常香玉，捐献了 1 架飞机，许多著名作家捐出稿费，共同捐献“鲁迅号”飞机。一年时间内，全国各族人民汇交捐款共达人民币5万多亿元（旧币），折合战斗机3710架，有力地支援了抗美援朝。

36. 朝鲜停战谈判开始

1951年7月10日，朝鲜停战谈判首次会议在开城举行。朝鲜人民军首席代表南日将军、中国人民志愿军首席代表邓华将军出席了谈判会议。本年6月10日，经过50多天作战，中国人民志愿军和朝鲜人民军结束了第五次战役，歼灭了联合国军8.2万人。战争转入战略对峙阶段。美国被迫接受苏联建议，进行停战谈判。谈判开始后，美国一面拖延和破坏谈判，一面以军事压力配合谈判，企图迫使中朝方面接受其不合理要求。中朝军队针锋相对，打谈结合，以打促谈。从此，朝鲜战争形成了一个长时期的边谈边打、军事斗争与外交斗争交织在一起的复杂局面。

37. 取缔“圣母军”

1951年7月13日，天津市军管会宣布取缔反动秘密组织“圣母军”。“圣母军”是国际性反动组织，解放前夕开始在中国活动。它们吸收反动分子组织秘密集会，出版反动书刊，并用暗杀等恐怖手段破坏社会治安。天津市军管会侦悉了以满济世为首的“圣母军”的恐怖阴谋活动后，将该组织予以取缔。随后，上海、南京、太原、石家庄、长沙、重庆等地都先后宣布取缔“圣母军”，并惩办其首恶分子。

38.《毛泽东选集》第一卷出版

1951年10月12日，《毛泽东选集》第一卷出版发行。此后，在全国掀起了学习毛泽东著作的热潮。1952、1953和1960年，《毛泽东选集》第二、第三、第四卷也相继出版。该书被译成20多种文字，在许多国家流传。

39. “三反”“五反”运动

1951 年 11 月下旬，中共河北省第三次代表会议揭露出原天津地委书记刘青山、专员张子善巨大贪污案。二犯利用职权，盗窃机场建筑款、救济灾区贷款、治河款等，共贪污盗窃公款 150 多亿元，相当于新的人民币 150 万元。此外，东北局也揭露出一些干部严重贪污、浪费的事实，这些引起党中央高度重视。12 月 1 日和 8 日，中共中央分别发出决定和指示，要求进行反贪污、反浪费、反官僚主义的斗争，“三反”运动在全国开始。1952 年初，针对不法资本家的“五毒”活动，中共中央又领导在全国私营工商业者中开展了“反行贿、反偷税漏税、反盗窃国家资财、反偷工减料、反盗窃国家经济情报”的“五反”运动。各地群众大检举、大揭发、大清理，集中火力打“老虎”，一批批案犯纷纷落网。1952 年 2 月 4 日，上海市公安局逮捕腐蚀干部、盗窃国家资财、骗取中国人民志愿军购药巨款的大奸商王康年。2 月 10 日，河北省人民政府举行公审大会，判处新中国第一大案案主刘青山、张子善死刑，立即执行。经过约半年的时间，“三反”“五反”运动一只手打党内的贪污腐败分子，另一只手打社会上的违法不轨之徒，取得了新中国反腐败斗争的第一场胜利，为共和国的长治久安鸣响了第一声警钟。

1952年

40. 抗议美国使用细菌武器

1952年2月底和3月，继在朝鲜使用细菌武器后，美国飞机又连续侵入中国东北基地上空，播撒带菌昆虫。3月8日，中国外长周恩来发表声明，严重抗议美国使用细菌武器，屠杀中国人民。3月12日，中国组织美帝国主义细菌战罪行调查团，经过实地勘察后，发表了调查报告书，公布了帝国主义实施细菌战的罪行。美国使用细菌武器的罪恶行径，受到全世界人民的共同谴责。

41. 荆江分洪工程开工

1952年4月5日，新中国又一大规模水利工程荆江分洪工程开工，6月20日提前15天胜利完工，分洪区蓄水量达到50多亿立方米。1954年长江发生特大洪灾时，曾先后三次开闸分洪，其中一次分洪就使沙市水位迅速下降近一米。毛泽东主席为荆江分洪工程题了词。工程对确保长江最险段荆江大堤及两岸人民生命和财产的安全起到很大作用。

42. 《惩治贪污条例》通过

1952年4月18日，中央人民政府委员会第14次会议批准通过《中华人民共和国惩治贪污条例》。4月21日，由中央人民政府主席毛泽东发布施行。条例共18条，规定：一切国家机关、企业、学校及其附属机构的工作人员，凡侵吞、盗窃、骗取、套取国家财物，强索他人财物，收受贿赂以及其他假公济私违法取利的行为，均为贪污罪。并规定对贪污罪犯依其情节轻重，分别惩治。条例遵循的基本原则是：过去从宽、今后从严，多数从宽、少数从严，坦白从宽、抗拒从严，对非国家工作人员从宽、对国家工作人员从严。

43. 成渝、天兰铁路建成通车

1952 年 7 月 1 日，全长 505 公里的成渝铁路，经过两年的建设，正式通车。在人民政府的领导下，蜀中无铁路的历史开始被改写。这是新中国用本国器材修成的铁路，也是我国铁道史上修建最快、工程最好、用费最少的铁路。9 月 29 日，开工 27 个月的甘肃天水到兰州之间的铁路又建成通车。新中国成立 3 年，全国修复和新建铁路通车线路 2.4 万多公里。

44. 人民英雄纪念碑开工

1952 年 8 月 1 日，位于天安门广场中央的人民英雄纪念碑正式动工兴建。1949 年 9 月 30 日，人民政协第一次会议决定在首都北京建立人民英雄纪念碑，并举行了奠基仪式。人民英雄纪念碑是为纪念在人民解放战争中和自鸦片战争以来的人民革命中牺牲的人民英雄而建立的。各地专家共提出了 100 多种修建方案，最后按归纳的一种方案兴建。人民英雄纪念碑建筑面积共为 3000 平方米，碑身高 37.94 米，碑顶为民族传统的顶式，碑身由大小不同的 413 块花岗岩石砌成。经过 4 年多的建设，人民英雄纪念碑于 1958 年 4 月建成。

45.《民族区域自治实施纲要》颁布

1952 年 8 月 9 日，《中华人民共和国民族区域自治实施纲要》颁布。纲要规定，各民族自治机关都是中央人民政府统一领导下的一级地方政权，并受上级人民政府的领导。纲要的颁布，使我国推行民族区域自治的工作有了指针并得到了推进。根据这一纲要，1955 年 3 月 9 日，国务院决定成立西藏自治区筹备委员会，同年 10 月 1 日，新疆维吾尔自治区接着成立。1958 年 3 月和 10 月，广西壮族自治区和宁夏回族自治区也相继成立。新中国民族区域自治政策的实行，实现了中华民族各民族的平等相处和共同发展。

46. 庆祝国庆三周年

1952年10月1日，首都各界群众集会庆祝中华人民共和国成立3周年。新中国成立3年间，全国人民在中国共产党领导下，以前所未有的热情，投入国民经济恢复的工作。3年中，工农业生产总值增长77.5%。工农业主要产品产量超过旧中国的历史最高水平。职工平均工资增长60%到120%，农民的收入也增长30%以上。经过3年的努力，恢复国民经济的任务胜利完成。

47. 上甘岭战役

1952年10月14日，美军发动“金化攻势”，企图攻占上甘岭，改善金化美军的防御态势。美军出动6万人，3000余架次飞机，170多辆坦克和300多门大炮，向上甘岭倾泻了190多万发炮弹，上甘岭阵地上的土石被炸松一米多深，成为一片焦土。我4万多名志愿军坚守阵地，打退美军进攻600多次，共歼灭敌军25000多人。历时43天的上甘岭战役于11月25日以志愿军的胜利而告结束。

1953年

48. 决定召开各级人民代表大会

1953 年 1 月 13 日，中央人民政府委员会第 20 次会议通过《关于召开全国人民代表大会及地方各级人民代表大会的决议》，决议于 1953 年召开由人民用普选方法产生的乡、县、省各级人民代表大会，并在此基础上召开全国人民代表大会。会议还决定成立《宪法》和《选举法》起草委员会。3 月 1 日，《选举法》正式公布实施。各地随即进行大规模的基层普选活动。

49. 试办初级农业生产合作社

1953 年 2 月 15 日，中共中央正式通过《关于农业生产互助合作的决议》，决定党在目前对于发展互助合作运动的方针是根据生产发展的需要和可能，稳步前进。此前，这一决议的草案于 1951 年 12 月发各地试行。到 1952 年，全国有各种形式的农业互助合作组织 800 多万个，参加户数 4500 多万户。《决议》正式公布后，全国各地开始普遍试办初级农业生产合作社。1953 年 12 月 16 日，中共中央又作出《关于发展农业生产合作社的决议》，使合作社得到迅速发展，农业生产普遍增长。

50. 苏联专家援助中国

1953 年 5 月 15 日，中苏两国政府签订关于苏联援助中国发展国民经济的协定。协定规定，苏联援助中国建设与改建 91 个企业，连同以前已签订的协定，以及后来于 1954 年 10 月 12 日签订的各协定，苏联共援助中国 156 个建设项目。为了实施这些项目，大批苏联专家到中国帮助援建。援建过程中，他们中的好多人与中国人民结下了深厚的友谊。这些建设项目的援建，对中国人民初步奠定社会主义工业化的基础起到了帮助作用。在请苏联专家帮助建设的同时，我国也派出大批青年人赴苏联留学。从 1951 年到 1960 年，中国每年派往苏联的留学生，少的时候有 200 多人，多的时候达到 2000 人。这些留学生回国后，为祖国的建设事业作出了很大的贡献。

51. 第一个五年计划提出

1953 年 6 月 14 日—8 月 12 日，中共中央召开全国财经工作会议，提出了我国第一个五年计划。从 1951 年开始编制的这个计划草案，经过多次修改，提交这次会议讨论，并从本年开始执行，后在 1955 年 7 月一届全国人大二次会议上正式通过。计划确定在 5 年内投资 760 多亿元进行经济和文教建设，这在中国历史上是空前的。第一个五年计划的制定和执行，标志着后来影响我国几十年的高度集中的以计划体制为中心的社会主义经济管理体制开始形成。

52. 毛泽东阐述过渡时期总路线

1953 年 6 月 15 日，在中央政治局扩大会议上，毛泽东第一次较完整地阐述了党在过渡时期的总路线和总任务。不久，毛泽东又进一步把这个总路线准确地表述为：要在一个相当长的时期内，逐步实现国家的社会主义工业化，并逐步实现国家对农业、对手工业和对资本主义工商业的社会主义改造。此后，全国各条战线掀起了学习宣传总路线，进行“一化三改造”的热潮。

53. 朝鲜停战协定签署

1953 年 7 月 27 日，由朝鲜人民军和中国人民志愿军为一方的代表，同打着联合国旗号发动侵朝战争的美国为一方的代表，在朝鲜板门店正式签署了朝鲜停战协定。朝鲜首相金日成、中国人民志愿军司令员彭德怀、联合国军总司令克拉克在协议上签了字。朝鲜停战协定的签字，宣告历时 3 年的朝鲜战争以中朝人民的胜利和美国的失败而告结束。抗美援朝战争的胜利，维护了朝鲜民主主义人民共和国的利益，保卫了中国的安全，为我国的社会主义改造和社会主义建设赢得了一个相对稳定的和平环境。中国人民为这场战争作出了巨大的牺牲，中国人民志愿军先后有130多万人轮流参加了战争，有36万志愿军烈士的鲜血洒在朝鲜的土地上，他们用生命和热血铸成了中朝人民的战斗友谊，谱写了国际主义和革命英雄主义的壮歌。在这些烈士中，有中国人民领袖毛泽东的长子毛岸英。毛岸英于1950年坚决请求参加中国人民志愿军，于1950年11月25日，在朝鲜英勇牺牲。有舍生忘死、为抢救掉入冰窟的朝鲜儿童而壮烈牺牲的国际主义战士罗盛教。有舍己为人、用自己的胸膛去堵敌人枪口的英雄黄继光。有气壮山河、抱着炸药包冲向敌群，与敌人同归于尽的特级英雄杨根思。这些中华民族最可爱的人，中国人民的优秀战士，永远活在中朝人民的心里。

1958年3月到10月，中国人民志愿军分3批全部撤出朝鲜回国。当志愿军将士凯旋而归时，周恩来代表党中央、国务院到车站迎接，并在北京饭店举行盛大宴会，为志愿军英雄们庆功。在参战的志愿军中，有30多万人荣立三等功以上，其中有8位英雄获得了朝鲜民主主义人民共和国最高人民会议常任委员会授予的“共和国英雄”的光荣称号。

54. 鞍山三大工程相继投产

1953年12月15日，鞍山钢铁公司新建大型轧钢厂胜利完工。至此，鞍钢的大型轧钢厂、无缝钢管厂、7号炼铁炉三大工程相继竣工投产。25日，毛泽东为此发电祝贺。

55. 和平共处五项原则提出

1953年12月31日，周恩来在同印度政府代表团谈话时，提出了国家之间和平共处的五项原则，即“互相尊重领土主权、互不侵犯、互不干涉内政、平等互利和和平共处的原则”。这五项原则，写入了1954年4月29日中印两国签署的《关于中国西藏地方和印度之间的通商和交通协定》中，同年 6 月 28 日、29 日，在中印、中缅发表的联合声明中，都公开宣布和平共处五项原则是指导两国关系的原则，并倡导在与世界各国关系中实行这些原则。此后，新中国倡导的和平共处五项原则为世界许多国家所接受，成为处理国家间关系的基本准则。这是中国对世界和平的一大贡献。

1954年

56. 周恩来参加日内瓦会谈

1954 年 4 月 26 日至 7 月 21 日，政务院总理兼外交部长周恩来率领中国代表团出席在日内瓦举行的讨论和平解决朝鲜问题和恢复印度支那和平问题的国际会议。会议期间，周恩来多次发言和提出建议，对最终就印支和平达成协议起了推动作用，这再次表明中国是世界和平进步的一支重要力量。

57. 中英互派代办

1954 年 6 月 17 日，中国政府和英国政府达成两国互相派遣外交代办的协议。英国成为西方资本主义大国中第一个和新中国建立外交关系的国家。11 月 19 日中国又决定和荷兰互派外交代办。新中国和西方发达国家的外交通道又加扩大。1972 年，中国同英、荷两国的外交关系都由代办升格为大使。

58. 首批自制飞机试飞成功

1954 年 7 月 3 日，由南昌飞机制造厂试制的初教 5 飞机，试飞成功。这是新中国自己制造的第一架飞机。毛泽东亲自签署了嘉勉信，指出“这在建立我国的飞机制造业增强国防力量上，都是一个良好的开端”。

59. 中国基督教“三自”爱国运动委员会成立

1954 年 7 月 22 日，中国基督教全国会议在北京召开，指出新中国 4 年来基督教进行的“自治、自养、自传”的反帝爱国运动已彻底断绝同帝国主义在管理、经济、传教思想等方面的关系，决定成立中国基督教“三自”爱国运动委员会，统一领导全国各教会。

60. 一届全国人大一次会议举行

1954 年 9 月 15—28 日，第一届全国人民代表大会第一次会议在北京举行。毛泽东主持大会并致开幕词，他说，我国人民应该努力工作，准备在几个五年计划之内，将我们现在这样一个经济上、文化上落后的国家，建设成为一个工业化的，具有高度现代文明程度的伟大国家。刘少奇作宪法草案报告，他说，中国共产党必须在遵守宪法和一切其他法律中起模范作用，为宪法的实施而积极努力。周恩来作政府工作报告。大会通过了新中国第一部社会主义类型的宪法，一致选举毛泽东为中华人民共和国主席，朱德为副主席，刘少奇为第一届全国人民代表大会常务委员会委员长，决定任命周恩来为国务院总理。从这次会议起，政务院改名为国务院。这次大会的召开，标志着新中国政权体系的确立。大会通过的宪法及其他法律，为发扬社会主义民主和建立社会主义法制奠定了初步基础。

61. 中央军委成立

1954 年 9 月 28 日，中共中央政治局作出《关于成立党的军事委员会的决议》，中国共产党中央军事委员会正式成立。中央军委是中国共产党和中华人民共和国的最高军事领导机构。

62. 武汉人民战胜特大洪水

1954 年入夏以后，长江流域发生近百年来未曾有过的特大洪水，武汉关长江水位最高达 29.73 米，比 1931 年的决口水位高 2.79 米。在中央政府的领导和全国人民的大力支援下，武汉人民进行了两个多月的抗洪斗争，终于保住了大武汉，保障了全市 150 万人民的生命财产安全，取得抗洪斗争的重大胜利。

63. 首次全国人口普查

1954 年 11 月 1 日，国家统计局发表《关于全国人口调查登记结果的公报》。根据 1953 年政务院为准备普选进行全国人口调查登记的指示，全国于 1953 年 6 月 30 日进行了人口调查登记，全国除台湾省以外的人口总数为 6 亿零 193 万多人。

64. 康藏、青藏公路全线通车

1954 年 12 月 25 日，康藏公路与青藏公路同时通车。康藏公路东起西康的雅安，西止西藏的拉萨，全长 2255 公里，平均海拔 3000 米以上，投资 2 亿多元。青藏公路东起青海西宁，西止西藏拉萨，全长 2100 公里，平均海拔 4000 米，投资 3 亿多元。两条公路都是人民解放军筑路部队于 1950 年春天开始修建的，他们克服了许多难以想象的困难，付出了巨大的牺牲。这两条公路的通车，是新中国创造的世界交通史上的一个空前壮举。

1955年

65. 解放大陈岛

1955年2月13日，人民解放军攻占大陈岛。大陈岛位于浙江台州湾外东海中，是国民党军屏护台湾、反攻大陆的重要基地。1954年1月，中央军委批准攻打大陈岛战役计划。5月，我军攻占大陈岛北面的东矶列岛。1955年1月，我海、空军出击大陈岛，击沉、击伤敌舰4艘，夺取制空权，19日，又攻占了大陈岛驻军前哨据点——一江山岛。大陈岛守军不得不弃岛撤逃，并劫走岛上居民18000余人运往台湾。大陈岛回到人民手中。大陈岛战役是新中国成立后解放祖国海疆的又一重要战役。

66. 发行新人民币

1955年2月17日，国务院决定从3月1日起发行新的人民币，以收回旧的人民币。旧的人民币是1948年由华北人民银行发行的。新币1元等于旧币1万元。到6月11日，发行新人民币的工作顺利完成，旧人民币自此日起停止收兑。

67. 中央批准适当节制生育

1955年3月1日，中共中央批准卫生部党组报告，指出，节制生育是广大人民生活的一项重大政策性问题。各地党委应在干部和人民群众中适当地宣传党的这个政策，使人民群众对节制生育问题有一个正确的认识。从这时起，实行计划生育开始提上新中国的议事日程。

68. “克什米尔公主号”飞机爆炸事件

1955 年 4 月 11 日，我国出席亚非会议的有关人员从香港乘印度国际航空公司“克什米尔公主号”包机，飞至沙捞越西北海面时，爆炸坠海，机上人员全部遇难。后经查明，这是在香港的台湾特务机关企图暗害周恩来，破坏亚非会议，预先在飞机内放置定时炸弹造成的。周恩来因与缅甸总理会谈未乘坐这架飞机，致使敌特阴谋未能得逞。

69. 周恩来率团出席万隆会议

1955 年 4 月 18 日，周恩来率领中国代表团出席在印度尼西亚万隆举行的有 29 个国家参加的亚非会议。19 日，当会议出现分歧和矛盾时，周恩来当机立断，将原来准备的发言作为书面报告散发，临时起草了补充发言，提出了著名的“求同存异”方针。他说，中国代表团是来求团结而不是来吵架的，是来求同而不是来立异的。我们的会议应该求同而存异。中国代表团的立场获得了各国代表的拥护。在中国代表和与会各国代表的努力下，会议制定了以和平共处五项原则为基础的万隆会议十项原则。会议再次展示了新中国的外交新姿，并打开了中国与世界不发达国家交往的大门。

70. 杀害杨虎城等人的凶手落网

1955 年 6 月 17 日，解放前夕杀害国民党爱国将领杨虎城和中共四川省委负责人罗世文、车耀先等人的特务分子杨进兴落入法网。从 1955 年到 1957 年，在全国肃反运动中，共查出 10 万多名反革命分子和坏分子，查出 3600 多名美蒋特务，进一步肃清了暗藏的反革命分子，巩固了新生的人民政权。

71. 瞿秋白烈士遗骨安葬

1955 年 6 月 18 日，瞿秋白烈士的遗骨由福建省长汀县迁到北京八宝山革命公墓安葬。周恩来主持了安葬仪式。瞿秋白是中国共产党的卓越政治活动家和宣传家，1899 年生于江苏，1922 年加入中国共产党，次年在党的三大上被选为中央委员会委员。1927 年 8 月 7 日，他同其他同志一起，主持召开了中共中央的紧急会议，会上被选为中共中央政治局委员，8 月 9 日，在政治局会议上当选为常委，实际上负责抓全局工作。1930 年他主持党的六届三中全会，纠正了党的领导机关的冒险主义错误。1931 年至 1933 年，他在上海同鲁迅一起领导左翼文化运动，对中国的革命文化运动作出了重要贡献。1935 年 2 月 23 日，他在福建平武县被国民党军逮捕，6 月 18 日上午 10 时在长汀县英勇就义。

72. 中美首次举行大使级会谈

1955 年 8 月 1 日，中美两国大使级会谈在日内瓦举行。1954 年日内瓦会议期间，中美曾派代表就两国侨民问题作过初步商谈。此次会谈开始后，9 月 10 日，双方就平民回国问题达成了协议。著名科学家钱学森等人的回国就是这次会谈的成果。旅美中国力学家钱学森的价值，在美国人眼里不亚于几个机械化旅，因而美国百般阻挠钱学森回国。这次会谈后，钱学森于 1955 年 10 月回到祖国。此后由于美方缺乏诚意，关于其他问题的会谈没有取得进展，并在 1957 年 12 月 12 日第 73 次会谈后中断会谈。

73. 授衔授勋典礼举行

1955 年 9 月 27 日，中华人民共和国主席授予元帅军衔和授予勋章典礼在北京隆重举行，毛泽东将授予中华人民共和国元帅军衔的命令状，授予朱德等 10 人。接着又向在中国人民革命战争时期有功人员授予一级八一勋章、一级独立自由勋章和一级解放勋章。同日下午，国务院举行将官授衔典礼，周恩来分别将授予大将、上将、中将、少将军衔的命令状，授予粟裕等在京将官。此后，各大军区也先后举行了授衔授勋典礼。

74. 私营工商业社会主义改造

1955 年 10 月 29 日，毛泽东邀集全国工商联执委会委员座谈私营工商业的社会主义改造问题。11 月 16—24 日，中央政治局召集会议，决定通过赎买和国家资本主义的方法，逐步地改变资产阶级的所有制，把对私营工商业的社会主义改造从个别企业的公私合营推进到全行业公私合营，实行定息制度。这是从资本主义私有制过渡到社会主义公有制的决定性步骤。

1956年

75. 文字改革

1956年1月1日，全国性的报纸和杂志开始由过去的竖排改为横排。6日，文化部和文字改革委员会通知自2月1日起废除一批异体汉字。28日，国务院正式公布《汉字简化方案》，同时发出关于推广普通话的指示，并同意公布《汉语拼音方案》。到1959年6月，共陆续公布了四批简化字。连同偏旁简化的汉字，一共简化了2200多个繁体字。这一系列文字改革，促进了文化的普及，提高了广大人民群众的文化水平和文化素质。

76. 向科学进军

1956年1月14—20日，中共中央召开知识分子问题会议，讨论加强党对知识分子和科学文化工作的领导问题。周恩来作关于知识分子问题的报告，宣布中国知识分子的绝大部分已经是工人阶级的一部分。毛泽东在讲话中号召全党努力学习科学知识，同党外知识分子团结一致，为迅速赶上世界科学先进水平而奋斗。会议奠定了我国知识分子政策的基本方针，吹响了“向科学进军”的新号角。

77. 庆祝社会主义改造胜利

1956年1月15日，北京各界20万人举行庆祝社会主义改造胜利联欢大会，庆祝北京市农业、手工业全部实现合作化和全国第一个实现资本主义工商业的全行业公私合营。之后，到本月底，全国100多个大中城市，先后实现了全行业的公私合营。年底，全国基本完成对农业、手工业和资本主义工商业的社会主义改造。“一化三改造”任务提前完成。尽管在对生产资料私有制的社会主义改造中出现了一些偏差，但整个来说，在有几亿人口的大国中比较顺利地实现如此深刻的社会变革，促进了工农业和整个国民经济的发展，这的确是新中国的一个伟大历史功绩。

78. 全国农业发展纲要公布

1956 年 1 月 25 日，毛泽东主持最高国务会议，讨论中共中央提出的 1956 年到 1967 年全国农业发展纲要草案，毛泽东在会上指出："社会主义革命的目的是为了解放生产力。"纲要草案于次日正式公布。纲要规定在 12 年内，实现我国不同地区的粮食平均亩产 400 斤、500 斤、800 斤，棉花平均亩产 60 斤、80 斤、100 斤。纲要指引着各地农村为夺取丰收不断奋斗，促进了农业发展。

79. 毛泽东论"十大关系"

1956 年 4 月 25 日，毛泽东在中共中央政治局扩大会议上作了《论十大关系》的报告，提出要正确处理重工业同农业、轻工业、沿海工业和内地工业等十种关系。报告以苏联经验为鉴戒，初步总结了我国社会主义建设的经验，提出了探索适合我国国情的社会主义建设道路的任务。从此，中国社会主义建设指导方针开始突破苏联模式。

80. 毛泽东提出"双百方针"

1956 年 4 月 28 日，毛泽东在中共中央政治局扩大会议上说，艺术问题上的"百花齐放"，学术问题上的"百家争鸣"，应该成为我国发展科学、繁荣文学艺术的方针。中共中央赞同毛泽东的意见，确定"百花齐放，百家争鸣"为党的科学和文化工作的方针。5 月 2 日，在最高国务会议上，毛泽东正式宣布了这个方针并作了进一步阐述。直到今天，"双百"方针仍然对我国的科学文化事业发展起着重要作用。

81. 第一台电子计算机试制成功

1956 年 5 月 25 日，中国第一台电子计算机在上海复旦大学试制成功。标志着我国计算技术这门空白学科开始建立起来。此后，在人民政府的重视和领导下，我国的计算技术迅速发展。今天，我国已拥有可以每秒计算千万亿次的巨型电子计算机，计算技术居于世界先进水平。

82. 中国运动员第一次打破世界纪录

1956 年 6 月 7 日，在与苏联队的一场友谊赛中，我国运动员陈镜开以 133 公斤的成绩，打破了美国运动员温奇 1955 年创造的最轻量级挺举 132.5 公斤的世界纪录。这是中国运动员第一次打破世界纪录。

83. 从宽处理日本战犯

1956 年 6 月 21 日，最高人民检察院对在押第一批 335 名日本战犯，宣布免予起诉，当日释放，由中国红十字会交给日本红十字会等团体，协助遣送回国。新中国成立后，日本战犯除已死亡的 47 名外，继续被中国政府关押的还有 1062 名。鉴于近年来中日人民友好关系的发展，这些战犯在关押期间有一定悔罪表现，4 月 25 日，全国人大常委会决定对这些战犯给以免予起诉和分别从宽处刑等处理。到 1964 年 3 月 6 日最高人民法院裁定提前释放 3 名日本战犯止，在我国关押的日本战犯全部释放。这是新中国对战犯实行改造政策的重要体现。

84. 中共八大召开

1956 年 9 月 15—27 日，中国共产党第八次全国代表大会在北京举行。1026 名代表出席大会，代表党员 1073 万人，39 个国家的政党代表团应邀列席了会议。毛泽东在开幕词中告诫人们“虚心使人进步，骄傲使人落后”。

刘少奇作政治报告；周恩来作关于第二个五年计划的建议的报告；邓小平作修改党章的报告。大会指出，社会主义制度在我国已经基本上建立起来，国内主要矛盾已经不再是无产阶级和资产阶级的矛盾，而是人民对于经济文化迅速发展的需要同当前经济文化不能满足人民需要的状况之间的矛盾。全国人民的主要任务是集中力量发展社会生产力，实现国家工业化，满足人民的经济文化需要。八大的正确路线为新时期社会主义事业的发展和党的建设指明了方向。大会选出了新的中央委员会，并通过了党的章程等。9月28日，党的八届一中全会选举毛泽东为中央委员会主席，刘少奇、周恩来、朱德、陈云为副主席，邓小平为总书记。八大的召开，标志着中国共产党探索中国自己的建设社会主义的道路取得初步成果，对于中国共产党的事业的发展有着长远的重要意义。

85. 全国侨联成立

1956年10月5日，中华全国归国华侨第一次代表大会在北京怀仁堂举行，中华全国归国华侨联合会正式成立，陈嘉庚当选为主席。全国侨联的成立，进一步增强了社会主义祖国对华侨的凝聚力。

1957年

86. 国家颁发自然科学奖

1957 年 1 月 24 日，中国科学院颁发 1956 年度科学奖金自然科学部分。力学家钱学森、数学家华罗庚、吴文俊等著名科学家的成果获奖。这是我国首次颁发科学奖金，表明了新中国对科学事业的巨大支持。

87. 毛泽东提出正确处理人民内部矛盾

1957 年 2 月 27 日，毛泽东在最高国务会议第十一次（扩大）会议上作《关于正确处理人民内部矛盾的问题》的重要讲话，提出了社会主义社会中存在着敌我和人民内部这两类不同性质矛盾的学说，并提出了正确处理人民内部矛盾的原则和一系列方针政策。这篇讲话是对马克思主义的一个重大发展，其中一些重要方针至今仍然有着指导意义。

88. 消灭血吸虫病

1957 年 4 月 20 日，国务院发出关于消灭血吸虫病的指示。血吸虫病是当时流行病中危害最大的一种。指示发出后，各地开展了有组织的防治工作。千村万户用各种方法，开展大规模的消灭钉螺活动。一支支医疗队到病区为病人治病防病。这项事关人民健康的工作，牵动了人民领袖的心。6 月 30 日，毛泽东看到江西余江县消灭血吸虫病的消息后，夜不能寐，写下了著名的诗篇《七律二首 · 送瘟神》。

89. 首届广交会

1957 年 4 月 25 日—5 月 25 日，第一届中国出口商品交易会在广州举行。以后每年都在广州举行春、秋两次出口商品交易会。广交会成为新中国对外贸易的一个重要窗口。

90. 整风反右

1957 年 4 月 27 日，中共中央发出关于整风运动的指示。广大群众和爱国人士积极响应，向各级党组织和党员干部提出了大量有益的批评与建议，但也有极少数资产阶级右派分子乘机对共产党的领导和新生的社会主义制度进行进攻。5 月 15 日，毛泽东写了《事情正在起变化》一文，强调现在应该开始注意批判修正主义。5 月 25 日，毛泽东在接见第三次全国团代会代表时针对右派分子的进攻指出："中国共产党是全中国人民的领导核心，没有这样一个核心，社会主义事业就不能胜利。""一切离开社会主义的言论行动是完全错误的。"6 月 8 日，《人民日报》发表社论《这是为什么》，一场大规模的反右派斗争在全国范围内展开，到 1958 年夏末结束。当时，反击极少数右派分子的进攻虽然必要，但却发生严重扩大化的错误，一批知识分子、爱国人士和党员干部被错划为右派分子，造成了不幸的后果。从 1959 年到 1964 年，先后五批摘掉了大部分右派分子的帽子。1978 年，中共中央批准全部摘掉右派分子帽子，被错划的"右派分子"都得到了改正。

91. 周恩来谈香港问题

1957 年 4 月 28 日，周恩来在上海工商界人士座谈会上作关于香港问题的讲话，首次较完整地阐述了中国共产党对香港问题的立场和策略。他说，香港是纯粹的资本主义市场，不能社会主义化。我们要进行社会主义建设，香港可作为我们同国外进行经济联系的基地，可以通过它吸收外资，争取外汇。香港的主权总有一天我们是要收回的。

92. 玉门油矿基本建成

1957 年 10 月 8 日，我国第一个天然石油基地玉门油矿基本建成。新中国成立以来 8 年中，玉门油矿钻凿的新油井相当于中华人民共和国成立以前 10 年总和的 10 倍，石油加工处理量比 1949 年增加 4 倍多，石油产品由原来的 7 种增加到 32 种。

93. 武汉长江大桥通车

1957 年 10 月 15 日，全长 1607 米的武汉长江大桥正式交付使用，比原计划提前了两年，约 5 万人参加了通车典礼。武汉长江大桥投资 1.37 亿元，1955 年 7 月开工，是我国“一五”计划重点建设工程之一。新中国在历史上第一次实现了使长江天堑变成通途的宏伟理想。

94. 毛泽东第二次访问苏联

1957 年 11 月 2—21 日，毛泽东率领中国党政代表团访问苏联，参加十月革命 40 周年庆典并讲了话，主张各国内部事务应由本国人民按照自己的意愿去解决。14—16 日，12 个社会主义国家共产党和工人党代表会议在莫斯科举行。16—19 日，又举行了 64 个共产党和工人党代表会议，中共代表团参加了这两个会议。中苏两党在一系列原则问题上产生了分歧。在莫斯科，毛泽东还对国际形势作出了“东风压倒西风”的著名论断，使中国人民和东方各国人民都倍受鼓舞。17 日，毛泽东在莫斯科大学大礼堂同中国留学生、实习生见面并讲话，他说：“世界是你们的，也是我们的，但归根结底是你们的。你们青年人朝气蓬勃，好像早晨八九点钟的太阳，希望寄托在你们身上。”对青年人寄予了无限希望。

1958年

95. 宝成铁路通车

1958 年 1 月 1 日，经过 5 年多的艰苦奋战，穿山越岭连接宝鸡与成都的铁路正式通车。宝成铁路全长 668 公里，开凿了 300 多条隧道，架设了 900 多座桥梁。它使“天府之国”四川有了一条联结全国铁道网的干线，也使中国的铁路交通状况得到进一步的改善。

96. “大跃进”

1958 年 1—3 月，中共中央连续召开南宁会议、成都会议，严厉批评反冒进，一些地区和部门开始提出一些不切实际的“大跃进”计划。之前，1957 年 11 月，毛泽东在访苏期间提出，中国要在 15 年左右，在钢铁等主要工业产品的产量方面赶上和超过英国。1957 年 11 月 13 日，《人民日报》发表毛泽东在莫斯科修改的社论，号召“在生产战线上来一个大的跃进”。12 月 12 日，《人民日报》又发表社论，公开批评 1956 年的“反冒进”。这样，“大跃进”的舆论逐步形成，同时农业的“大跃进”也开始掀起。5 月 5—23 日，中国共产党第八次全国代表大会第二次会议在北京举行，正式通过了“鼓足干劲，力争上游，多快好省地建设社会主义”的总路线。这条总路线反映了人民群众迫切要求改变我国经济文化落后状况的普遍愿望，但却忽视了经济发展的客观规律，造成了不良后果。会后，各条战线迅速掀起“大跃进”的高潮，以片面追求工农业生产和建设的高速度，不断大幅度地提高修改计划指标为标志的“大跃进”运动在全国范围内展开。“大跃进”追求工农业生产和建设的高速度、高指标，并推动生产关系急于向所谓更高形式过渡。“浮夸风”越刮越大。“卫星”一个接一个地放，一个比一个大。7 月 8 日，《人民日报》报道了湖南、湖北、福建等地兴办公共食堂的八大好处后，各地农村又大办公共食堂，刮起了“共产风”。7 月 16 日，《红旗》杂志刊登了毛泽东关于人民公社的构想，河南省遂平县卫星社据此建起了全省也是全国第一个人民公社，此后，各地都开始试办人民公社。8 月上旬毛泽东视察河北、河南、山东等地农村时又提倡办人民公社，8 月中下旬北戴河会议决定在农村普遍建立人民公社。到 10 月底，全国建起“一大二公”的人民公社 23000 多个，90% 以上的农户参加了公社，全国农村基本实现了“公社化”。北戴河会议还宣布 1958 年钢产量要比上年翻一番，达到 1070 万吨。会后，一场全民炼钢的运动又在全国掀起，几千万人齐上阵，大搞小、土、群，各行各业都支持“钢铁元帅升帐”。尽管经过 4 个月奋战，全国炼出了 1100 万吨钢，但其中有 300 万吨土钢基本不能用，而且土法炼钢成本很高，亏损巨大，给国民经济带来严重损失。在大炼钢铁的同时，交通、邮电、教育、文化、卫生等事业也都开展“全民大办”，“大跃进”运动达到了高潮。“大跃进”虽然使生产建设取得了一定成果，但也造成了国民经济比例的严重失调。中共中央和毛泽东从 1958 年 11 月郑州会议和中共八届六中全会就开始觉察并着手纠正“共产风”“浮夸风”，但直到 1960 年冬，“大跃进”运动才基本停止。1962 年初召开的七千人大会，初步总结了“大跃进”中的经验教训。“大跃进”是新中国成立后在探索建设社会主义过程中的一次严重失误，说明我们没有正确地认识我们所处的历史阶段。运动中表现出来的忽视客观规律，不顾实际情况，实行盲目跃进的错误，揭示出一个朴素的真理：“欲速则不达”，并在后来的经济建设中经常警示人们：必须坚持实事求是，稳步前进。

97. 除四害讲卫生运动

1958 年 2 月 12 日，中共中央、国务院发出指示，要求全国向四害和疾病大进军，消灭苍蝇、蚊子、老鼠、麻雀。人民群众大规模行动起来，全国城乡掀起除四害讲卫生运动高潮。不久中央听取专家的意见，不再把麻雀作为四害消灭。

98. 第一台半导体收音机制成

1958 年 3 月 11 日，我国第一台半导体收音机在上海制成。收音机很快走进千家万户，与手表、自行车、缝纫机并列为“三转一响”，成为家庭高档消费品之一，进一步提高了我国人民的生活质量。

99. 第一套电视发送设备制成

1958 年 3 月 17 日，我国第一套电视发送设备在北京试制成功，试播了节目。9 月 2 日，我国第一个电视台——北京电视台正式播送节目。我国首次有了电视。1978 年 5 月 6 日，北京电视台改名为中央电视台。

100. 人民英雄纪念碑落成

1958 年 5 月 1 日，首都 50 万人在天安门广场举行大会，庆祝五一国际劳动节，并参加人民英雄纪念碑揭幕典礼。雄伟的人民英雄纪念碑，正面向着天安门，镌刻着毛泽东题写的“人民英雄永垂不朽”8 个大字。背面有毛泽东撰文、周恩来书写的碑文。碑座四周镶嵌着 10 幅大型汉白玉浮雕，分别表现了鸦片战争、太平天国、武昌起义、五四运动、五卅运动、南昌起义、抗日战争、解放南京等史实，反映了 1840 年到 1949 年 100 多年间中国人民为推翻帝国主义、封建主义、官僚资本主义而进行的伟大革命斗争。整个建筑高大挺拔，秀丽庄严，成为人们缅怀人民英雄、举行纪念活动的场所。

101. 第一部国产轿车诞生

1958 年 5 月 12 日，我国第一部国产轿车“东风牌”轿车在长春第一汽车制造厂诞生。中国的轿车工业从这里开始起步。这是继 1956 年第一批解放牌汽车试制成功后我国汽车工业的又一重要成就。今天，轿车在中国早已经进入千家万户，成为人们的代步工具。

102. 十三陵水库建成

1958 年 7 月 1 日，北京十三陵水库落成典礼举行。水库建设中，毛泽东等党和国家领导人参加了义务劳动，国家机关干部、解放军官兵、工人、农民、商业工作者和大中学校学生都积极参加义务劳动。由于领袖的带动和首都各界人民的积极参加，只用了 140 个昼夜，就完成了 180 万立方米拦洪大坝的土方工程。

103. 第一台小型通用数字电子计算机制成

1958 年 8 月 1 日，国产第一台小型通用数字电子计算机，在中国科学院计算技术研究所制成，我国计算技术又有新的进步。此后我国的计算技术迅速发展。

104. 炮击金门

1958 年 8 月 23 日，我福建前线部队奉命向金门国民党军和驶往金门的国民党军运输舰进行了大规模炮击，后又于 9 月 8 日、11 日、13 日进行了 3 次大规模炮击。此前，由于美国染指台湾，金门、马祖等岛上国民党军从 7 月开始不断炮击我沿海村镇。10 月 6 日和 25 日，毛泽东亲自撰写了两篇以国防部长名义发表的《告台湾同胞书》，宣布逢双日停击炮击，但以没有美国人护航为条件。到 1959 年 1 月 7 日止，共进行了 7 次大规模炮击和不定时零炮射击，13 次空战及 3 次海战，共击沉击伤国民党军舰艇 23 艘，击落击伤国民党飞机 34 架，毙伤其官兵 7000 余名，既从军事上打击了美蒋的气焰，又从政治上帮了台湾当局一把，共同粉碎了美国企图把台湾问题“国际化”的图谋。

105. 大办民兵师

1958 年 8 月，中共中央决定，在全国范围内建立民兵组织，实现全民皆兵。

9月29日，毛泽东发表谈话指出：帝国主义如此欺负我们，这是需要认真对付的。我们不但要有强大的正规军，我们还要大办民兵师。到年底，全国组建民兵师5000多个，民兵人数2.2亿。1959年中央军委提出了民兵工作的几条方针，后又修改了参加民兵的年龄条件，全国民兵数量减少了几千万，使民兵建设得到健康发展。

106. 第一艘万吨远洋轮下水

1958年11月27日，我国自行设计、全部用国产材料自行建造的第一艘万吨级远洋轮“跃进号”下水，显示了我国造船工业和远洋航海事业的进步。

1959年

107. 平定西藏叛乱

1959年3月10日，西藏上层集团为了维护反动的农奴制度，发动以拉萨为中心的全区叛乱。17日，达赖喇嘛潜往印度，19日夜，叛乱分子向驻拉萨的人民解放军发动全面进攻。20日，人民解放军驻藏部队开始平叛作战。28日，国务院命令解散西藏地方政府，由西藏自治区筹备委员会行使职权。经过战斗，人民解放军迅速摧毁叛乱集团在拉萨和山南的两个指挥中心。到1962年3月，平叛作战全部结束。在进行平叛作战的同时，西藏全区废除了封建农奴制度，进行民主改革。改革分为两步，第一步减租、减息，第二步分配土地。民主改革对没有参加叛乱的上层人士进行赎买，因而是一场和平的改革。通过改革，百万农奴获得新生，成为西藏的主人。

108. 容国团勇夺世界冠军

1959年4月5日，我国21岁的乒乓球运动员容国团，在联邦德国多特蒙德举行的第25届世界乒乓球锦标赛上，以3比1击败前世界冠军匈牙利选手西多，勇夺男子单打世界冠军。这是新中国运动员在世界性体育比赛中获得的第一个世界冠军。

109. 二届全国人大一次会议召开

1959年4月18—28日，第二届全国人民代表大会第一次会议在北京举行，大会通过了《关于西藏问题的决议》等一系列文件。大会选举刘少奇为中华人民共和国主席，宋庆龄、董必武为副主席，朱德为全国人大常委会委员长，大会决定周恩来继续担任国务院总理，4月18—25日召开的中国人民政治协商会议三届一次会议选举毛泽东为全国政协名誉主席，周恩来为全国政协主席。

110. 第一届全运会

1959 年 9 月 13 日，中华人民共和国第一届运动会在北京工人体育场举行。共有 1 万多名各民族运动员参加，664 人、844 次打破 106 个单项的全国纪录，7 人分别打破游泳、跳伞、射击、航空模型等 4 项世界纪录。这次运动会，是对新中国体育运动的一次检阅。全运会的成功举办，促进了群众性体育运动的广泛开展，体现了人民政府对增强人民体质的关心。

111. 特赦战争罪犯

1959 年 9 月 17 日，为了庆祝中华人民共和国成立 10 周年和 10 年来的辉煌成就，中华人民共和国主席刘少奇签发特赦令，对于确实改恶从善的蒋介石集团和伪满洲国的战争罪犯、反革命罪犯和普通刑事罪犯，实行特赦。特赦战犯等建议，是由毛泽东提出的。最高人民法院 12 月 4 日特赦释放首批战犯 33 名。1975 年 3 月，四届全国人大二次会议又决定特赦释放全部在押战争罪犯，最后一批 293 名战犯获得特赦释放。事实证明，新中国政府实行的对战犯进行改造的政策取得了巨大成功。

112. 人民大会堂落成

1959 年 9 月 24 日，人民大会堂竣工落成，从此，全国人民代表大会开始在这里讨论国家大事。人民大会堂建设之初，毛泽东等党和国家领导人审查了设计方案，配合此方案，人民群众积极搬迁。这座总建筑面积比故宫还大的人民殿堂，从设计到建成，一共仅用了一年时间。在此之前的一个多月里，军事博物馆、工人体育场、民族文化宫、民族饭店、农业展览馆、历史博物馆等一批著名的宏伟建筑也相继落成。首都的 10 大建筑，为新中国的 10 周岁生日增添了光辉。

113. 发现大庆油田

1959 年 9 月，我国石油勘探工人在东北松辽盆地陆相沉积层中，找到了工业性油流，打破了地质学界长期存在的“中国贫油论”。26 日，第三号探井喷出了工业用油。这时正值国庆 10 周年前夕，油田因此命名为大庆油田。国家从 1955 年开始对松辽盆地进行地质调查，1960 年 2 月中央决定进行大庆石油会战，全国石油战线的数万名职工和解放军转业官兵会师千里荒原，以“有条件要上，没有条件创造条件也要上”的铁人精神，建成了我国第一大油田，甩掉了中国“贫油”的帽子，为我国石油工业和经济建设的发展作出了很大的贡献。在大庆油田几十年的建设中，涌现出一批以“铁人”王进喜、“新时期铁人”王启明等人为代表的优秀共产党员，成为全国人民学习的榜样。“三老四严”的大庆精神，也在很长一段时间内，成为鼓舞全国人民为社会主义建设艰苦奋斗的精神动力。

114. 庆祝国庆十周年

1959 年 10 月 1 日，是新中国 10 周岁生日，首都天安门广场举行阅兵式和 70 万人的游行大会，庆祝国庆 10 周年。党和国家领导人以及友好国家的代表团参加了庆祝活动。阅兵和游行活动，展示了新中国成立 10 年来在社会主义建设方面的光辉成就。

115. 全国工交、文教群英会举行

1959 年 10 月 26 日—11 月 8 日，全国工业、交通运输、基本建设、财贸方面社会主义建设先进集体和先进生产者代表大会在北京举行。1960 年 6 月 1—11 日，又召开了全国教育和文化、卫生、体育、新闻方面社会主义建设先进单位和先进工作者代表大会。在这两次群英会上，一大批事迹突出、影响

较大的先进单位和个人受到表彰，在全国产生了很大影响。

116. 第一拖拉机制造厂落成

1959 年 11 月 1 日，我国第一拖拉机制造厂在洛阳举行落成典礼。该厂年产 15 万台 54 马力“东方红”牌柴油履带拖拉机。国务院副总理谭震林在典礼上讲话说，一拖的建成投产，是我国农业现代化的一个开端，我国人民早已盼望着“耕田不用牛，点灯不用油”的伟大时代已经开始。该厂的投产，使我国能够用自己制造的拖拉机来武装农业，是我国农业机械化的一个创举。

117. 重庆长江大桥完工

1959 年 11 月 21 日，重庆白沙沱长江大桥全部建成。这是继武汉长江大桥建成之后我国在长江上建成的第二座大桥，它是完全由我国技术人员自己设计和施工的双线铁路大桥。大桥全长 820 米，北接成渝铁路，南接当时即将建成的川黔铁路。动工修建于 1958 年 9 月 10 日。它的通车，使我国首都北京通过京广、陇海、宝成、成渝和川黔等铁路，和边远的西南更紧密地联系起来，大大改变了四川和贵州两省之间的运输困难状况。

118. 丹江口水利枢纽工程完工

1959 年 12 月 26 日，汉水丹江口水利枢纽工程胜利完工并举行庆祝大会。它位于汉江与丹江的汇合口，是一个以防洪为主，结合发电、灌溉、航运、养殖等的综合开发以根治和综合开发汉江的关键工程。1958 年 9 月开工，是 10 万建设大军苦干 16 个月建成的。它可以灌溉 1200 万亩农田，每年可增产粮食数十亿斤。它的发电装机容量为 90 万千瓦，年平均发电量 38 亿多度。它还可以把汉水引到黄河与淮河去，改变我国水资源的不平衡状况。

1960年

119. 刘家峡水利枢纽工程截流

1960年1月1日，我国第一个装机容量超过百万千瓦的大型水电站——刘家峡水利枢纽工程胜利截流。它位于黄河上游，在甘肃省永靖县境内，是根治和开发黄河第一期工程之一，以发电为主，兼有防洪、灌溉等综合效益。从设计施工一直到设备制造和安装，都是我国自己完成的。大坝高147米，长204米，顶宽16米，上游水库可蓄水57亿立方米，下游电厂装有5台国产大型水轮发电机组，装机容量116万千瓦，年均发电量50多亿度。它不仅使陕、甘、青三省电网连接起来，而且可以扩大灌溉面积1500多万亩。

120. 第一个与邻国边界协定签订

1960年1月24日，缅甸联邦总理奈温将军到我国进行访问。28日，中缅两国签订了友好和互不侵犯条约以及边界问题的协定。10月1日，两国又签订边界条约。这是新中国第一个与邻国签订的边界条约。3月21日，我国又和尼泊尔签订了边界协定。从那以后，我国先后同许多周边国家签订了边界条约，和平解决了边界问题。

121. 第一条跨江高压输电线架通

1960年1月27日，我国第一条跨越长江的220千伏高压输电线路在武昌西湾和汉阳沌口胜利架通。这条跨江高压线是沟通武汉、鄂北和丹江等地区强大电力网的主要干线之一。根据需要，它的电压可升到330千伏，一天可输电425万度。这条高压输电线路，是新中国自主设计施工的。

122. 全国开展技术革新和技术革命运动

1960 年 1 月 30 日，中共中央批转太原市委关于开展以机械化和半机械化为中心的技术革新和技术革命运动的决议，指出："不论哪一种企业，都要进行技术革新和技术革命，积极地实现半机械化和机械化。这是一项具有重大政治和经济意义的工作，是我国工业和交通运输业连续大跃进的一项极重要的措施。希望中等以上的城市党委把这项工作摆在重要的地位，并且立即掀起一个以大搞半机械化和机械化为中心的技术革新和技术革命的群众运动。"之后，全国很多地方开展了技术革新和技术革命运动，为社会主义建设注入了新的活力。

123. 中国登山队首次征服珠峰

1960 年 5 月 25 日 4 时 20 分，年轻的 3 名中国登山队员，集体安全地登上了海拔 8848.13 米的珠穆朗玛峰，完成了人类历史上首次从北坡征服珠峰的壮举。之前，西方登山界一直认为北坡无法超越。中国登山队员们只用了两个月的时间，就把这个神话彻底打破了，五星红旗第一次飘扬在世界最高峰。

124. 调整国民经济

1960 年 7 月 5 日—8 月 10 日，中央北戴河工作会议研究经济调整问题，要求全党大办农业，大办粮食。进入 1960 年，我国国民经济开始出现困难，市场供应紧张。从 5 月起，中央多次指示紧急调运粮食，以支援最困难的地区。9 月底中央正式提出"调整、巩固、充实、提高"这一调整国民经济的八字方针，对克服经济困难、恢复国民经济起了指导作用。

125. 首次成功发射导弹

1960 年 11 月 5 日，我国使用国产燃料，首次成功发射一枚近程地对地导弹，标志我国军事装备技术发展到新的阶段。1964 年，我国又成功地发射了自行制造的导弹，把新中国的导弹技术提高到了新水平。

126. 农业遭受近百年未遇的严重自然灾害

1960 年，我国农业生产遭受近百年未遇过的严重自然灾害。其灾害有旱灾、涝灾、冰雹灾、霜冻灾、虫灾等，并且是在上一年全国已有 6 亿亩农田已遭受重灾后继续发生的，因此灾情非常严重。共有 9 亿亩农田不同程度受灾，占全国耕地面积一半以上，其中有 3 亿—4 亿亩遭受重灾，还有部分特重灾田绝收。最严重的是旱灾，涉及除新疆、西藏外的其他各省市区，受旱农田 6 亿亩，河北、河南、山东、山西 4 省 60% 以上耕地受旱历时六七个月，河南有的县连旱时间长达一年多。此外，本年又有 20 个省份遭受台风和洪涝灾害，台风在我国大陆登陆次数是 50 年来最多的一年。

1961年

127. 大兴调查研究之风

1961 年 1 月 13 日，中央工作会议在北京结束，会议讨论了 1961 年国民经济计划。毛泽东在会上说，社会主义建设不能急，要搞它半个世纪，要搞几年慢腾腾，不要务虚名而招实祸。毛泽东提出要大兴调查研究之风，1961 年要成为实事求是年。在 1 月 14—18 日召开的中共八届九中全会上，毛泽东再次号召全党大兴调查研究之风。3 月，中央发出进行调查工作的指示信，并印发了毛泽东 1930 年写的《关于调查工作》一书。这本书 1964 年公开发表时改名为《反对本本主义》。从中央到地方的各级领导人，纷纷深入基层，进行调查研究，总结正反两个方面的经验，着手解决实际工作中存在的问题。在调查研究的基础上，1961 年中央先后出台了《农业六十条》《商业四十条》《手工业三十五条》《科研十四条》《文艺十条》《高教六十条》《工业七十条》等比较实事求是的政策性文件。

128. 深圳水库向香港供水

1961 年 2 月 1 日，为解决香港用水紧张问题，广东宝安县人民委员会同香港当局达成协议，深圳水库正式向香港供水，使香港供水时间由每天 4 小时增加到每天 10 小时。香港用水紧张局面得到一定缓和。

129. 安徽试行包产到户

1961 年 3 月 6 日，根据农民群众的实践经验和要求，安徽省委决定试行“定产到田、责任到人”的生产责任制。5 月 21 日—6 月 12 日中央北京工作会议制定的“农业六十条”修正草案，也规定要建立生产责任制。到秋天，安徽全省 85% 以上的生产队实行了这一办法。全国其他地区也有 20% 左右实行了类似的办法。生产责任制的建立，调动了农民的生产积极性。

130. 第 26 届世乒赛在我国举行

1961 年 4 月 4 日，第 26 届世界乒乓球锦标赛在新落成的北京工人体育馆举行。来自五大洲 32 个乒乓球协会组织的 200 多名选手参加了比赛。这是我国第一次承办世界性体育赛事。中国队荣获男子团体和男子单打两个冠军，并取得 4 个亚军。赛后国际乒联公布的世界优秀选手中，中国选手占将近三分之一。国际乒坛开始出现中国时代。

131. 毛泽东指示各级机关坚决精简

1961 年 6 月 22 日，毛泽东批转国务院秘书长习仲勋《关于中央机关精简情况的报告》，指示各级机关应坚决精简。报告中说：自 1960 年 9 月，中央机关进行了比较认真的精简，中央各部在京单位人员精简了 8 万多人，减少了 33%；撤销或合并了司局级机构 89 个，精简了 15%；事业机构合并了 111 个，精简了 26%。毛泽东在给习仲勋的信中说：中央 24 万人中，如果减去 12 万人，占总数的一半，肯定工作效率会大为提高。各省、市、区一级，专区一级，县一级，均照计划，坚决精简，则将在全国范围内大为减少官僚主义，提高工作效率。另外工人减 2000 万，如能坚决妥善实行，则一个人浮于事的问题就可以解决了。

132. 毛泽东提出“三级所有，队为基础”

1961 年 9 月 29 日，毛泽东写信给中央常委，提出人民公社应实行三级所有，队为基础。在各级党委调查讨论的基础上，1962 年 2 月，中共中央正式决定农村人民公社一般以生产队为基本核算单位，30 年不变。此后，这一更加适合农村实际情况的政策一直稳定地实行了 10 多年，成为人民公社的基本制度。

133. 一批新的电力灌溉区建成

1961年12月22日，新华社报道：我国1958年以来，农村出现一批新的电力灌溉区。灌溉面积在100万亩以上的灌区已有十多个，其中有著名的产稻区、重要的粮棉产区和蔬菜区。今年我国生产的动力排灌机械，可灌溉700多万亩良田。1957年全国农用电只有1亿度多一点，而今年仅北京、天津和河北的四个专区的农用电，就超过1亿度。新的电力灌溉区的形成，促进了农业的发展。

1962年

134. 七千人大会召开

1962年1月11日到2月7日，中共中央召开有七千多名县以上各级负责干部参加的扩大工作会议。刘少奇代表中央作书面报告和讲话，初步总结了1958年以来社会主义建设的基本经验教训。毛泽东在会上指出，中国人口多，底子薄，经济落后，要赶上和超过世界上最先进的资本主义国家，没有100多年的时间是不行的。强调必须健全党的民主集中制，加深对社会主义建设规律的认识。会上，毛泽东作了自我批评。这次会议，发扬了民主，开展了批评和自我批评，对贯彻调整国民经济的方针、统一全党的认识，起了积极作用。

135. 向香港三趟专运列车开行

1962年3月20日，在周恩来总理的亲自安排下，由外贸部和铁道部联合组织向香港运送农副产品的3趟专运列车开行。在内地供应十分紧缺的情况下，开行这三趟列车，体现了中央政府和全国人民对香港的关心和支持。此后几十年间，三趟列车运行从未间断过，为解决香港居民的农副产品供应起到了很大的作用。

136. 要求苏联遣返被胁迫出境的我国公民

1962年4月到5月，苏联驻我国新疆领事馆在新疆塔城等地公开进行颠覆活动，先是诱骗几万居民逃往苏联，接着又煽动指挥一小撮暴徒，攻打伊犁自治州党政机关，制造了伊犁暴乱事件。事件发生后，我国政府再三向苏联提出抗议，要求苏联遣返被胁迫出境的我国公民，但苏方拒绝我国政府的正当要求。此后，苏军不断在中苏边境进行一系列挑衅活动。

137. 首届电影“百花奖”揭晓

1962 年 5 月 22 日，电影“百花奖”评选授奖仪式在北京举行。全国文联主席郭沫若向获奖者发奖。获奖的有最佳女演员祝希娟，最佳导演谢晋，最佳男演员崔嵬，最佳配角陈强，最佳编剧夏衍、水华，最佳摄影吴印咸。

138. 击落美制蒋军 U–2 飞机

1962 年 9 月 9 日，人民解放军空军部队在华东某地上空击落美制蒋军 U–2 型高空侦察机 1 架。此后，又于 1963 年 11 月到 1967 年 9 月，先后在华东、华北地区上空击落 U–2 飞机 4 架。这充分显示了中国人民打击一切侵略者的决心和能力。

139. 中印边境自卫反击战

1962 年 10 月 20 日，我边防部队对入侵印军被迫进行了自卫还击作战。中印两国之间存在着传统的习惯边界线。从 1961 年起，印度军队先后在中印边界西段和东段越过中印双方实际控制线，蚕食中国领土，制造流血冲突。1962 年 5 月 2 日，印军连续侵入我国新疆奇普恰普河谷地区并向我边防哨所发动武装攻击；9 月 21 日和 10 月 11 日，印军连续在西藏扯冬地区打死打伤我边防官兵。10 月 20 日，印军在中印边界东西两段，向我边防部队全面进攻，我军被迫自卫还击。在东段的西藏山南克节朗地区，我军经过 5 天的反击作战，歼灭了入侵的印军第 7 旅，俘获旅长达维尔准将，收复了克节朗、达旺地区的被占领土。在西段的新疆加勒万河谷和红山头地区，10 月 24 日，我军全部拔除了班公湖南北两岸及其以北地区的 31 个入侵印军据点。接着又挥师南下，对西藏阿里地区的入侵印军实施反击，于 28 日收复了巴里加斯、卡果日等地。

10 月 24 日，中国政府提出建议，希望和平解决中印边界问题，并于 28

日停止对入侵印军的反击。但印度政府两次拒绝，并在中印边境地区增派兵力，于11月14日、16日在中印边界全线再次发动进攻。我军再次实施反击。在西山口—邦迪拉地区，针对印军“铜头、锡尾、背紧、腹松”的布势，我军分兵数路，对印军分割包围，各个歼灭，18日夺回西山口，19日收复邦迪拉。在瓦弄地区，我军在印军向我进攻当天即进驻瓦弄，21日又进至金古底，逼近了中印边界传统习惯线，全线粉碎了印度军队的武装进犯。

11月22日，中国边防部队在中印边界全线主动停火，并从12月1日起，主动从1959年11月7日中印双方实际控制线中国一边，后撤20公里，随后，又把缴获的大批武器装备交还印方。1963年2月28日，我边防部队全部完成后撤计划。1963年4月到5月25日，中国又分期分批全部释放了3213名被俘的印度军事人员。

140. 万吨水压机制成

1962年，上海江南造船厂制造成功1.2万吨自由锻造水压机。它的锻压能力达1.6万吨，可以把两三百吨重的特大钢锭，像揉面似的锻压成各种机器零件。这是新中国机械工业中当时最大的一台锻压设备，它使我国成为世界上第5个能够生产这种设备的国家。

141. 兰新铁路通车

1962年，由甘肃兰州到新疆乌鲁木齐的铁路全线通车。兰新铁路全长1904公里，1952年10月动工兴建。兰新铁路途中还分支了一条沟通天山南北的南疆铁路。兰新铁路与陇海铁路相连，形成横贯我国东西的大动脉。从兰州往西还与从兰州到西宁的兰青铁路相通。从兰州往北，有新建的包兰铁路与京包铁路相通。兰新铁路把新疆与祖国内地、与祖国首都、与东部沿海连接了起来，具有重要的经济意义和政治意义。

1963年

142. 断肢再植取得成功

1963 年 1 月 2 日，上海市第六人民医院成功地施行一次当时在世界医学界少见的手术，把一个从腕部被完全轧断的工人的右手重新接了起来。病人能用这只手提起 4 公斤重的物件。这是新中国历史上第一次成功施行这种手术。

143. 开展学习雷锋活动

1963 年 3 月 5 日，《人民日报》发表毛泽东的题词：向雷锋同志学习。雷锋是人民解放军沈阳部队工程兵某部班长，1939 年生于湖南省望城县，在中国共产党的培养下，从一个孤儿成长为一个革命战士。1960 年雷锋参军后，全心全意为人民服务，做了许多好事，1962 年 8 月 15 日，不幸因公牺牲。毛泽东的题词发表后，学雷锋活动在全国广泛而深入地开展起来。雷锋忠于祖国、忠于人民、毫不利己、专门利人的精神感染了全国人民。之后几十年间，雷锋精神不断得到发扬光大。

144. 国防部命名“南京路上好八连”

1963 年 4 月 25 日，国防部发布命令，授予驻守上海的某部八连“南京路上好八连”的光荣称号。命名大会 5 月 5 日在上海举行。上海解放后，八连从硝烟弥漫的战场来到热闹繁华的南京路，身居闹市，一尘不染，热爱人民，助人为乐，在南京路上树起了一面旗帜，赢得了人民群众的赞扬，在八连身上，体现了中国共产党人“拒腐蚀，永不沾”的光辉精神。

145. 首次自己兴建七个大氮肥厂

1963 年 4 月 29 日，新华社报道：我国正在兴建 7 个大型氮肥厂。这 7 个厂是在第二个五年计划期间陆续开工建设的。这是我国第一次完全依靠自己的力量同时建设这么多规模大、技术复杂的氮肥厂。这些化肥厂建成后，可以进一步改善化肥工业的布局，更加有力地支援和促进农业增产增收，提高人民生活水平。

146. 首次向外派遣医疗队

1963 年 4 月，应阿尔及利亚政府的要求，我国向阿尔及利亚派遣了一支医疗队，担负医疗任务和培训医务人员的工作。这是新中国首次向外国派遣医疗队。后来中国又应邀先后向许多亚非国家和地区派遣了医疗队，把友谊的种子撒遍了亚非国家。

147. 调整部分职工工资

1963 年 8 月，国家调整部分职工的工资。1962 年，在遭受连续 3 年的严重自然灾害后，我国国民经济调整初显成效。1963 年 3 月 3 日，中共中央批准了劳动部关于 1963 年工资安排的意见，决定从当年 8 月开始，调整部分职工的工资。原则为：工人和 18 级以下的行政干部升级面为 40%；17—14 级行政干部升级面为 25%；13—11 级行政干部升级面最多不超过 5%；10 级以上行政干部基本不动。对于科技、经济工作干部，相当于 17 级和其以下的，升级面可以增大些。职工一般升一级，极少数成绩突出而工资级又过低的职工可升两级。当年，国家共拿出 11 亿元人民币用于职工工资调整，职工的年平均工资比上年增加 49 元。

148. 周恩来访问非洲

从1963年12月14日开始，周恩来先后访问了埃及、阿尔及利亚、摩洛哥、突尼斯、加纳、马里、几内亚、苏丹、埃塞俄比亚、索马里等10个非洲国家。这是新中国领导人对非洲的首次访问，加强了中国同非洲国家的友好合作关系。访问中，周总理阐明了中国在处理同阿拉伯国家关系和非洲国家关系时的5项原则，中国在对外提供经济技术援助时的8项原则。周总理还同加纳总统恩克鲁玛共同提出了国际生活的五项基本准则。这些原则体现了当时新中国外交关系的总方针。

149. 我国石油产品基本自给

1963年12月25日，新华社报道：我国石油产品已经基本自给，中国人民使用“洋油”的时代，即将一去不复返了。大庆油田发现后，我国石油产量逐年上升，原油从1959年的372万吨到1960年达686万吨。石油产品产量占全国消费量71.5%。石油的品种已达到数百种，比1957年增加了两倍。过去需要依赖进口的一些高级石油产品也已试制成功和正式生产。同时，1963年石油工业的建设规模也大超往年，新建成的煤油装置比上年新建的增加4倍多。我国自己设计的炼油厂建设时间也比过去缩短近一年。

1964年

150. 中国同法国建交

1964年1月27日，中法决定建立外交关系，并商定在3个月内互派大使。这是西方大国首次同新中国建立大使级外交关系，在世界上产生很大影响。1959年戴高乐就任法国总统后，承认中国是独立主权国家，继而主张恢复中国在联合国的合法地位。1963年10月，戴高乐派前总理埃·富尔到中国进行半官方旅行。此后，中法开始建交谈判。中法建交的同时，法国宣布同台湾断绝外交关系。中法建交，是新中国外交工作的一个重要成果。

151. 三线建设开始提出

1964年5月15日—6月17日，中央工作会议在京召开。会上毛泽东从存在着新的世界战争的严重危险的估计出发，认为在原子弹时期，没有后方不行，因而提出了把全国划分为一、二、三线的战略布局，下决心搞三线建设。在这一决策实施后的10余年中，国家先后投资两千亿元，建成企业近3万个，筑成一批重要铁路，使我国战略大后方的建设得到长足的发展，缩短了内地与沿海地区的差距，改变了全国的工业布局。三线建设也影响了当时全国农业和轻工业的发展及沿海地区的经济建设。

152. 解放军开展大比武

1964年6月开始，中国人民解放军分18个区举行了“比武”大会。参加比武的部队、民兵有1万多人，参观的军内外干部有近10万人。6月15、16日，毛泽东、刘少奇、董必武、朱德、周恩来、邓小平等党和国家领导人检阅了北京部队和济南部队的军事训练。这次比武活动充分显示了人民解放军的奋发革命精神、顽强战斗作风和精湛军事技术，对部队训练起到了示范和推动作用。

153. 音乐舞蹈史诗《东方红》演出

1964 年 10 月 6 日，大型音乐舞蹈史诗《东方红》演出，中共中央主席毛泽东同驻京官兵一起观看了演出。音乐舞蹈史诗《东方红》，气势磅礴地表现了中国共产党领导的人民革命的光辉历程和中国人民英勇奋斗的革命精神，上演后在全国产生了很大影响。

154. 第一颗原子弹爆炸成功

1964 年 10 月 16 日，我国自行制造的第一颗原子弹在西部地区爆炸成功。我国核工业创建于 1955 年初。1962 年，中央成立了以周恩来为首的专门领导机构。经过一大批科技人员、指战员、干部和职工的共同努力，终于成功爆破核武器。当天，中国政府发表声明，中国发展核武器，正是为了打破核垄断，消灭核武器。中国在任何时候、任何情况下，都不会首先使用核武器。

155. 三届全国人大一次会议召开

1964 年 12 月 20 日，三届全国人大一次会议在北京召开。周恩来总理在政府工作报告中宣布，我国调整国民经济的任务已基本完成，并根据毛泽东提出的建设我们国家“四个现代化”的设想，提出“在不太长的历史时期内，把我国建设成为一个具有现代农业、现代工业、现代国防和现代科学技术的社会主义强国”的宏伟目标。会议选举刘少奇为国家主席，朱德为人大常委会委员长，决定周恩来为国务院总理。全国政协四届一次会议在人大会议前一天召开。“四个现代化”宏伟目标的提出，极大地鼓舞了全国人民为建设四个现代化的强国而努力奋斗，加快了中国现代化的进程。

1965年

156. 沿海地区连续歼灭美蒋特务、击落美蒋飞机

1965 年 2 月 1 日，公安部发表公报：从 1964 年 7 月至 1965 年 1 月，在我国江苏、广东等沿海地区连续歼灭美蒋武装特务 7 股，共 196 人。这些特务，有的一登陆就被歼灭，有的甚至是在接近大陆的海面上就被歼灭的；有的被人民解放军海防部队歼灭，有的被民兵歼灭。公报还公布：最近两个月，人民解放军部队、海军航空兵部队，也连续击落美制蒋军间谍飞机和美国军用无人驾驶高空侦察机。这表明新中国的国防安全经得起任何人的挑战。

157. 援越抗美

1965 年 2 月 10 日，北京 150 万军民举行集会，声援越南人民抗美救国斗争。毛泽东等党和国家领导人出席了声援大会。1964 年 8 月，美国扩大了印度支那战争，轰炸越南北方，封锁北部湾。1965 年 3 月，美国将特种战争扩大为局部战争，战火有扩大到整个印度支那之势。4 月，中共中央发出指示，尽一切可能支援越南。10 月，应越南政府的要求，中国开始向越南派出防空、工程、铁道、扫雷、后勤保障等支援部队。到 1968 年 3 月止，先后总计达 32 万余人，最高年份达 17 万余人。我援越部队同越南人民一起，用鲜血和生命保卫越南北方领空，保证越南北方运输线的畅通。中国军队伤亡达 5000 余人，援越物资总价值 200 亿美元。中国的巨大支援对越南取得抗美救国斗争的胜利起了重要作用。中国支援部队在美国被迫宣布停止对北越的轰炸和炮击后，奉命于 1970 年 7 月全部撤回。

158. 红旗渠总干渠建成通水

1965 年 4 月 5 日，号称“人造天河”的河南林县红旗渠总干渠建成通水。1960 年，饱尝旱灾之苦的林县人民艰苦奋斗，开始在太行山腰上修建涵、洞、槽、闸，开通了一条 70 公里长、8 米宽、4 米多深的人工引水河。干渠通水后，解决了全县吃水问题，并可灌溉耕地 59 万亩。红旗渠的建成，是中国共产党提倡的自力更生、艰苦奋斗精神的一曲颂歌。

159. 双水内冷汽轮发电机制成

1965 年 4 月 29 日，新华社报道，我国研制成功双水内冷汽轮发电机。1958 年上海电机厂等单位试制出世界上第一台定子、转子双水内冷 1.2 万千瓦汽轮发电机，1960 年又制造出容量为 10 万千瓦的发电机。经过长期考验，发电机质量良好。它的首创成功，标志着新中国电机制造工业的发展进入一个新的阶段。

160. 第一座维尼纶厂投产

1965 年 4 月 30 日，我国第一座自行设计的维尼纶厂——北京维尼纶厂投产。这座工厂是由化工部第一设计院等采用国际先进工艺，运用我国某些成熟的化工经验和几年来有关这方面的研究成果自行设计的。工程所需的 1300 多台设备，是由北京、上海、沈阳、广州等地 90 多家机械工厂协力制造的。工厂包括聚乙烯醇和纺丝两个主要车间。

161. 第一台太阳射电望远镜制成

1965 年 6 月 6 日，《人民日报》报道：我国第一台太阳射电望远镜试制成功，并已在中国科学院北京天文台筹备处七里渠工作站正式安装使用。这台射电望远镜波段为 3.2 厘米，是北京天文台筹备处的研究人员和有关部门共同试制成功的。经实际使用表明，它稳定可靠，工作正常。天文工作者用它观测太阳射电现象积累了大量资料，并且能解释一些光学望远镜所无法解释的天体物理现象，掌握太阳辐射能量的变化对地球的影响。

162. 毛泽东提出把医疗卫生工作重点放到农村

1965 年 6 月 26 日，毛泽东提出把医疗卫生工作的重点放到农村去，把主要的人力、物力放在一些常见病、多发病、普遍存在的病的预防和医疗上。卫生部据此大力加强农村卫生工作，农村医疗卫生状况较快得到好转。

163. 李宗仁回国

1965 年 7 月 20 日，前国民党政府代总统李宗仁先生和夫人郭德洁女士以及程思远先生从海外归来抵达北京。周恩来总理等前往机场迎接。李宗仁在机场发表声明，表示归回祖国的目的在于参加社会主义建设。他希望留在台湾的国民党人，回到祖国怀抱，为完成国家最后统一作出贡献。27 日，毛泽东接见了李宗仁夫妇及程思远先生，表示，跑到海外的国民党人，凡是愿意回来的，我们都欢迎，都以礼相待。表达了中国共产党人对一切爱国人士不计前嫌的宽大胸怀。31 日，刘少奇也接见了李宗仁一行。李宗仁先生回国后，参观了各地的社会主义建设新成就。1969 年 1 月 30 日，李宗仁先生因病在北京逝世，终年 78 岁。

164. “八六”海战

1965 年 8 月 6 日，人民解放军海军南海舰队，在福建东山岛附近海域，与窜入大陆沿海企图输送特务的美制蒋军军舰展开激战，击沉国民党海军巡防第二舰队旗舰、1250 吨大型猎潜舰“剑门号”和 450 吨小型猎潜舰“章江号”，并击毙舰队少将司令以下 170 余人，俘获中校舰长以下 31 人。这是新中国成立以来最大的一次海上歼灭战。11 月 14 日，海军东海舰队又在福建崇武以东海域击沉美制蒋军炮舰“永昌号”，击伤大型猎潜舰“永泰号”，取得海上作战的又一次重大胜利。参战部队受到嘉奖。

165. 首次人工合成结晶胰岛素

1965 年 9 月 17 日，中国科学院上海生物化学研究所等单位，经过 6 年多的艰苦工作，在世界上第一次人工合成一种具有生物活力的蛋白质——结晶胰岛素，表明我国在多肽和蛋白质合成方面的科学技术居于世界先进地位，人类在认识生命奥秘的进程中又迈进了一大步。

1966年

166. 学习焦裕禄

1966 年 2 月 7 日，《人民日报》发表长篇通讯，介绍河南兰考县县委书记焦裕禄的优秀事迹。焦裕禄是山东淄博人，1922 年生，1946 年加入中国共产党，1962 年底任中共兰考县委书记。为了改变全县贫困面貌，焦裕禄以不治理好兰考死不瞑目的决心，克服肝癌带来的痛苦，带领全县广大干部群众，以大无畏的战斗精神，同内涝、风沙、盐碱等严重自然灾害作斗争。1964 年 5 月 14 日，年仅 42 岁的焦裕禄逝世。他生前留下遗言说，我死后，把我送回兰考，埋在沙丘上，活着我没有治好沙丘，死了也要看着你们把沙丘治好。焦裕禄的事迹使他受到千千万万人民的尊敬和爱戴，他的无私襟怀，他对人民群众的忠诚和热爱，使他被人民群众誉为“党的好干部”。全国人民兴起了学习焦裕禄的热潮。直到今天，焦裕禄精神还是中华民族的宝贵精神财富。

167. 邢台抗震救灾

1966 年 3 月 8 日，河北省邢台地区发生强烈地震，震级为里氏 6.7 级，震中烈度为 9 度。共有 34 万人受灾。地震发生后，中共中央和国务院立即紧急动员，组织巨大的人力物力开展救灾工作。周恩来冒着余震的危险，亲临震中地区，代表中共中央和国务院慰问受灾群众，指导救灾工作。在党的领导和解放军的大力支援下，灾区人民很快重建了家园，恢复了生产。

168. “文革”内乱全面开始

1966 年 5 月 4—26 日，中共中央政治局扩大会议在北京召开。5 月 16 日，会议通过了毛泽东主持起草的《中国共产党中央委员会通知》（通称五一六通知）宣布撤销“文化革命五人小组”，重新设立“文化革命小组”，隶属于政治局常委会。“文革小组”开始由陈伯达当组长，8 月底由江青代理组长，逐步取代中央政治局和书记处，成为“文革”的实际指挥机构。《通知》确立了“文化大革命”的错误指导方针。这次会议标志着“左”倾方针在党中央占据了统治地位，也标志着“文革”内乱的全面开始。“文革”动乱历时十年之久，是新中国历史上发动最广、危害最大的政治运动。粉碎“四人帮”后，中央宣布“文革”结束。党的十一届三中全会以后，中国共产党又实事求是地彻底纠正了“文革”的错误。

169. 国产轰炸机试飞

1966 年 9 月 25 日，我国自行制造的第一架轰五型轰炸机试飞成功，于次年 8 月开始装备部队。这是继 1956 年初歼五型喷气式歼击机和 1965 年“强五”型超音速强击机试飞成功后，新中国军用飞机研制方面的又一进步，标志着中国已经具备制造大型战斗机种的能力。

170. 导弹核武器试验成功

1966 年 10 月 27 日，我国在本国国土上第一次成功地进行了导弹核武器试验。导弹飞行正常，核弹头在预定的距离，精确地命中目标，实现核爆炸。导弹核武器的试验成功，使得不久前刚刚组建的中国人民解放军第二炮兵部队更显神威，中国的国防实力进一步增强。

1967年

171. 造反派开始夺权

1967年1月6日，在张春桥、姚文元的策划下，上海“工总司”等32个造反组织召开了“打倒上海市委大会”。会后，造反组织实际控制了上海市的党政财文大权。8日，毛泽东对上海夺权错误地予以肯定。夺权风暴迅速席卷全国。从此，“文化大革命”进入全面夺权的新阶段。混乱局面愈演愈烈。到1968年9月5日，全国除台湾省外，各省全部成立了“革命委员会”，夺权斗争告一段落。

172. “二月抗争”

1967年2月11日、16日，在周恩来主持的怀仁堂碰头会和稍前召开的军委会议上，谭震林、陈毅、叶剑英、李富春、李先念、徐向前、聂荣臻等老干部对“文化大革命”的错误做法表示强烈不满，对林彪、江青一伙诬陷、迫害老干部，乱党、乱军的罪恶活动，进行了大义凛然的斗争。16日晚，张春桥、姚文元等人秘密整理了会议材料，经江青安排向毛泽东作了汇报。毛泽东听信汇报，批评了老帅们。从2月25日到3月18日，江青等人以“二月逆流”的罪名，多次对老帅们进行批斗。此后，中央政治局停止活动，完全被中央文革所取代。林彪自取灭亡后，毛泽东肯定老帅们的这次抗争是“阳谋”，是党内生活许可的，是对付林彪等人的。粉碎“四人帮”以后，中共中央正式为“二月逆流”问题彻底平反。

173. 中央号召“抓革命促生产”

1967年3月18日，中共中央向全国发出一封信，号召广大职工、干部要成为全国劳动群众“抓革命、促生产的最出色的模范”。在当时全国群众组织斗争日益尖锐，不搞生产，干扰和破坏建设的情况下，由于周恩来等人的坚持，这一号召对于挽救国家免受更大损失，起到了很大作用。

174. “六六”通令

1967 年 6 月 6 日，中央发布通令，要求纠正当时出现的全国性“打、砸、抢、抄、抓”歪风，对违反通令规定的，由人民解放军严加处理。由于林彪、江青等人的煽动、破坏，通令没有得到很好的执行。

175. 第一颗氢弹爆炸成功

1967 年 6 月 17 日，我国第一颗氢弹在西部地区上空爆炸成功。在第一颗原子弹爆炸成功后，仅仅两年零 8 个月，氢弹就爆炸成功，这使我国成为世界上在最短时间内拥有这两项技术的国家。

176. 援建坦赞铁路

1967 年 9 月 5 日，中国和坦桑尼亚、赞比亚三国政府在北京签订关于修建坦赞铁路的协定。铁路从坦桑尼亚的达累斯萨拉姆到赞比亚的卡皮里姆波希，全长 1860 公里，整个工程由中国贷款、设计、提供设备和组织施工。该铁路沿线地质情况十分复杂，有些地区被其他国家专家列为禁修铁路的地区。我国工程技术人员克服种种困难，于 1975 年 6 月 7 日将坦赞铁路全线建成。1976 年 7 月 14 日，中国将铁路移交给坦、赞政府。1983 年中国又同意延长贷款期 10 年，同时提供新的贷款并增派专家协助经营。这是我国最大的援外工程项目，在坦赞两国和整个非洲赢得了赞誉。

177. 晶体管新型计算机制成

1967 年 10 月 5 日，新华社报道，一台最新型的晶体管大型通用计算机，在中国科学院计算机技术研究所试制成功。晶体管数字计算机是新兴起的尖端科学技术。这台晶体管大型通用计算机是全部采用国产器材，用我们自己的力量研制出来的，标志着我国的计算机技术已提高到一个新的水平。它作为我国国民经济各部门的高效运算工具，和原子能、火箭、宇宙航行等尖端技术不可缺少的有力助手，对我国的科技进步与经济发展起了促进作用。

1968年

178. 完成对珠穆朗玛峰科学考察

1968 年 1 月 17 日，新华社报道，我国近 30 个学科的 100 多名科学工作者于 1966 年和 1967 年对珠穆朗玛峰海拔 7000 多米的地区进行了全面、系统的科学考察，获得了一系列较完整、重要的科学资料。

179. 毛泽东“七二一”指示发表

1968 年 7 月 21 日，《人民日报》发表毛泽东的批示，提出大学还是要办的，但学制要缩短，教育要革命。要从有实践经验的工人农民中间选拔学生，到学校学几年以后，又回到生产实践中去。此后，全国各地纷纷办起了“七二一”大学，一些高等学校也从 1970 年开始根据推荐从工人、农民、解放军中选拔学生。这种高校招生制度到 1977 年被停止。

180. 工宣队进驻学校

1968 年 7 月 27 日，北京组成 3 万多人的工人毛泽东思想宣传队，开进派性斗争激烈的清华大学，整顿秩序，制止武斗。8 月 25 日，中央要求各地组成毛泽东思想宣传队，分期分批，进入大中城市各学校。26 日，《人民日报》又发表毛泽东的指示，在农村由贫下中农管理学校。此后，工宣队、军宣队、贫下中农代表陆续进驻和管理上层建筑各领域。1977 年中央批准工宣队撤出学校，这种做法得到纠正。

181. “赤脚医生”出现

1968 年 9 月 13 日，新华社转发上海市川沙县出现“赤脚医生”的调查报告。此后，各地农村纷纷建立“赤脚医生”和合作医疗等制度。历史上农村缺医少药的状况得到改善，几亿农民有了基本的医疗保障制度。

182. 南京长江大桥铁路桥通车

1968 年 10 月 1 日，南京长江大桥铁路桥正式通车，12 月 29 日又全面建成通车。大桥为铁路公路两用，铁路桥全长 6700 多米，公路桥全长 4500 多米。它始建于 1960 年 1 月，是当时我国自行设计并施工建造的最大一座桥梁。

183. 干部下放劳动

1968 年 10 月 5 日，《人民日报》发表黑龙江省组织大批机关干部下放到柳河五七干校劳动的经验，并发表毛泽东关于干部下放劳动的号召。此后，各地普遍开办“五七干校”，把原党政机关、高等学校的绝大部分干部和教师，送到干校劳动、学习，对干部和知识分子造成了很大伤害。

184. 第一台深井石油钻机试钻成功

1968 年 11 月 29 日，新华社报道：我国自行设计制造的第一台具有世界先进水平的深井石油钻机，最近在油田试钻成功。目前这台钻机打井深度已超过设计要求，正在向更深的油层钻进。这台深井钻机是根据我国开发油田的实际需要设计制造的，全机总重量约 300 吨，由总功率为 3000 马力的柴油机带动。它的机械化、自动化程度高，技术性能好，为快打井、多打井、打好井提供了有利条件，保证安全生产。在试钻工程中，已通过岩石层、“橡皮层”等复杂的地层，连续穿越了几个高压油层，经过了严格的考验。

185. 知识青年上山下乡

1968年12月22日，《人民日报》传达了毛泽东的指示，“知识青年到农村去，接受贫下中农的再教育，很有必要”。各地立即掀起知识青年上山下乡的热潮。“文化大革命”期间，上山下乡的知识青年共达1600多万，国家和企事业单位为安置知识青年上山下乡所支出的经费超过100亿元。1973年4月，福建莆田县小学教师李庆霖给毛泽东写信，反映他的儿子上山下乡后，一年劳动到头，生活却甚为艰难。毛泽东复信表示要“统筹解决”此类事，并将复信在全党印发。全国开始统筹解决知识青年上山下乡工作中存在的问题。“文革”结束后，知青上山下乡的做法被停止，遗留的问题也逐步得到解决。

在“文化大革命”之前的1955年到1965年10年间，全国也有100万知识青年下乡上山，建设农村和边疆。

1969年

186. 具有世界先进水平的大型氮肥厂建成

1969年1月5日，新华社报道：由我国自己设计、自己制造设备、自己安装的具有60年代世界先进水平的大型氮肥厂——河北化肥厂第三期工程胜利完成，并投入生产。在工程建设中，工程技术人员大胆提出了各种设计和施工方案，同工人、干部反复试验，取得丰硕成果，而且有些成果达到世界先进水平。如：试制成功了世界上最先进的催化剂；创造了世界尿素工业建设史上最快的速度，使我国尿素生产技术水平一跃进入世界先进行列；试制成功了我国造粒塔防腐涂料，其性能超过外国。这个完全采用新技术、新设备的大型氮肥厂的建成投产，标志着我国氮肥工业闯出了一条新路。

187. 塑料版代替铅版印刷成功

1969年1月31日，新华社报道：我国塑料造纸印刷工人克服重重困难，用塑料版印刷代替历来沿用的铅版印刷，实现了我国印刷工作的一项重大技术革命，填补了我国印刷工业方面的一个空白。塑料印刷适用于各种转速包括高转速的印刷机器，而且效率高，操作方便，印刷质量也比铅版印刷质量好。塑料印刷有良好的韧性，在搬运和印刷过程中不易损坏。特别是它寿命更长，至少可印刷10万多次。这是我国这个印刷古国在印刷技术方面的又一个进步。

188. 反击苏军入侵珍宝岛

1969年3月2日，苏联边防军出动装甲车等，入侵我国黑龙江省虎林县境内的珍宝岛，首先开枪打死打伤我边防战士多人。在忍无可忍的情况下，我边防军队被迫进行自卫还击，开始了珍宝岛保卫战。珍宝岛位于中苏边境乌苏里江主航道中心线的中国一侧，自古就是中国领土。事件发生后，中国政府向苏联政府提出最强烈抗议和严正警告。4—12 日，苏军又出动边防军和飞机，多次连续入侵珍宝岛，被中国军民击退。15 日，苏军出动坦克 20 余辆，装甲车 30 余辆，步兵 200 余人，在飞机的掩护下，进犯珍宝岛。中国军民奋战 9 个小时，打退苏军三次攻击。16 日，苏军上岛收尸，中国军队未予出击。17 日，苏军出动坦克和步兵，在猛烈炮火掩护下，再次向珍宝岛进攻。我炮火对其猛烈打击，苏军狼狈逃窜。珍宝岛事件的发生，使中苏关系由 50 年代的极热变成了极冷，并由以前的意识形态冲突变成了领土冲突，全国因此而大规模进行准备打仗的部署。

189. 我国成为无债国家

1969 年 5 月 11 日，《人民日报》发表署名文章，号称我国成为一个既无内债、又无外债的国家。文章说：从 1950 年到 1958 年，中国先后发行过 6 次公债，发行总额为 38.4 亿元，加上应付利息 9.8 亿元，还本付息总数共 48.2 亿元，已在去年底全部还完。在中国建设初期，特别是在抗美援朝期间，苏联曾向中国提供过援助借款，本息总共 14.06 亿新卢布。此项外债，中国一直按期归还，已经在 1965 年初提前全部还清。表明中国在 1965 年已成为没有外债的国家，1968 年又成为没有内债的国家，成为“无债国家”。

190. 我国成功进行首次地下核试验

1969 年 9 月 23 日，我国在西部地区首次成功地进行了地下核试验。随后又在 9 月 29 日，在西部地区上空成功进行了一次新的氢弹爆炸。这是我国从事核武器研制和试验的人员团结奋斗共同取得的重大成果，是我国两弹研制的又一新的进展。中国政府就此发文再次重申：中国进行必要而有限制的核试验，发展核武器，完全是为了防御，为了打破核垄断，其最终目的是为了消灭核武器，维护世界和平。

191. 江都水利枢纽工程竣工

1969年9月23日，由我国自行设计、自行安装的江都水利枢纽工程建成。这是江苏里下河地区抗旱和排涝等综合利用的水利工程，1961年开始兴建。整个工程由3座大型抽水机站、5座中型节制水闸、3座船闸和疏浚河道等10多项工程组成。它连接起长江、淮河、大运河与里下河，利用这些河流的不同水位，通过机动引水和自流引水，进行抗旱排涝。在里下河地区遇旱时，3个抽水站可以抽引长江水，实行南水北调，灌溉大运河自流灌溉区江都至淮安5个县的250多万亩；在里下河地区积水受涝时，3个抽水站又可用昼夜抽水250万立方米的速度排水入长江，使江苏的“锅底”地区摆脱内涝。同时，它还提高了苏北地区的内河特别是大运河苏北段的水上运输能力。

192. 第一条地下铁道建成

1969年，我国第一条地下铁道——北京1号线地铁建成。这条地铁于1965年7月开工，由北京站到西郊苹果园，全长23.6公里，填补了我国地下铁路交通的空白，标志着我国城市公共交通事业有了新的发展。1984年以后，北京又相继建成了十多条新的地下铁道线路。

1970年

193. 第一颗人造地球卫星发射成功

1970 年 4 月 24 日，我国第一颗人造地球卫星发射成功，标志着我国在宇航技术的研究方面取得了历史性的重大突破。卫星运行轨道距地球最近点 439 公里，最远点 2384 公里。轨道和地球赤道平面夹角大约为 68.5 度，绕地球一周大约需要 114 分钟。这颗“东方红一号”卫星重 173 公斤，用 20009 兆周的频率播送《东方红》乐曲。卫星运行情况良好，各种仪器工作正常，遥测仪器不断准确地发回各种数据。我国是继苏联、美国之后第三个发射人造地球卫星的国家。在中国共产党的领导下，新中国在很短的时间内，便相继实现了“两弹一星”，科技水平和国防实力都跃上了一个新台阶。

194. 毛泽东发表“五二〇”声明

1970 年 5 月 20 日，毛泽东为支援印度支那 3 国人民抗美救国斗争发表声明，支持柬埔寨国家元首诺罗敦·西哈努克亲王反对美国及其走狗的斗争精神。声明指出：得道多助，失道寡助，弱国能够打败强国，小国能够打败大国。

195. 成昆铁路通车

1970 年 7 月 1 日，成都至昆明之间的铁路正式通车。1958 年开始修建的成昆铁路全长 1085 公里，经过地区多高山深谷，全路共凿隧道 427 座，架桥梁 653 座，形成纵贯中国西南地区的交通大动脉，这对促进西南发展、增进西南各民族团结、巩固西南边防有重要意义。

196. 上半年铁路铺轨创新纪录

1970 年 8 月 10 日，国家建委发出《关于当前基本建设情况的报告》，指出：上半年全国完成投资 97 亿元，比去年同期增长 76%；全国共有 1000 多万人参加基本建设工程，河南、湖北两省组织百万建设大军，用 8 个月时间，建设 800 里长的焦枝铁路，辽宁盘锦到海城的 72 公里铁路 99 天建成通车。上半年全国铁路完成全年投资计划的 60%，铺轨 1736 公里，创新中国成立以来上半年铺轨里程最高纪录。上半年“五小”企业发展猛、速度快、投产多，是新中国史上前所未有的，小化肥厂建成投产 150 座，小水泥厂建成投产 300 个左右，小水电站正在建设的有 1200 多处，河南省县县都有了小农机厂，并已普及到公社一级，黑龙江省上半年县社队办了 5200 多个小企业。全国上半年建成的小化纤厂 65 个，小洗衣粉厂 24 个，小甜菜糖厂 91 个，小塑料原料厂 35 个，20 个省市区利用现有的小机械厂，已开始成批生产汽车。

197. 毛泽东会见斯诺

1970 年 12 月 18 日，毛泽东会见美国记者、中国人民的老朋友埃德加·斯诺，宾主进行了长达 5 个小时的谈话。在这次内容广泛的谈话中，毛泽东赞成同美国最高级官员进行对话；批评林彪等人搞的“个人崇拜”；提出要发挥中央和地方两个积极性；还提出了关于三个世界划分的初步战略构想。这次谈话对中国后来几年的内政与外交产生了很大的影响。

1971年

198. “乒乓外交”

1971年4月初，在第31届世界乒乓球锦标赛上，中美两国乒乓球队有所接触，美国队表达了希望访华的意愿。毛泽东审时度势，正确地作出了邀请的决定。4月10日，美国乒乓球代表团开始访华。这是新中国成立后第一个应邀访华的美国团体。他们在北京进行了比赛和参观游览。4月14日，周恩来总理会见了代表团。这次“乒乓外交”，打开了隔绝22年之久的中美交往的大门，以“小球”推动了“大球”。

199. 基辛格秘密访华

1971年7月8日，美国总统尼克松的国家安全事务助理基辛格秘密到达北京。此前，在4月27日，中国特使通过巴基斯坦正式照会美国，中国愿在北京接待美国总统特使甚至总统本人。第二天，美国总统尼克松交给基辛格秘密访问中国的任务。7月1日，基辛格以“了解情况”为掩护，开展了一系列访问。在访问巴基斯坦期间，他与几名助手巧妙躲开新闻界注意，秘密飞抵北京，受到中共中央军委副主席叶剑英等人的迎接。7月9—11日，周恩来总理同基辛格进行了会谈，着重讨论了台湾问题。7月16日，双方发表了会谈公告，宣布美国总统尼克松将于1972年5月以前的适当时间访问中国。美国高级官员的首次访华和“7·16”公告的发表，给了全世界巨大震惊，中美关系从此进入了新时期。随着国际政治形势的变化，新中国的外交政策也开始实行了重大调整，中国的外交格局自此发生了巨大变化。

200. 粉碎林彪集团反革命政变

1971 年 9 月 13 日，震惊中外的“九一三”事件爆发。党的九届二中全会后，毛泽东对林彪一伙的阴谋活动更加警觉。林彪为了实现野心，指使儿子林立果及其死党周宇驰等人于 1971 年 3 月，在上海制定了反革命武装政变计划《“571 工程”纪要》，准备谋害毛泽东，篡党夺权。8 月 14 日，毛泽东去南方各地巡视，点名批评林彪一伙在党的九届二中全会上的阴谋活动。9 月 5 日，林彪、叶群获悉毛泽东南巡谈话内容后，决定对在旅途中的毛泽东采取谋杀行动。9 月 8 日，林彪下达了发动武装政变的手令。毛泽东对林彪的反常活动有所觉察，于 11 日改变原定计划，机警地乘坐列车提前离开上海，直驶北京。林彪等人见谋杀不成，又准备南逃广州，另立中央，将一架三叉戟专机秘密调往他们住的北戴河附近的山海关。12 日晚，周恩来根据有关方面报告，追查专机，林彪等人眼见阴谋败露，于 13 日凌晨仓皇乘飞机出逃叛国，在蒙古温都尔汗坠落，机毁人亡，折戟沉沙。林彪集团的余党有的自杀毙命，有的束手就擒。一场反革命武装政变被彻底粉碎。林彪反革命集团的灭亡，客观上宣告了“文化大革命”的理念和实践的破产。此后，周恩来主持中央日常工作，各方面工作开始出现转机。

201. 中国在联合国的一切合法权利恢复

1971 年 10 月 25 日晚，第 26 届联合国大会以 76 票赞成、35 票反对、17 票弃权的压倒多数，通过了阿尔巴尼亚、阿尔及利亚等 23 个国家提出的提案，恢复中华人民共和国在联合国的一切合法权利，并立即把蒋介石集团的代表从联合国及其所属一切机构驱逐出去。29 日，我国政府宣布将派代表参加联合国工作。11 月 11 日至 12 月 18 日，以乔冠华为团长的我国代表团出席联合国大会第 26 届会议。中国是联合国的创始国之一，中华人民共和国成立后，由于美国的无理阻挠，我国的合法权利一直被剥夺。由于第三世界国家的支持，中华人民共和国在联合国的一切合法权利终于得到恢复，这是新中国外交政策的一个重大胜利，也是我国国际地位日益提高的一个重要标志。

1972年

202. 美国总统尼克松访华

1972年2月21日，美国总统理查德·尼克松到达北京，开始对中国进行访问。周恩来前往机场欢迎。当天，毛泽东就在中南海会见了尼克松总统。毛泽东与尼克松跨越太平洋、跨越中美两国20多年隔绝与敌对历史的握手，不但打开了中美两个大国交往的大门，而且打开了国际政治的新格局，成为20世纪世界历史上影响最为深远的事件之一。经过广泛、认真和坦率的讨论，2月27日，在尼克松总统访问上海时，中美两国政府签署了联合公报，阐述了双方在国际问题上的一些共同立场和在台湾问题上的各自立场。公报中，美方声明：美国认识到，在台湾海峡两边的所有中国人都认为只有一个中国，台湾是中国的一部分。对此，美方不提出异议；并确认从台湾撤出全部美国武装力量和军事设施的最终目标。28日，联合公报发表，尼克松结束访问从上海回国。《上海公报》的发表，标志着中美两国关系开始走向正常化，对缓和亚洲及世界局势作出了贡献，为中美建交和两国关系的进一步健康发展奠定了基础。

203. 中日邦交正常化

1972年9月25日，日本国内阁总理大臣田中角荣开始访问中国，谈判并解决中日邦交正常化问题。在此之前，中国与日本只有民间往来，而没有建立官方外交关系。1971年7月，田中首相一上任，就提出要加紧实现和中华人民共和国邦交正常化，以使日本在对华外交上处于主动地位。在田中首相访华期间，毛泽东于9月27日会见了他，同他进行了认真、友好的谈话。周恩来总理、姬鹏飞外长和田中首相、大平正芳外相在友好的气氛中，多次举行会谈。29日，中日两国政府在北京签署联合声明，宣布自即日起建立外交关系，联合声明还宣布：“自本声明公布之日起，中华人民共和国和日本国之间迄今为止的不正常状态宣告结束”；“日本方面痛感日本国过去由于战争给中国人民造成的重大损害的责任，表示深刻的反省”。中国宣布，“为了中日两国人民的友好，放弃对日本国的战争赔偿要求”。中日建交使新中国的周边环境更为有利，国际合作范围更加扩大，国际地位更加提高。

204. 推广优选法

1972 年，著名数学家华罗庚在周恩来总理的关怀下，带领小分队，到各地推广优选法和统筹法，取得了显著的经济效益。经过多年推广，优选法和统筹法在农林、工交、国防、科研等许多部门和行业被广泛应用，取得良好的效果。

205. 马王堆汉墓出土

1972 年，考古工作者在长沙马王堆发掘出一座汉墓，出土了一具年龄约 50 岁的女尸，证明了中国古代防腐技术的高超发达。同墓出土的还有 1000 多件保存如新的丝织品、漆器和精美的帛画等。此前，山东省发掘了临沂县银雀山一号和二号两座汉墓，发现了 4900 多枚竹简，内容包括《孙子兵法》《孙膑兵法》等珍贵典籍，其中《孙膑兵法》一书已失传 1000 多年。这是新中国的两项重大考古成果。

1973年

206. 毛泽东提出“不称霸”

1973 年 1 月 1 日，《人民日报》等两报一刊发表社论，传达了毛泽东提出的“深挖洞、广积粮、不称霸”的方针。“不称霸”外交方针，使我国在国际事务中不断赢得信任和主动，成为我国长期的一项基本外交方略。

207. 中美互设联络处

1973 年 2 月 15—19 日，美国总统国家安全事务助理基辛格访问我国，就中美关系正常化与周恩来等中国领导人进行具体磋商。17 日，毛泽东在中南海会见了他。根据访问时的商定，22 日，中美两国宣布，双方将相互在对方的首都建立一个联络处，以扩大各方面接触，加速两国关系正常化。后来担任美国总统的乔治 · 布什担任了第一任美国驻中国联络处主任。

208. 邓小平复出

1973 年 3 月 10 日，根据毛泽东的多次提议，中共中央作出决定，恢复邓小平的党的组织生活和国务院副总理的职务。4 月 12 日，邓小平会见西哈努克，以国务院副总理的身份公开露面，开始再一次在中国政坛上发挥重要作用。邓小平是 2 月 20 日由周恩来建议，经毛泽东批准从江西回到北京的。

209. 法国总统蓬皮杜访华

1973 年 9 月 11—17 日，法国总统乔治 · 蓬皮杜来华访问。这是法国国家元首第一次正式访问中国。毛泽东会见了蓬皮杜。访问取得了一系列成果，促进了中法两国之间的交流与合作。

1974年

210. 西沙自卫反击战

1974 年 1 月 15 日至 18 日，南越西贡当局多次派军舰侵犯我西沙群岛部分岛屿，19 日和 20 日，我西沙群岛军民，对连日来侵犯我领海领空，强占我岛屿，打死打伤我渔民的南越伪军，进行了胜利的自卫还击，又一次捍卫了共和国的领土主权。

211. 毛泽东提出三个世界划分的战略

1974 年 2 月 22 日，毛泽东会见赞比亚总统卡翁达，明确提出了划分三个世界理论。他指出，美国、苏联是第一世界，中间派、日本、欧洲和加拿大是第二世界，亚洲除了日本，拉丁美洲和整个非洲都是第三世界。中国属于第三世界。希望第三世界联合起来，反对霸权主义。中国共产党提出的这个战略理论，对世界政治产生了深远影响。

212. 秦兵马俑坑被发现

1974 年 3 月，陕西临潼县西杨村农民在秦始皇陵东侧抗旱打井时发现随葬兵马俑，经考古工作者发掘，到 1977 年就地建成秦始皇兵马俑博物馆。据探测，整个陶俑坑总面积 1.26 万平方米，共有武士俑约 6000 个，每个高 1.82 米，身着战袍铠甲，挟弓挎箭，或手执剑、矛、弩机等兵器。陶马与真马大小相似，4 匹拖一辆战车。兵马俑军阵严整，规模宏大，形象地再现了秦始皇南征北战的壮观场景。陶马陶俑比例适度，形象生动，个性鲜明，是中国古代雕塑艺术的典范。这个 2100 年前的地下军阵，被誉为“世界第八奇迹”，不少国家元首以前来参观为荣。

213. 邓小平出席联大特别会议

1974 年 4 月 6 日，国务院副总理邓小平率领中国代表团，前往纽约参加联合国大会第六届特别会议。10 日，邓小平在大会上发言，全面阐述了“三个世界”的理论和中国的对外政策。指出中国政府反对任何国家在任何地区建立霸权和势力范围；各国的事务应由各国人民自己来管。发展中国家人民有权自行选择和决定他们自己的社会、经济制度。国家不论大小，不论贫富，应一律平等。国际经济事务应由各国共同来管。对发展中国家的经济援助，应严格尊重受援国的主权，不附带任何政治、军事条件，不要求任何特权或借机牟取暴利。

214. 大港、胜利油田相继建成

1974 年 5 月 15 日，新华社报道，继大庆油田之后，我国依靠自己力量，在华北东部滨海地区勘探建成了一个新的油田——大港油田。大港油田从 1964 年 1 月开始会战，1967 年开始产油。1974 年 9 月，继大港油田之后，我国在渤海湾地区又建成一个新的大油田——胜利油田。胜利油田于 1961 年 9 月钻出石油，1973 年采油年产量达到 1084 万吨，成为我国渤海地区开发的最大油田。

215. 参加第七届亚运会

1975 年 9 月 1 日至 16 日，中国体育代表团参加了在伊朗德黑兰举行的第七届亚洲运动会。共和国体育健儿首次参加亚运会，就取得金牌总数第三的好成绩。这届亚运会期间，9 个亚洲单项体育组织恢复了中华人民共和国体育组织的合法权利。

216. 青铜峡水利枢纽基本建成

1974 年 9 月 15 日，我国自行设计、建造的黄河青铜峡水利枢纽工程基本建成并发挥显著效益。该枢纽是黄河干流开发的第一期重点工程之一，1958 年动工兴建，1967 年底开始发电，灌溉面积达 300 多万亩。它建成后，有力地带动了宁夏地区的经济发展。

1975年

217. 四届全国人大一次会议召开

1975年1月13—17日，第四届全国人民代表大会第一次会议在北京召开。周恩来作《政府工作报告》。会议选举朱德为人大常委会委员长，决定周恩来为国务院总理。

218. 邓小平主持中央日常工作

四届全国人大一次会议后，周恩来病重，在毛泽东的提议和支持下，邓小平主持中央日常工作。他从整顿国民经济着手，于1975年2月和5月，接连召开了全国工业书记会议、钢铁工业座谈会，通过抓铁路和钢铁行业的整顿，来带动其他行业的整顿。到4月份，铁路严重堵塞地段全部疏通，全国各路局基本上都超额完成了国家计划，钢铁生产形势也逐渐好转。与此同时，邓小平又抓军队整顿和党的整顿。9月在全国农业学大寨会议上，他又提出农业要整顿、工业要整顿、文艺政策要调整，整顿的核心是党的整顿。在他的主持下，社会秩序逐渐得到恢复。

219. 刘家峡水电站建成

1975年2月4日，新华社报道，位于甘肃省永靖县境内的我国最大水力发电站——刘家峡水电站建成。电站大坝高147米，上下游落差100米。电站总发电能力为1225000千瓦，一年能发电57亿度，可供陕西、甘肃、宁夏三省、区的工农业生产建设用电。它的建成标志着中国人民在治理黄河的事业上又迈出了雄伟的一步。

220. 中国同欧共体建交

1975 年 5 月 4 日，欧洲经济共同体委员会副主席索姆斯应邀访问中国，周恩来总理会见了他。双方一致同意建立正式关系，并于 5 月 6 日达成建交协议。之后，中国与欧共体之间的关系日益密切。

221. 邓小平访问法国

1975 年 5 月 12—17 日，应法国政府邀请，国务院副总理邓小平对法国进行正式访问。邓小平青年时代曾在法国勤工俭学，这次重游旧地，邓小平所到之处，都受到法国人民的热情欢迎。在法国期间，邓小平同法国总统德斯坦和总理希拉克举行了会谈。访问促进了两国关系的进一步发展。

222. 邓小平肯定“科学技术也是生产力”

1975 年 9 月 26 日，邓小平在听取中国科学院负责人胡耀邦等人关于科学院整顿工作的汇报时，肯定《汇报提纲》中关于“科学技术也是生产力”的观点，并强调，科学技术要后继有人，中心是办好教育。他说，“我们有个危机，可能发生在教育部门，把整个现代化水平拉住了”。邓小平的这些思想，在他 1977 年复出后得到进一步的发展。

223. 发射人造地球卫星并回收成功

1975 年 11 月 26 日，我国又成功地发射了一颗人造地球卫星。这颗卫星在正常运行后，于 12 月 2 日，按预定计划返回地面。这是中国第一次成功地将卫星回收到地面，标志我国已掌握卫星回收技术。

224. “反击右倾翻案风”

1975年11月，由于邓小平对“文化大革命”的系统纠正，经过当时担任毛泽东联络员的毛远新的歪曲汇报，使毛泽东不能容忍，邓小平的大部分工作被停止，只管外事。不久，“四人帮”一伙推波助澜，在全国兴起了“反击右倾翻案风”。先是不点名、后来并公开点名批判邓小平。整顿以来的稳定局面又遭破坏，全国再度陷入混乱。但这场不得人心的运动，也因为人们对邓小平恢复经济努力的赞成和对“四人帮”热衷于搞批判的反感，而在全国受到不同形式的抵制。1978年12月，党的十一届三中全会决定撤销中央发的有关“反击右倾翻案风”运动的错误文件。

1976年

225. 周恩来逝世

1976 年 1 月 8 日，伟大的马克思主义者，党和国家主要领导人之一，中国人民解放军主要创建人之一，伟大的无产阶级革命家、政治家、军事家和外交家，中共中央副主席、国务院总理、政协全国委员会主席周恩来，在北京逝世。举国上下，沉浸在一片悲痛之中。周恩来，1898 年生于江苏淮安。早年赴日本留学，1921 年在法国勤工俭学期间参加共产主义小组。1924 年回国后担任黄埔军校政治部主任，1927 年领导发动南昌起义，打响了武装反抗国民党反动派的第一枪。1935 年，在中国革命的危急关头，他支持召开遵义会议和毛泽东的正确主张，中国革命从此发生历史性转折。西安事变中，他根据党中央的方针，多方斡旋，促成西安事变和平解决。从延安时期到新中国成立，周恩来作为毛泽东的主要助手，一直工作在中国民族解放和人民解放战争的指挥中心。新中国成立后，他担任政府总理长达 26 年，既是国家建设总体蓝图的重要设计者，又是将之付诸实施的卓越组织者和管理者。在“文化大革命”极端复杂的特殊条件下，他努力维护党和国家正常工作的运转，尽可能地减少损失，保护了一大批党的领导骨干、民主人士和知识分子。周恩来的一生，是辉煌的一生。他为中国人民解放事业和社会主义事业建立的卓著功勋，他崇高的精神和人格，丰碑似的屹立在中国共产党和中华民族的历史上，深深地铭刻在中国各族人民的心里。1 月 11 日下午，周恩来遗体送八宝山火化。1 月 15 日下午，周恩来追悼大会举行。毛泽东主席送了花圈，中共中央副主席、国务院副总理邓小平致悼词。全国各地群众都自发举行了悼念活动。

226. “天安门事件”

1976 年 3 月 5 日和 25 日，“四人帮”控制的上海《文汇报》删掉周恩来关于学习雷锋的题词，含沙射影攻击周恩来。3 月下旬，南京大学等高校师生举行悼念周恩来的活动，并贴出针对“四人帮”一伙的大标语。4 月上旬，清明节前后，北京市上百万群众，自发聚集在天安门广场举行宣誓、默哀、讲演、朗诵等活动，在人民英雄纪念碑前献花圈、贴传单、作诗词，悼念周恩来，声讨“四人帮”。“四人帮”一伙用各种办法制止人们的悼念活动。同时又隐瞒事实真相，欺骗党中央和毛泽东，把天安门事件错误地定为“反革命性质的反扑”，决定清理花圈标语和抓“反革命”。4 月 5 日，天安门广场上的广大群众，在“还我花圈、还我战友”的口号下，采取抗议行动，被错误地宣布为“反革命事件”。4 月 7 日，根据毛泽东的提议，中共中央政治局通过华国锋任中共中央第一副主席、国务院总理，并撤销邓小平党内外一切职务。这场伟大的革命群众运动，为日后粉碎“四人帮”奠定了群众基础。粉碎“四人帮”后，全国人民强烈要求为“天安门事件”平反。1978 年 11 月 14 日，经中央政治局常委会批准，北京市宣布“天安门事件”完全是革命行动，并为因这一事件遭到迫害的所有人平反。

227. 朱德逝世

1976 年 7 月 6 日，中共中央政治局委员、全国人大常委会委员长朱德在北京逝世，终年 90 岁。朱德是四川仪陇人。1922 年经周恩来介绍加入中国共产党，一生对中国革命和建设有重大贡献，担任过红军总司令、八路军总司令、中国人民解放军总司令。1955 年被授予中华人民共和国元帅军衔。他是伟大的马克思主义者和中国杰出的无产阶级革命家、政治家和军事家，是党和国家的卓越领导人。朱德追悼大会在人民大会堂隆重举行。毛泽东和中共中央送了花圈。

228. 唐山抗震救灾

1976年7月28日3时42分，河北省唐山、丰南一带发生7.8级强烈地震。震中地区损失重大，唐山市被夷为一片废墟，死亡24万多人，重伤16万多人。当天，中共中央向灾区人民发出慰问电，并成立了抗震救灾指挥部，国务院向灾区派出工作组。8月4日，中共中央、国务院派出慰问团到灾区慰问受灾群众。在党中央的组织领导下，十几万解放军指战员、两万多名医务工作者和数万名支援人员紧急赶赴现场，大量医药、食品、衣物、建材等物资源源运往灾区，支援灾区人民的抗灾斗争。灾区人民也迅速组织起来，团结一致，奋发抗灾。在全国的大力支援和灾区人民的努力下，灾区生产和生活很快恢复，几年便建成了一个新唐山。

229. 毛泽东逝世

1976年9月9日0时10分，伟大的马克思主义者，中国共产党、中国人民解放军、中华人民共和国的主要缔造者，中国各族人民的伟大领袖，中共中央主席、中央军委主席、全国政协名誉主席毛泽东在北京逝世，终年83岁。全党、全军和全国各族人民沉浸在无限的悲痛之中。当天，中共中央、全国人大常委会、国务院、中央军委发布《告全党全军全国各族人民书》，通告毛泽东主席逝世。11—18日，首都隆重举行吊唁仪式，党政军重要领导人，各省、市、自治区代表和群众30多万人参加吊唁和守灵。60多个国家、政党送来花圈，200多个国家、政党、组织以及著名人物发来唁电或唁函。18日，首都百万群众在天安门广场隆重举行追悼大会。全国各地都举行了吊唁和悼念活动，30多个国家和政党先后举行了追悼大会。毛泽东，1893年出生于湖南湘潭，1921年7月出席中国共产党第一次全国代表大会。后领导长沙、安源等地工人运动。大革命失败后，提出“枪杆子里面出政权”的著名论断，领导秋收起义，在井冈山创建第一个农村革命根据地，创造性地提出以农村包围城市的战略思想。从1935年遵义会议起，他成为中国共产党的主要领导人，领导中国共产党和中国人民，找到了一条新民主主义革命的正确道路，完成反帝反封建的任务，结束了中国半殖民地半封建社会的历史，建立了中华人民共和国，确立了社会主义制度。接着，他又从中国实际出发，开始探索社会主义建设的道路。他为中国共产党和中国人民解放军的创立和发展，为中国各族人民解放事业的胜利，为中华人民共和国的缔造和社会主义事业的发展，建立了不朽的功勋。毛泽东是伟大的马克思主义者，伟大的无产阶级革命家、战略家和理论家。他吸收全党的集体智慧，根据马克思列宁主义的基本原理和中国的具体实践，对中国革命和建设中的一系列独创性的经验作了理论概括，形成了毛泽东思想，成为中华民族的宝贵精神财富。毛泽东逝世后，受到中国人民世世代代的崇敬和怀念。

230. 粉碎“四人帮”

毛泽东逝世后，“四人帮”一伙加快了篡党夺权活动。1976 年 10 月 6 日，中央政治局执行党和人民的意志，采取断然措施，对江青、张春桥、姚文元、王洪文实行隔离审查，粉碎了江青反革命集团。10 月 14 日，中央正式宣布粉碎祸国殃民的“四人帮”的消息。举国上下，一片欢腾，10 年浩劫宣告结束。这是全党、全军和全国各族人民长期斗争取得的伟大胜利。中国历史出现了新的转机。

1977年

231. 30万吨乙烯工程建成投产

1977年1月14日，北京石油化工总厂的30万吨乙烯工程建成投产。这个规模宏大、技术复杂的工程，完全由我国独立自主进行施工，从破土到完工仅用两年多时间，并且一次试车成功，这是新中国当时规模最大的石油化工建设项目。

232. 函数理论研究获重大成果

1977年2月25日，中国科学院数学研究人员杨乐、张广厚合作，在世界上第一次找到了函数值分布论研究中两个主要概念“亏值”。

233. 邓小平批评“两个凡是”

1977年4月10日，邓小平写信给中共中央并华国锋，针对“两个凡是”指出：“我们必须世世代代地用准确的、完整的毛泽东思想来指导我们全党、全军和全国人民，把党和社会主义事业，把国际共产主义运动的事业，胜利地推向前进。”5月3日，中共中央转发此信，肯定了邓小平的正确意见。邓小平对“两个凡是”的批评，开了全党思想解放的先导。

234. 邓小平强调抓科技和教育

1977年5月12日，邓小平在同中国科学院两位负责人谈话时，强调要抓科学和教育。他说，整个国家赶超世界先进水平，科学研究是先行官。5月24日，邓小平在同有关同志的谈话中又指出：我们要实现四个现代化，关键是科学技术要能上去。发展科学技术，不抓教育不行。一定要在党内造成一种空气：尊重知识，尊重人才。

235. 邓小平恢复领导职务

1977 年 7 月 16 日至 21 日，中共十届三中全会在北京举行。会议恢复邓小平中央政治局委员、中央政治局常委、中央副主席、中央军委副主席、国务院副总理、中国人民解放军总参谋长等职务，把王洪文、张春桥、江青、姚文元永远开除出党，撤销其党内外一切职务。邓小平在会上强调要完整、准确地理解毛泽东思想。并毛遂自荐主管科学和教育工作，表示愿当大家的后勤部长。邓小平为全党重视科技教育作出了表率。

236. 中共十一大召开

1977 年 8 月 12—18 日，中国共产党第十一届全国代表大会在北京召开。出席大会的代表 1510 名，代表党员 3500 多万。大会宣告“文化大革命”已经结束，并重申在本世纪内把中国建设成为社会主义现代化强国。邓小平致闭幕词，强调要恢复和发扬毛主席为党树立的群众路线、实事求是、批评与自我批评、谦虚谨慎、戒骄戒躁、艰苦奋斗等优良传统和作风，民主集中制的优良传统和作风，努力造成生动活泼的政治局面。大会选出中央委员 201 人，候补中央委员 132 人。8 月 19 日，党的十一届一中全会召开。选举华国锋为中央委员会主席，叶剑英、邓小平、李先念、汪东兴为副主席。

237. 恢复高考制度

1977 年 8 月 13 日，全国高等学校招生工作会议在北京召开，决定改革招生制度。此前，邓小平在科学和教育工作座谈会上提出高校要恢复从高中毕业生中直接招考学生。10 月 21 日，教育部确定从 1977 年起，对高校实行新的招生制度，当年全国共有 570 万应届高中毕业生和社会适龄青年报考，共招收新生27.3万人。由此，中断11年的高校招生考试制度得以恢复。这一改革，极大地调动了广大青年的学习积极性，全国出现了10多年来从未有过的读书热潮，对提高教育质量、提高民族素质起到了重要作用。

238. 陈景润数论研究成果惊动世界

1977年10月3日，新华社报道了数学家陈景润在数论研究中作出的贡献。他对“哥德巴赫猜想”问题进行精心解析和科学推算，取得了世界领先地位。他证明，任何一个充分大的偶数，都可以表示为一个素数加上顶多是两个素数的乘积，简称“1+2”。这是一个200多年来许多数学家一直未能解决的问题，这颗数学王国王冠上的明珠，终于被中国数学家夺得。新中国的知识分子政策，又催开了一朵科学的新花。

1978年

239. 五届全国人大一次会议召开

1978 年 2 月 26 日—3 月 5 日，第五届全国人民代表大会第一次会议在北京举行。会议通过了《中华人民共和国宪法》。会议选举叶剑英为人大常委会委员长，决定华国锋为国务院总理。此前，2 月 24 日—3 月 8 日，全国政协五届一次会议在北京举行，会议修改了政协章程，选举邓小平为全国政协主席。

240. 全国科学大会召开

1978 年 3 月 18—31 日，中共中央在北京召开全国科学大会。出席会议的代表近 6000 人。邓小平在开幕式上讲话，着重阐述了科学技术是生产力这个马克思主义的观点，明确肯定我国知识分子是为社会主义服务的脑力劳动者，是劳动人民的一部分。大会制订了《1978—1985 年全国科学技术发展纲要（草案）》，表彰了先进集体和先进科技工作者以及优秀科技成果的完成单位和个人。这次全国科学大会，为我国的科学事业带来了新的春天。

241. 开展真理标准问题讨论

1978 年 5 月 10 日，中共中央党校《理论动态》上发表《实践是检验真理的唯一标准》一文。11 日，《光明日报》以特约评论员名义公开发表，之后，《人民日报》和《解放军报》及全国绝大多数省报也相继转载。这篇文章从理论上对“两个凡是”作了根本否定，在全党和全国引起强烈反响，由此引发关于真理标准问题的全国性大讨论。这是在邓小平等中央负责同志领导和支持下进行的一场具有重大意义的马克思主义教育运动和思想解放运动，冲破了长期以来“左”的思想的严重束缚，推动了各条战线的拨乱反正，为党的十一届三中全会的召开准备了思想条件。

242. 中日友好和平条约签订

1978 年 8 月 8 日，日本外务大臣园田直一行到达北京，进行缔结中日友好和平条约的谈判。12 日，条约在北京签订。条约确认 1972 年中日联合声明是两国间和平友好关系的基础，应予严格遵守。这一条约是指导中日关系正常和友好发展的一个重要文件。条约自 10 月 23 日起生效，有效期 10 年。

243. 邓小平访问日本

1978 年 10 月 22—29 日，国务院副总理邓小平访问日本。日本首相福田赳夫主持仪式欢迎邓小平。邓小平和福田赳夫参加了《中日和平友好条约》批准书互换仪式。裕仁天皇会见了邓小平，并脱开讲稿，用“不幸的事件”这样的措辞，间接向中国人民表明谢罪之意。邓小平这次访日，是第二次世界大战后中国高级领导人第一次踏上日本国土。中国共产党的领导人以向前看的姿态，开辟了中日关系的新时代。

244. 中美建交公报公布

1978 年 12 月 16 日，中美两国同时公布《中美建交联合公报》，宣布两国自 1979 年 1 月 1 日起互相承认并建立外交关系，3 月 1 日互派大使并建立大使馆。美国宣布 1979 年 1 月 1 日它将通知台湾，与之结束外交关系；美台《共同防御条约》也将予以终止，并声明在 4 个月内从台湾撤出美方余留的军事人员；表示期望台湾问题将由中国人自己和平加以解决。中美建交标志着中美两个大国间不正常关系的结束和两国关系的进一步发展，不但符合中美两国人民的利益，而且有利于世界政治的稳定。

245. 中共十一届三中全会召开

1978 年 12 月 18—22 日，中国共产党第十一届中央委员会第三次全体会议在北京召开。此前，中央于 11 月 10 日—12 月 15 日召开了工作会议。邓小平在中央工作会议闭幕时作了《解放思想，实事求是，团结一致向前看》的著名讲话，为全会确定具有划时代意义的新认识和新决定奠定了重要基础。十一届三中全会决定从 1979 年起，把全党工作的着重点转移到社会主义现代化建设上来。全会强调必须完整地、准确地掌握毛泽东思想的科学体系，高度评价关于实践是检验真理唯一标准的讨论，果断地停止使用“以阶级斗争为纲”的口号。全会决定健全党的民主集中制，成立中央纪律检查委员会，选举陈云为中纪委第一书记。十一届三中全会从根本上冲破了长期“左”倾错误的严重束缚，重新确立了马克思主义的政治、思想和组织路线，开始全面纠正“文化大革命”及以前的“左”倾错误，是新中国历史上具有深远意义的伟大转折。从此，伟大的社会主义改革开放揭开序幕，中国进入了改革开放历史新时期，走上了中国特色社会主义道路。

246. 宝钢工程开工

1978 年 12 月 23 日，新中国第一个新型的、现代化的大型钢铁基地——上海宝山钢铁总厂举行动工典礼。宝钢工程是党中央、国务院批准成套引进技术设备的重大项目，建成后可年产铁、钢各 600 万吨。它生产的钢材，有的填补了当时我国钢材品种上的一些空白。

1979年

247. 全国人大常委会发表《告台湾同胞书》

1979年1月1日，全国人大常委会为和平统一祖国发表《告台湾同胞书》，正式提出实现和平统一的大政方针，呼吁台湾和大陆之间尽快实现通航、通邮，发展贸易，进行经济交流。《告台湾同胞书》说，近30年台湾同祖国的分离，是人为的，是违反我们民族的利益和愿望的。实现中国的统一，是人心所向，大势所趋。我们殷切期望台湾早日回归祖国，共同发展建国大业。我们一定要考虑现实情况，完成祖国统一的大业，在解决统一问题时尊重台湾现状和台湾各界人士的意见，采取合情合理的政策和办法，不使台湾人民蒙受损失。当天，我国防部决定停止炮击大、小金门等岛屿，以方便台、澎、金、马的军民同胞来大陆访亲会友、参观访问。这是中国政府改善海峡两岸关系的重要步骤。

248. 农村建立家庭联产承包责任制

1979年1月11日，中共中央发出《关于加快农业发展若干问题的决定（草案）》，规定了建立生产责任制等措施。此前，1978年12月安徽凤阳县小岗生产队等地将集体耕地承包到户，搞起了大包干。万里到安徽工作后，认为包产到户是责任制的一种形式，给予支持。安徽率先实行的家庭联产承包制得到邓小平和中央的肯定和支持，在全国各地农村逐步推广，成为长时期内农村一项基本稳定的生产制度，有力地推动了农村经济的发展。

249. 邓小平访美

1979年1月28日—2月5日，邓小平对美国进行了历史性的访问。美国副总统蒙代尔到机场欢迎，卡特总统在白宫南草坪举行欢迎仪式。邓小平同卡特就共同关心的问题进行了会谈，邓小平还同其他美国领导人进行了会谈，会见了数以百计的议员、州长、市长以及各界人士，回答了一批又一批美国记者提出的问题。美国新闻界，包括全国和地方的电视网连日全面显著地加以报道。访问期间，两国签署了《科技合作和文化协定》以及其他协议。这是新中国历史上和中美建交后中国领导人第一次正式访问美国，取得了一系列重要成果。

250. 确定“植树节”

1979 年 2 月 23 日，五届全国人大常委会第六次会议规定，以每年 3 月 12 日为我国植树节。同日，《中华人民共和国森林法》也公布试行。过去，我国曾在 1915 年将清明节定为全国植树节。从 1929 年开始，又把 3 月 12 日即孙中山逝世的日子定为植树节。这次植树节的确定和《森林法》的颁布促进了我国植树造林的更好开展。

251. 邓小平强调坚持四项基本原则

1979 年 3 月 30 日，邓小平在中共中央召开的理论工作务虚会上作了重要讲话，强调我们要在中国实现四个现代化，必须在思想政治上坚持四项基本原则，即坚持社会主义道路，坚持无产阶级专政，坚持共产党的领导，坚持马列主义、毛泽东思想。这是实现四个现代化的根本前提。理论务虚会从 1 月 18 日开始，到 4 月 3 日结束，会议要求把解放思想同坚持四项基本原则统一起来。

252.《刑法》公布

1979 年 7 月 6 日，经五届全国人大第二次会议通过的《中华人民共和国刑法》公布，从 1980 年 1 月 1 日起施行。《刑法》共 13 章 192 条，对各种犯罪规定了应该适用的刑罚和具体的量刑标准。这是新中国的第一部《刑法》，对于保护我国的社会制度和公民的合法权利与财产，维护社会秩序具有重要作用。

253. 广东、福建试办经济特区

1979 年 7 月 15 日，中共中央、国务院批转广东省委、福建省委关于对外经济活动实行特别政策和灵活措施的两个报告，同意在深圳、珠海、汕头和厦门试办出口特区。我国的经济特区建设正式启动。此前，在 4 月间，邓小平对广东省委领导提出了办特区的设想。他说，划出一块地方，叫做特区，陕甘宁就是特区嘛。中央没有钱，你们自己搞。1980 年 3 月中央正式将“特区”定名为“经济特区”，特区主要实行市场调节，主要吸收侨资、外资进行建设。1980 年 8 月，全国人大常委会批准在深圳、珠海、汕头、厦门设置经济特区，并批准了《广东省经济特区条例》，完成了特区设置的立法程序。搞经济特区，是中国实行改革开放的又一创造性举措。

254. 恢复在国际奥委会合法权利

1979 年 11 月 26 日，国际奥委会副主席姆扎里在瑞士洛桑宣布：国际奥委会经过全体委员的通信表决，以 62 票赞成，17 票反对，批准了执行委员会 10 月在日本名古屋作出的关于中国代表权的决议。中华人民共和国成立后，国际奥委会一直不承认我国中华全国体育总会的合法地位，因此，我国于 1958 年宣布中断同国际奥委会的联系。中国奥委会发言人对恢复中华人民共和国奥委会在国际奥委会的合法权利表示欢迎。此前，国际足联执委会已于 10 月 13 日恢复中华人民共和国在国际足球联合会的合法权利。这是中国体育史上的一件大事。

1980年

255. 专利制度建立

1980 年 1 月 14 日，国务院批准建立专利制度，同意起草《专利法》，成立国家专利局，建立专利代表机构等。《专利法》后于 1984 年 3 月通过，1985 年 4 月 1 日起施行。专利制度的建立，促进和保护了我国的发明创造，推动了我国与外国的科技交流，为引进外资和技术创造了条件，表明了中国对知识产权的保护。

256. 福建发行债券

1980 年 1 月，福建省福建投资企业开始发行债券，债券采用记名和不记名两种形式，面额为 500 元、5000 元、50000 元 3 种。这家公司债券的发行，扩大了企业筹资渠道，活跃了金融流通，打破了发行债券是搞资本主义的错误观念。

257. 学位制度实施

1980 年 2 月 12 日，《中华人民共和国学位条例》公布，自 1981 年 1 月 1 日起实行。我国学位分学士、硕士、博士三级，按哲学、经济学、法学、教育学、文学、历史学、理学、工学、农学、医学 10 个学科门类授予。这是新中国自成立以来首次设立学位制度。学位制度的实施，对发展我国的教育、科学事业起到促进作用。

258. 中共十一届五中全会召开

1980 年 2 月 23—29 日，中共十一届五中全会举行。会议讨论通过了《关于党内政治生活的若干准则》。会议决定重新设立中央书记处，选举胡耀邦为中央委员会总书记，这在党的领导体制改革上迈出了重要一步。全会决定向全国人大建议，修改宪法第 45 条，取消公民“有运用大鸣、大放、大辩论、大字报的权利”的规定。

259. 中国恢复在国际货币基金组织和世界银行的合法席位

1980 年 4 月 17 日，中国恢复在国际货币基金组织的合法席位。5 月 15 日，中国恢复在世界银行的合法席位。国际货币基金组织与世界银行并列为世界两大金融机构。中国恢复在这两大世界金融机构的席位，有利于利用国际资本，促进我国的就业和生产资源的发展，增加中国在国际金融界的话语权。

260. 第一次成功发射远程运载火箭

1980 年 5 月 18—21 日，我国第一次向太平洋预定海域发射远程运载火箭获得圆满成功，标志着我国运载火箭技术达到了新的水平。21 日，中共中央、国务院、中央军委致电，向参与发射火箭和从事试验的全体同志表示热烈祝贺。

261. 中国加入世界知识产权组织

1980 年 6 月 3 日，中华人民共和国加入世界知识产权组织。从 1983 年起，中国一直是该组织的协调委员会成员。1989 年 11 月，该组织和中国国家专利局在北京举办了 21 世纪国际专利制度讨论会，并共同为 10 项中国专利发明创造颁发了中国专利发明创造奖。1992 年，中国正式加入了伯尔尼保护文学和艺术作品公约及世界版权公约。此后，中国在知识产权保护方面做了大量工作，对保护知识产权作出了很大贡献。

262. 五届全国人大三次会议召开

1980年8月30日—9月10日，五届全国人大三次会议举行。会议讨论了制定发展国民经济长远规划和继续推进经济改革等问题。会议根据中共中央建议，决定同意一批老一辈革命家不再担任国务院副总理和人大常委会副委员长的辞职请求，另由适当人选担任。决定赵紫阳为国务院总理。这次会议，在推进国家领导体制改革和废除干部领导职务实际存在的终身制方面，迈出了重要的一步。

263. 审判林彪、江青反革命集团案主犯

1980年9月29日，第五届全国人大常委会第16次会议决定成立特别检察厅和特别法庭，检察、审判林彪、江青反革命集团案主犯。11月20日，最高人民法院特别法庭开庭公审，江青等10名被告一个个由法警押送到被告席上。最高人民检察院检察长兼特别检察厅厅长黄火青宣读了2万多字的起诉书，列举了林彪、江青反革命集团的4条罪状和48条罪行。林彪、江青反革命集团在"文化大革命"中，互相勾结、狼狈为奸，诬陷迫害党和国家领导人，迫害、镇压广大干部和群众，谋害毛泽东主席，策划反革命武装政变，策动上海武装叛乱。两个集团主犯共16名，有林彪、江青、康生、张春桥、姚文元、王洪文、陈伯达、谢富治、叶群、黄永胜、吴法宪、李作鹏、邱会作、林立果、周宇驰、江腾蛟。其中，林彪、康生、谢富治、叶群、林立果、周宇驰已经死亡，不再追究刑事责任。至12月29日，共开庭42次，有49名证人和被害人出庭作证。经过全体审判人员对判决书的讨论修改、评议表决和签字，1981年1月25日上午9时，特别法庭开庭宣判：判处江青、张春桥死刑，缓期2年执行，剥夺政治权利终身。判处王洪文无期徒刑，剥夺政治权利终身。判处姚文元有期徒刑20年，陈伯达有期徒刑18年，李作鹏有期徒刑18年，吴法宪有期徒刑18年，黄永胜有期徒刑18年，邱会作有期徒刑16年，江腾蛟有

期徒刑 18 年，以上 7 名罪犯均剥夺政治权利 5 年。对林彪、江青反革命集团的审判，是正义的胜利，人民的胜利，使作恶多端的罪犯终于有了应得的下场。

1981年

264. 发行国库券

1981 年 1 月 1 日，国务院会议通过国库券条例，从 1 月起，由财政部负责每年发行一次国库券。这是“文化大革命”以后我国首次对内发行公债。国库券从 80 年代每年发行几十亿元到 90 年代以后每年发行几百亿元，使大量社会游资集中到国家手中，大力支援了社会主义经济建设，推动了我国现代化建设进程。

265. 葛洲坝大江截流工程合龙

1981 年 1 月 3 日上午 7 时 30 分，万里长江第一坝——葛洲坝水利枢纽工程开始大江截流，上百台大型装载车、吊车、电铲挥舞巨臂，数百辆载重自卸汽车穿梭往来，每分钟都有三四车巨石入江，到 4 日下午 7 时 53 分，经过 36 个小时激战，终于胜利合龙。这是中国水利水电建设史上的一个壮举。葛洲坝工程是 1970 年中共中央批准兴建的，1989 年全部建成，年均发电 157 亿千瓦时。

266. 囊括第 36 届世乒赛全部冠军

1981 年 4 月 21 日，在第 36 届世界乒乓球锦标赛女子团体决赛中，中国女队以快制胜，直下三盘，击败南朝鲜队，获本届冠军。至此，中国选手夺得了本届比赛的全部七项冠军和全部单项亚军，创造了世界乒乓球锦标赛 55 年历史上的一个新纪录。

267. 中共十一届六中全会召开

1981 年 6 月 27—29 日，中共十一届六中全会在北京举行，会议审议并一致通过《关于建国以来党的若干历史问题的决议》。决议总结了建国 32 年来社会主义革命和建设的历史经验，肯定了毛泽东的历史地位，系统论述了毛泽东思想的指导作用。全会选举胡耀邦为中央委员会主席，邓小平为中央军委主席。确定中央政治局常委由胡耀邦、叶剑英、邓小平、赵紫阳、李先念、陈云、华国锋组成。这次会议在党的指导思想上完成了拨乱反正的历史任务。在《决议》起草过程中，邓小平多次提出指导性意见，统一了全党和全国人民对一些重要问题的思想认识。

268. 国务院发布城镇个体经济政策规定

1981 年 7 月 7 日，国务院发布文件，规定了城镇个体经济的性质、经营范围及如何扶持与保护城镇个体经济的发展等问题，使个体经济很快发展，对搞活经济、繁荣市场、安排就业和改善人民生活起了积极作用。

269. “一国两制”构想和对台九条方针提出

1981 年 8 月 26 日，邓小平在会见台湾、香港知名人士傅朝枢的谈话中，明确提出了“一国两制”的构想。根据这一构想，9 月 30 日，全国人大常委会委员长叶剑英发表关于台湾问题的 9 条方针，建议举行国共两党谈判，实行第三次国共合作。建议双方为实行“三通”等达成有关协议。提出统一后台湾可作为特别行政区，享有自治权，保留军队，中央政府不干预台湾事务。台湾现行社会、经济制度不变，生活方式不变。台湾当局和各界代表人士，可参与国家管理。台湾地方财政遇有困难时，可由中央政府酌情补助。台湾回祖国大陆定居者，保证来去自由，欢迎台湾工商界人士回大陆投资，保证其合法权益和利润。这些再次表明了中国政府和平统一祖国的诚意。在此前后，各级政府进一步落实了在大陆的台湾同胞和去台人员亲属的政策。

1982年1月11日，邓小平会见美国华人协会主席李耀滋，提出“一个国家，两种制度”概念。1983年6月26日，邓小平会见美国新泽西州西东大学教授杨力宇，提出实现大陆和台湾和平统一的6条方针。之后，“一国两制”促进了香港、澳门的平稳回归，并对两岸统一有了很大促进。“一国两制”为世界各国和平解决国家统一问题提出了“中国方案”，贡献了“中国智慧”。

270. “一箭三星”首次发射成功

1981年9月20日，我国首次用一枚火箭，成功地发射了三颗空间物理探测卫星。卫星准确入轨，各系统工作正常，不断地向地面发送各种科学探测和试验数据，我国航天事业又取得了一项重大的成就。

271. 决定广开门路、搞活经济、解决就业

1981年10月17日，中共中央、国务院作出《关于广开门路，搞活经济，解决城镇就业问题的若干决定》。指出，在社会主义公有制经济占优势的根本前提下，实行多种经济形式和多种经营方式长期并存，是我党的一项战略决策。这一战略的实施，不但搞活了经济、解决了就业，而且增强了国家实力，提高了人民收入，促进了社会稳定。

272. 中国女排首获世界冠军

1981年11月16日，第三届世界杯女子排球赛在日本大阪结束。中国女子排球队在11天的比赛中，坚忍不拔，奋力拼搏，力克强队，7战7捷，夺得冠军。中国女排的这一首次夺冠，开创了我国大球翻身的新篇章。之后，1984年9月，中国女排又夺得奥运会冠军，取得“三连冠”的殊荣，并在1986年第10届世界女子排球锦标赛上再捧桂冠，成为世界上第一支荣获“五连冠”的女子排球队，为祖国争得了荣誉。她们的拼搏精神成为鼓舞全国人民建设“四化”的巨大动力。

1982年

273. 中共中央下发农村工作一号文件

1982年1月1日，中共中央发出一号文件，批准1981年12月召开的全国农村工作会议的纪要，肯定包产到户等各种生产责任制都是社会主义集体经济的生产责任制，对如何完善和稳定农业生产责任制、改善农村商品流通、推进农业科学技术、提高经济效益和改善生产条件等，作了明确规定。之后，中共中央连续5年发出关于农业农村工作的“一号文件”，不断完善党的农村经济政策，推动农村经济持续发展。

274. 建立老干部退休制度

1982年2月20日，中共中央决定建立老干部退休制度，规定省部级正职干部一般不超过65岁，省部级副职以下干部，一般不超过60岁。离退休老干部基本政治待遇不变，生活待遇略为从优。这一干部制度方面的重要改革，保证了我国新老干部的交替和干部队伍的年轻化。

275. 打击经济领域中严重犯罪

1982年4月13日，中共中央、国务院公布《关于打击经济领域中严重犯罪活动的决定》，指出：经济领域的各种犯罪活动，比1952年“三反”时严重得多，要集中力量抓紧大案要案。到年底，全国揭出并立案审查的各类经济犯罪案件有164000多件，已结案86000多件，依法判刑的近3万人，追缴赃款赃物计32000多万元，取得一定成效。

276. “运七型”客机研制成功

1982 年 4 月 17 日，新中国首次研制的中短程运输机“运七型”客机，顺利完成全部试验和试飞项目。不久，国务院、中央军委正式批准运七飞机设计定型，并同意投入小批量生产。

277. 第三次人口普查开始

全国第三次人口普查结果表明，截至 1982 年 7 月 1 日零时，全国人口为 1031882511 人。其中男性占 51.5%，女性占 48.5%，市镇总人口占 20.6%。

278. 廖承志致信蒋经国

1982 年 7 月 24 日，廖承志致蒋经国先生信，用电报发往台北。信中希望两党举行谈判，同捐前嫌，共创祖国统一大业。之后，各民主党派、各团体和各界人士纷纷座谈，切盼蒋经国捐弃前嫌，依时顺势，择善而从，共图振兴中华的大计。

279. 中美发表联合公报

1982 年 8 月 17 日，中美两国政府在北京就分步骤直到最后彻底解决美国向台湾出售武器问题发表联合公报。美国政府声明，它不寻求执行一项长期向台湾出售武器的政策，它向台湾出售的武器在性能和数量上将不超过中美建交后近几年供应的水平，它准备逐步减少对台湾的武器出售，并经过一段时间直至最后的解决。八一七公报是中美关系中的又一个重要文件。

280. 中共十二大召开

1982 年 9 月 1—11 日，中国共产党第十二次全国代表大会在北京召开。

出席大会的正式代表1545名，候补代表145名，代表着3900多万党员。邓小平致开幕词，强调要走自己的路，建设有中国特色的社会主义。胡耀邦代表十一届中央委员会作题为《全面开创社会主义现代化建设新局面》的报告。大会宣告自粉碎“四人帮”以来，特别是十一届三中全会以来开始的历史性的转变已经胜利实现，并提出了党在新的历史时期的总任务。大会确定，分两步走，在本世纪末实现工农业年总产值翻两番的目标，使人民生活达到小康水平。大会第一次提出，在建设社会主义物质文明的同时，要努力建设社会主义精神文明和社会主义民主。大会通过的新的党章规定，党中央不再设主席，只设总书记。大会选出了新的中央委员会，还选出了中央顾问委员会和中央纪律检查委员会。随后举行的十二届一中全会，选举胡耀邦为中央委员会总书记，决定邓小平为中央军委主席。中央顾问委员会和中央纪律检查委员会全体会议选举邓小平为中央顾问委员会主任，陈云为中央纪律检查委员会书记。

281. 邓小平会见英国首相撒切尔

1982年9月24日，邓小平会见英国首相撒切尔夫人，阐述中国政府对香港问题的基本立场，指出，“主权问题不是一个可以讨论的问题。如果中国在1997年，也就是中华人民共和国成立48年后还不把香港收回，任何一个中国领导人和政府都不能向中国人民交代，如果不收回，就意味着中国政府是晚清政府，中国领导人是李鸿章。”这打破了英国企图在中国收回香港问题上讨价还价的梦想，对于中国恢复对香港行使主权起到了重要作用。

282. 首次潜艇水下发射运载火箭成功

1982年10月12日，我国首次用潜艇在水下向预定海域发射运载火箭获得成功，达到预期目的，标志中国的运载火箭技术又有了新的发展。人民海军有73艘舰艇和19架飞机在发射区和溅落区参加工作。潜艇水下发射运载火箭成功，大大提高了我军在未来反侵略战争中的作战能力。

283. 中国体操队扬威萨格勒布

1982 年 10 月 22 日，第六届世界杯体操赛在南斯拉夫的萨格勒布市举行。中国队李宁、童非分获全能冠亚军，李宁连夺自由体操、鞍马、吊环、跳马、单杠 5 个单项冠军，童非的单杠动作令四个裁判同时亮出 10 分，与李宁并列单杠冠军。这是中国体操运动员在重大国际比赛中首次取得这样优异的成绩。

284. 国内卫星通信和电视转播试验成功

1982 年 11 月 1 日，我国第一次在国内进行卫星通信和电视转播试验获得成功。这次试验于本年 6 月 5 日到 10 月 5 日进行，参加验证测试的共有 10 个卫星通信地面站，它们是租用国际卫星组织在印度洋上空的通信卫星作为中转试验的。这次试验的成功，为我国的卫星通信事业奠定了基础。

285. 中国首获亚运会金牌总数第一

1982 年 11 月 19 日—12 月 3 日，第九届亚洲运动会在印度新德里举行。在这次有 33 个国家和地区 3300 多名运动员参加的体育盛会上，我国运动员顽强拼搏，共夺得 61 枚金牌、51 枚银牌和 41 枚铜牌，在金牌总数上超过了历届亚运会第一名日本队，首次居于第一位，又一次为新中国增添了荣誉。

286. 五届全国人大五次会议召开

1982 年 11 月 26 日—12 月 10 日，第五届全国人民代表大会第五次会议在北京召开。会议讨论通过修改后的《中华人民共和国宪法》，新宪法规定：恢复设立国家主席；国家设立中央军事委员会；国务院实行总理负责制；国家在必要时候设立特别行政区；县级以上地方各级人大设立常委会；设立乡政府。此后，为适应改革开放和社会主义现代化建设的需要，我国分别于 1988 年、1993 年、1999 年、2004 年、2018 年先后 5 次对宪法进行了修改。

1983年

287. 国营企业实行利改税

1983 年 3 月 21 日—4 月 1 日召开的全国工业交通工作会议，强调当前主要是对国营企业推行以税代利的改革。5 月 21 日，国务院公布国营企业利改税试行办法，并从 6 月 1 日起征税。实行利改税，进一步扩大了企业自主权，保证了国家财政收入的稳定增长。

288. 六届全国人大一次会议召开

1983 年 6 月 6—21 日，第六届全国人民代表大会第一次会议在北京召开。会议通过了《政府工作报告》。会议选举李先念为中华人民共和国主席，彭真为六届人大常委会委员长，邓小平为中华人民共和国中央军委主席，决定赵紫阳为国务院总理。6 月 4—22 日，全国政协六届一次会议也在北京召开，选举邓颖超为全国政协主席。

289. 引滦入津工程全线通水

1983 年 9 月 5 日，引滦入津工程提前全线正式通水，清澈的滦河水源源不断地流向天津。工程于 1981 年冬开始兴建，通过在滦河干流兴修水库和建设引水工程，形成一个具有蓄水、分水、输水、配水、净水等功能的完整的水源体系，缓解了天津和唐山的城市用水困难，并可供发电和农田灌溉。

290. 实行政社分开

1983 年 10 月 12 日，中共中央、国务院发出通知，要求各地实行政社分开，建立乡政府。到 1984 年底，全国基本完成了政社分开，建立了 9 万多个乡镇政府，92 万多个村民委员会。至此，存在了 20 多年的农村人民公社制度不复存在，我国农村的政治、经济体制发生了根本性的变化。

291. 银河巨型计算机系统建成

1983 年 12 月，由国防科技大学经过 5 年时间研制的“银河”巨型计算机系统通过国家鉴定。这个由我国自行设计的巨型计算机系统，其硬件系统向量运算速度达到每秒 1 亿次以上；软件系统内容丰富，功能较强，使用方便，性能先进。它的研制成功，为我国石油、地质勘探、中长期天气数值预报、卫星图像处理、国防建设等提供了先进的技术手段。

292. 提出并实施环保国策

1983 年 12 月 31 日，国务院召开第二次全国环境保护会议，明确提出环境保护是我国的一项基本国策。1984 年 5 月 8 日，国务院作出《关于环境保护工作的决定》。环保国策的实施，大大促进了我国的环境保护事业，减少了盲目发展经济对环境的破坏烈度。

1984年

293. 西藏工作座谈会召开

1984年2月27日—3月28日，中共中央书记处在北京召开西藏工作座谈会。会议从西藏特点出发，确定了促进西藏经济、社会和文化发展的一系列方针政策。中央组织内地9省市为西藏援建43项重点工程。会后，成立了西藏自治区经济工作咨询小组。此后，中央又多次召开西藏工作座谈会，加大了建设和援助西藏的力度，促进了西藏地区的经济发展和社会稳定。

294. 发展乡镇企业

1984年3月1日，中共中央、国务院发出文件，把农村的社队企业改名为乡镇企业，并提出了进一步发展乡镇企业的若干政策。以后，乡镇企业以每两三年增长一倍的速度迅速发展，成为我国国民经济的一支重要力量。乡镇企业的异军突起，对中国的现代化建设事业做出了很大的贡献。

295. 开放沿海城市

1984年3月26日—4月6日，中共中央书记处和国务院在北京召开沿海部分城市座谈会。根据邓小平的建议，会议确定进一步开放大连、秦皇岛、天津、烟台、青岛、连云港、南通、上海、宁波、温州、福州、广州、湛江、北海等14个沿海港口城市，加快了我国对外开放的步伐。

296. 首颗试验通信卫星定点成功

1984年4月8日，我国首次成功发射一颗试验通信卫星，卫星于4月16

日 18 时 27 分 57 秒成功地定点于东经 125 度赤道上空。星上仪器设备工作良好，通信、广播和电视传输等试验进行正常。这是新中国航天技术的一个新突破，表明我国已经具有独立研制、发射、跟踪、测控、试验地球同步卫星工程体系的能力，卫星通信技术也接近世界先进水平。我国成为世界上第 5 个掌握卫星通信能力的国家。随后，我国又发射并定点成功一颗实用通信广播卫星，表明我国卫星通信由试验进入实用阶段。

297. 国营工业企业扩大自主权

1984 年 5 月 10 日，国务院颁发《关于进一步扩大国营工业企业自主权的暂行规定》，扩大了国营工业企业在生产经营、产品销售、产品价格、物资选购、资金使用、资产处置、机构设置、人事劳动管理、工资资金、联合经营等 10 个方面的自主权。扩大企业自主权，是中国城市经济体制改革中的一项重要内容。从 1979 年开始，国家不断采取措施，扩大企业自主权，使企业逐步成为享有一定独立经营管理权的经济实体，增强了企业的活力，促进了经济的发展。

298. 邓小平阐述有中国特色社会主义

1984 年 6 月 30 日，邓小平会见了一批来访的日本客人，对什么是有中国特色的社会主义问题作了阐述。他认为，中国的社会主义必须是切合中国实际的有中国特色的社会主义。贫穷不是社会主义，更不是共产主义。搞有中国特色的社会主义，要达到的目标是在本世纪末达到小康社会，即人均收入达到 800 美元。要使中国的社会主义建设发展得快一些，就要对内把经济搞活，对外实行开放政策。

299. 首次全面参加奥运会比赛并首夺金牌

1984 年 7 月 28 日，第 23 届奥林匹克运动会在美国洛杉矶举行。我国派出350多人的大型体育代表团，首次全面参加奥运会比赛。27岁的射击运动员许海峰在首日比赛中，夺得本届奥运会第一枚金牌，打破了中国在奥运会金牌榜上“零”的纪录。在16天的比赛中，中国健儿共夺得15枚金牌，8枚银牌，9枚铜牌，金牌总数居第四位，为全世界的华夏儿女争了光。

300. 中英联合联络小组协议达成

1984年7月底，英国外交大臣杰弗里·豪访华，与中方就成立中英联合联络小组问题达成协议，议定了联合联络小组的任务与权限。1985年7月22日，中英联合联络小组举行了第一次会议，至1997年7月1日中国恢复对香港行使主权，中英联合联络小组就政权顺利交接等有关问题共举行了40次会议。

301. 中英签署香港问题联合声明

1984年9月26日，中英两国政府在北京草签《关于香港问题的联合声明》及3个附件。12月19日，联合声明在北京正式签订。联合声明宣布，中国政府决定于1997年7月1日对香港地区恢复行使主权，英国政府于同日将香港交还中国，中国在对香港恢复行使主权时，设立香港特别行政区，保持香港原有的社会、经济制度和生活方式50年不变。联合声明于1985年5月27日正式生效。历史上遗留下来的香港问题得到圆满解决，为和平解决国与国之间的争端提供了一个成功的范例。

302. 北京举行国庆35周年阅兵

1984年10月1日，北京举行盛大的阅兵仪式和群众游行，隆重庆祝中华人民共和国成立35周年。邓小平发表讲话，并乘车检阅了仪仗队和各方队。邓小平在讲话中强调，要大大加强科学技术研究工作，大大加强各级教育工作，以及全体职工和干部的教育工作。全党和全社会都要真正尊重知识，真正发挥知识分子的作用。参加受阅的人民解放军、武装警察、民兵共10万余人，组成 46 个受阅方队。整个庆典展现了新中国成立 35 年来特别是党的十一届三中全会以来各条战线的建设成就，鼓舞着全国各族人民向新的伟大目标继续前进。

303. 首次赴南极考察

1984 年 10 月 8 日，我国第一支南极考察队在北京成立，11 月启程赴南极考察，在南极建成我国第一个科学考察站——长城站，使我国成为第 18 个在南极拥有科学考察实验基地的国家。科学家在 6 个学科的调查中获得数以万计的数据、样品和资料，为和平利用南极迈出了第一步。

304. 经济体制改革决定通过

1984 年 10 月 20 日，中共十二届三中全会在北京举行。全会一致通过了《中共中央关于经济体制改革的决定》。决定提出社会主义经济是以公有制为基础的有计划的商品经济，阐明了加快以城市为重点的整个经济体制改革的必要性、紧迫性，规定了改革的方向、性质和任务，提出社会主义经济是公有制基础上的有计划的商品经济。中共中央关于经济计划改革的决定是当时指导我国经济体制改革的重要文件，对科学社会主义的理论作了新的发展。决定发布后，以城市为重点的各个领域的改革迅速掀起高潮，我国的改革从农村推进到了城市。

305. 发行股票

1984 年 12 月，中国工商银行上海分行证券交易部作为上海飞乐音响公司的代理，公开向社会和个人发行了价值 40 万元人民币的股票。这是“文革”以来，中国金融机构首次公开发行正式股票，启动了中国的证券市场和企业股份制改造的进程。

1985年

306. 确定教师节

1985年1月21日，全国人大常委会决定9月10日为教师节。教师节的确定，体现了人民政府对教师的尊重和关心，进一步提高了人民教师的政治地位和社会地位，促使教师的工作成为社会上受人尊敬的职业之一，有利于尊师重教社会风气的形成。

307. 第一个南极考察站建成

1985年2月20日，中国第一个南极考察站——长城站在南极乔治王岛建成。此后，我国又陆续建成南极中山站、昆仑站、泰山站，并多次派出科学家到南极进行科学考察，把中国人的科学考察范围扩大到了南极。

308. 改革科技体制

1985年3月2—7日，全国科学技术工作会议在北京召开。邓小平发表了重要讲话，指出改革科技体制是为了解放生产力。会议明确了科技体制改革的方针和政策。13日，中共中央发出《关于科学技术体制改革的决定》，促进了科技运行机制、科研机构设置、科技人员管理体制等方面的改革，解放了我国的科技生产力。

309. 计算机——激光汉字编排系统通过鉴定

1985年5月8日，由北京大学等几个单位经过10年研制而成的计算机——激光汉字编辑排版系统正式通过国家鉴定与验收。这种系统，使排版印刷告别了铅与火，进入了光与电的时代，在印刷技术发展中产生了一次革命。

310. 改革教育体制

1985 年 5 月 15—20 日，全国教育工作会议在北京召开。27 日，中共中央发出《关于教育体制改革的决定》，强调要把发展基础教育的责任交给地方，有步骤地实行九年制义务教育，大力发展职业技术教育，改革高等学校的招生计划和毕业生分配制度，扩大高校办学自主权。改革把中国的教育事业推向了新的发展阶段。

311. 裁军一百万

1985 年 5 月 23 日—6 月 6 日，中央军委召开扩大会议。邓小平宣布人民解放军减少员额 100 万。他说，这是中国共产党、中国政府和中国人民有力量、有信心的表现。从 1985 年到 1987 年，经过 3 年的精简整编，胜利地完成减员任务，军队正规化建设取得了重大成果，加强了新中国的军队建设和国防现代化。

312. “星火计划”实施

1985 年 8 月 16 日，国务院批准实施由国家科委拟订的一个促进地方经济振兴的科技项目“星火计划”。“星火计划”通过每年抓几十项、上百项面向中小企业和乡镇的科技项目，带动成百上千个技术成果向生产力转化，使我国为数众多的中小企业和乡镇企业普遍得到科学技术的武装，加速农业结构的改造和农业现代化的进程。它的实施，进一步推动了我国乡镇企业和农村经济的发展。

313. 中央领导机构进一步年轻化

1985年9月18—23日，中国共产党全国代表会议在北京举行。会议同意叶剑英等人不再担任中央委员、候补委员、中央顾问委员会委员、中央纪律检查委员会委员的请求，并增选了一批新成员进入中央三个委员会。9月24日，中共十二届五中全会又按照进一步实现中央领导成员新老交替和年轻化的原则，对中央政治局和中央书记处的成员进行了调整。中央领导机构进一步年轻化。

1986年

314. 改革职称评定制度

1986年1月4—8日，全国职称改革工作会议在北京召开。经中共中央、国务院批准，从本年起，改革职称评定制度，实行专业技术职务聘任制。职称改革有利于进一步合理使用人才，使真正优秀的人才在专业岗位上放手为社会主义现代化建设发挥聪明才智。

315. “二汽”建成投产

1986年1月8日，我国又一个大型汽车工业基地——第二汽车制造厂在湖北十堰建成并验收合格，成为我国规模宏大的汽车工业基地。“二汽”厂经过多年建设，逐步形成生产能力。“二汽”建成投产，标志着我国汽车工业无论在数量、质量、品种上，还是在生产技术、经营管理水平上，都已经发展到一个新阶段，这是新中国的又一重大建设成就。

316. “863计划”实施

1986年3月3日，王大珩等老科学家上书党中央，对跟踪世界战略性高技术发展提出建议。党和政府组织专家进行论证修改，制定出《高技术研究发展计划纲要》即“863计划”。邓小平对这一计划十分重视，批示立即组织实施。“863计划”选择了对我国发展有重大影响的生物、航天、信息、激光、自动化、能源、新材料7个领域中的15个主题项目，作为我国今后发展高技术的重点。“863计划”实施后，取得了一大批具有世界水平的研究成果，突破并掌握了一批关键技术，缩小了同世界先进水平的差距，累计创造新增产值560多亿元，产生间接经济效益达2000多亿元。

317. 两岸商谈解决华航货机问题

1986 年 5 月 3 日，台湾“中华航空公司”的一架波音 747 型货机，从曼谷飞返台湾途中转航大陆，在广州降落。机长王锡爵要求定居大陆，副驾驶和机械师 2 人愿意返回台湾。王锡爵的父亲专程从四川赶来迎接。在中国民航局的一再要求下，华航派代表于 17 日在香港和中国民航局举行商谈。经 4 次会商，于 5 月 20 日就有关事宜全部达成协议。23 日，中国民航局和台湾华航公司代表在香港启德机场顺利完成货机等交接手续。两岸对华航货机事件的商谈解决，受到两岸的普遍关注。

318. 对长江漂流考察

1986 年 6 月 16 日，中国科学院成都分院组织 40 余人参加的长江科学考察漂流队在长江上游沱沱河下水，开始对长江进行漂流考察。11 月 25 日，漂流勇士们安然漂至长江入海口附近的横沙岛，完成了这一科学考察漂流任务。

319. 我国公民平均寿命延长

1986 年 7 月 20 日，新华社报道，我国人民的平均期望寿命已由解放前的 35 岁提高到 68 岁。新中国成立后，由于社会稳定，生活改善，我国人口的平均预期寿命不断提高。1973 年至 1975 年为 64.9 岁左右，1981 年为 67.88 岁，1986 年上半年统计，我国人口的死亡率已由解放前的 25‰下降到 6.6‰，这些指标已接近发达国家的水平。这是新中国取得的又一重大社会成就。

320. 大庆 30 万吨乙烯一期工程建成投产

1986 年 8 月 2 日，国务院电贺大庆 30 万吨乙烯一期工程建成投产。大庆 30 万吨乙烯工程是我国第一个直接以油田轻烃为原料的大型联合化工厂，工程总投资 42 亿元。这一大型国家重点工程，1979 年动工建设，各套装置属于

70年代后期世界先进水平，可年产有机化工原料、塑料、腈纶等50多万吨。一期工程建成投产后，我国的乙烯总产量年增长50%左右。

321. 中共十二届六中全会召开

1986年9月28日，中共十二届六中全会在北京举行，通过了《中共中央关于社会主义精神文明建设指导方针的决议》。《决议》指出，社会主义精神文明建设的根本任务，是适应社会主义现代化建设的需要，培养有理想、有道德、有文化、有纪律的社会主义公民，提高整个中华民族的思想道德素质和科学文化素质。这个决议是新的历史时期加强我国社会主义精神文明建设的纲领性文件。邓小平在会上讲话指出，搞自由化就是要把我们引导到资本主义道路上去，就会破坏我们安定团结的政治局面。

322.《企业破产法》公布

1986年12月2日，经全国人大常委会通过的《中华人民共和国企业破产法（试行）》公布，并自企业法实施满3个月之日起试行。新中国成立初期，无力还债的私人企业按破产处理。社会主义改造完成后，私人企业不复存在，国家对企业统收统支，破产制度也就实际上消失。随着经济体制改革的深入，企业实际破产现象日益呈现出来。1985年，沈阳市政府率先对集体所有制企业实行破产制度。《企业破产法》的公布，进一步保护了国家和人民财产，增强了企业的活力。

323. 发现新的超导体

1986年12月26日，我国科学家发现当时世界转变温度最高超导体。1987年2月24日，中国科学院物理研究所赵忠贤等13位科技人员又首次发现在液氮温区100K以上条件下的超导体，在超导材料研究上获得重大突破，对电子和仪器工业产生重大影响。所谓“超导”，是指导电材料在一定条件下电阻变为零的性质。与此同时，北京大学等单位也在超导研究方面取得新成果。

324. 第一个遥感卫星地面站建成

1986 年 12 月，从美国引进的我国第一个地球资源遥感卫星地面站通过验收鉴定。卫星遥感是国际上 70 年代以来发展的一项新技术。这个地面站建成后，在我国环境资源调查、国土整治规划、地质勘探以及农业、林业、石油、海洋、水文、地理等许多国民经济领域，发挥了重要作用。

1987年

325. 反对资产阶级自由化

1987年1月13—23日，长期鼓吹资产阶级自由化、反对四项基本原则的王若望、方励之和刘宾雁等人先后被清除出党。1月28日，中共中央发出《关于当前反对资产阶级自由化若干问题的通知》。之前，1986年12月30日，邓小平同几位中央负责人谈话指出，要旗帜鲜明地坚持四项基本原则，反对资产阶级自由化。中国没有共产党的领导、不搞社会主义是没有前途的。

326. 中葡签署《关于澳门问题的联合声明》

1987年3月26日，中国和葡萄牙在北京草签《关于澳门问题的联合声明》，4月13日，在北京正式签署。联合声明宣布，澳门地区是中国领土，中华人民共和国政府将于1999年12月20日对澳门恢复行使主权，设立中华人民共和国澳门特别行政区，澳门特别行政区除外交、国防属中央人民政府管理外，享有高度自治权，澳门现行的社会、经济制度不变，生活方式不变，基本法律不变；澳门特别行政区可以“中国澳门”的名义单独同各国、各地区保持和发展经济、文化关系，将继续作为自由和单独关税地区进行经济活动，并保持财政独立等。这些基本政策50年不变。联合声明于1988年1月15日起生效。这是“一国两制”创造性构想的又一次重大成功，标志着继香港问题解决之后，中国人民在祖国统一道路上又迈出重要一步。

327. 扬子乙烯第一阶段工程建成

1987年7月26日，扬子30万吨乙烯第一阶段工程在南京长江北岸建成。工程从1984年6月动工，共有10套大型装置。全部投产后，可年加工石油

300 万吨，生产 231 万吨各类化工产品。用这些原料，每年可为全国每个人生产 5 米纯涤纶布。

328. 首次为国外提供卫星搭载服务

1987 年 8 月 10 日，我国在四川中部预定地区，成功收回了 8 月 5 日发射的科技试验卫星，卫星装有法国马特拉公司的两个微重力试验装置，试验取得了成功。这是新中国首次对外提供卫星搭载服务。

329. 经济发展实现九年四个翻一番

1987 年 8 月 27 日，新华社报道，改革开放 9 年来，大体上实现了 4 个翻一番：即工农业生产总值翻一番；国民生产总值翻一番；国家财政收入翻一番；城乡居民收入翻一番。4 个翻一番意味着我国经济实力的增强和城乡人民生活的改善，并为实现到本世纪末工农业年总产值翻两番的战略目标奠定了良好的基础。

330. 台湾报界记者首次访问大陆

1987 年 9 月 14 日，台湾《自立晚报》记者李永德和徐璐绕道日本到达上海，先后在上海、北京、杭州、广州、厦门、深圳等地进行新闻采访，于 9 月 27 日经香港返台。这是台湾报界记者 38 年来首次到大陆。台湾当局竟对《自立晚报》采取“制裁”。在台湾人民和社会正义之声的强大压力下，台湾当局被迫取消对《自立晚报》的处分。

331. 欢迎台湾同胞到祖国大陆探亲

1987 年 10 月 14 日，针对台湾当局允许台湾同胞登记赴大陆探亲，国务院有关方面负责人发表谈话，表示热情欢迎台湾同胞到祖国大陆探亲旅游。

16日，国务院办公厅又公布了接待办法。11月上旬，经台湾红十字会正式办理赴大陆探亲手续的首批公开返乡台胞陆续抵达广州。两岸人民的亲情，终于冲破台湾当局设置的重重障碍，得以直接交流。从此以后，每年都有成千上万的台胞来祖国大陆探亲旅游，增进了两岸人民的了解和互信。两岸往来大门的打开，为两岸统一增加了渠道，增添了希望。

332. 中共十三大召开

1987年10月25日—11月1日，中国共产党第十三次全国代表大会在北京召开。大会正式代表1936名，代表4600多万党员。会议的报告阐述了社会主义初级阶段理论，提出了党在社会主义初级阶段的“一个中心，两个基本点”的基本路线，制定了到下世纪中叶分三步走、实现现代化的发展战略，并提出了政治体制改革的任务。大会通过了《中国共产党章程部分条文修正案》。大会在党的历史上第一次采取差额选举的办法，选出中央委员175名，候补中央委员110名，大会还选出中央顾问委员会委员200名，中央纪律检查委员会委员69名。这次大会是一个全面系统地加快改革和开放的大会。11月2日，中共十三届一中全会在北京召开，选举赵紫阳为中央委员会总书记，决定邓小平为中央军委主席，批准陈云为中央顾问委员会主任，批准乔石为中央纪委书记。

333. 国民生产总值首次突破万亿元

1987年，我国国民生产总值突破1万亿元大关，达到10920亿元，按可比价格计算，比上年增长9.4%，这标志着我国的经济水平又跨上了一个新的台阶，综合国力进一步增强。

1988年

334. 推行住房制度改革

1988年2月25日，国务院印发《关于在全国城镇分期分批推行住房制度改革的实施方案》。1994年7月18日，国务院印发《关于深化城镇住房制度改革的决定》，住房供应管理逐步由单位化向社会化、专业化改变。1998年7月3日，国务院印发《关于进一步深化城镇住房制度改革加快住房建设的通知》，提出停止住房实物分配，逐步实行住房分配货币化。这是新中国住房制度的一次重大改革，大大促进了住房建设，迅速提高了人民的住房面积水平。

335. 扩大沿海开放范围

1988年3月18日，国务院发出《关于扩大沿海经济开放区范围的通知》，决定新划入沿海开放区140个市县，包括杭州、南京、沈阳3个省会城市。此后，国务院又相继决定开放了一批沿江、沿边、内陆和省会城市，形成了多层次、多渠道、全方位开放格局。

336. 七届全国人大一次会议举行

1988年3月25日—4月13日，七届全国人大一次会议在京举行。会议通过了宪法修正案，将“国家保护私营经济的合法的权利和利益”和“土地的使用权可以依照法律的规定转让”等规定载入宪法。通过《中华人民共和国全民所有制工业企业法》《中华人民共和国中外合作经营企业法》等；批准国务院机构改革方案。会议选举杨尚昆为国家主席，万里为全国人大常委会委员长，邓小平为中华人民共和国中央军委主席，决定李鹏为国务院总理。根据会议通过的政府机构改革方案，国务院部委由45个调整为40个。此前，

3 月 24 日—4 月 10 日，全国政协七届一次会议在京举行，选举李先念为全国政协主席。

337. 游泳项目实现历史性突破

1988 年 4 月 4—12 日，在第三届亚洲游泳锦标赛上，中国队共获得 29 枚金牌。16 岁的上海姑娘杨文意，以 24 秒 98 的成绩，破女子 50 米自由泳世界纪录，夺得金牌，实现我国游泳运动的历史性突破。

338. 海南开发加快

1988 年 4 月 26 日，中国共产党海南省委员会和海南省人民政府正式挂牌。此前，4 月 13 日，七届全国人大一次会议通过了关于设立海南省和建立海南经济特区的决定，批准设立海南省，撤销海南行政区，划定海南岛为海南经济特区。5 月 4 日，国务院又发布并施行《关于鼓励投资开发海南岛的规定》，授予海南省人民政府更大的自主权。海南省的设立和国务院规定的实施，加速了海南岛的开发和建设。

339. “火炬计划”实施

1988 年 8 月，经中共中央批准，全国“火炬计划”正式开始实施。“火炬计划”与“863 计划”相衔接，以微电子、计算机、信息、激光、新型材料、生物工程、新能源、高效节能、机电一体化等技术与产品为主要内容，旨在促进我国高新技术产业的形成和发展。“火炬计划”的实施，为推动我国生产力的进步作出了贡献。

340. “风云一号”卫星发射成功

1988 年 9 月 7 日，我国用“长征四号”运载火箭成功地发射一颗试验性气象卫星“风云一号”。卫星顺利进入近圆形太阳同步轨道，发回的第一幅云图图像清晰，层次丰富。“风云一号”卫星是中国自行研制和发射的第一颗极地轨道卫星，其主要任务是获取全球气象信息，向全世界气象卫星地面站发送气象资料。

341. 邓小平提出“科学技术是第一生产力”

1988 年 9 月 12 日，邓小平在听取关于价格和工资改革初步方案汇报时，提出“科学技术是第一生产力”。邓小平认为，从长远看，要注意教育和科学技术，否则后果不堪设想。邓小平说：“马克思讲过科学技术是生产力，这是非常正确的。现在看来这样说可能不够，恐怕是第一生产力。”邓小平认为将来农业问题的出路，最终要由生物工程来解决，要靠尖端技术。因此，对科技的重要性要充分认识。他还提出要提高知识分子待遇，千方百计，在别的方面忍耐一些，甚至牺牲一点速度，把教育问题解决好。这次意义深远的谈话，对中国的未来发展产生了重大而深刻的影响。

342. 核潜艇水下发射运载火箭成功

1988 年 9 月 14—27 日，我国自行研制的核潜艇在北部海域成功地进行了水下发射运载火箭试验，火箭准确地溅落在预定海域。这是新中国国防科技研究的又一重大成果，标志着我国国防尖端技术发展到了一个新水平。

343. 北京正负电子对撞机对撞成功

1988 年 10 月 16 日，我国第一座高能加速器——北京正负电子对撞机首次对撞成功。这是新中国在高科技领域继“两弹一星”之后的又一重大成就。北京电子对撞机由上万台件高精尖专用设备组成，是中国科技史上的一项巨大科研工程。它是 1984 年 10 月 7 日由邓小平奠基破土动工的。它的建成和对撞成功，为我国粒子物理和同步辐射应用研究开辟了广阔的前景，揭开了我国高能物理研究的新篇章。10 月 24 日，邓小平视察电子对撞机工程并讲话：“中国必须发展自己的高科技，在世界高科技领域占有一席之地。”

344. 最大重离子加速器建成

1988 年 12 月 12 日，我国最大的重离子加速器在兰州建成，并引出碳离子束。这是继北京正负电子对撞机对撞成功后，我国在高科技领域取得的又一重大成就。用重离子束轰击原子核，可以帮助人们揭示物质结构和运动的奥秘。经重离子束辐射，可以改变材料性能和生物遗传特性。它在物理学、医学、材料学等方面有广阔的应用前景。当时在国际上，只有法国和日本建成了重离子加速器。我国最大重离子加速器的建成，标志着我国的回旋加速器技术已经进入国际先进行列。

1989年

345. 美国总统布什访华

1989 年 2 月 25 日，美国总统乔治·布什开始对中国进行访问。26 日，邓小平会见了布什总统。邓小平在谈话中指出，中国的问题，压倒一切的是需要稳定，中国正处在特别需要集中注意力发展经济的进程中，如果追求形式上的民主，结果是既实现不了民主，经济也得不到发展，只会出现国家混乱、人心涣散的局面。

346. 建成导弹航天测控网

1989 年 4 月 29 日，新华社消息：我国已建成可进行多种型号和多射向导弹、航天试验的测量控制网，测控技术达到国际先进水平。这套网络拥有近万名专业技术骨干和一大批先进设备，分布在我国的 20 多个省、自治区大型台站、活动测量站和远洋航天测量船队，可在地球上相距 9000 多公里的航区内和在 3.6 万公里的地面高度，对运载火箭、卫星进行跟踪观测、遥测遥控、运行管理、信息交换、数据处理以及轨道、姿态控制等。测控时间同步精度达到百万分之一秒的量级。这套测控网曾成功地对美国和苏联失控的“天空实验室”“宇宙 1402 号”海洋核动力侦察卫星进行过跟踪监测，并及时向世界有关组织通报了卫星坠落时间和精确的落点。表明我国已成为“测天大国”。

347. 北京发生政治风波

春夏之交，北京和其他一些城市发生政治风波，党和政府依靠人民，旗帜鲜明地反对动乱，平息在北京发生的反革命暴乱，捍卫了社会主义国家政权，维护了人民的根本利益，保证了改革开放和社会主义现代化继续前进。6 月 9

日，邓小平接见首都戒严部队军以上干部时指出，北京发生的政治风波是国际的大气候和中国自己的小气候所决定的，强调党的十一届三中全会以来制定的基本路线、方针、政策和发展战略是正确的，要坚定不移地干下去。

348. 中共十三届四中全会召开

1989 年 6 月 23—24 日，中共十三届四中全会在北京召开。全会通过《关于赵紫阳同志在反党反社会主义的动乱中所犯错误的报告》，选举江泽民为中央委员会总书记，江泽民在会上作重要讲话，强调要继续坚决执行党的十一届三中全会以来的路线、方针和政策，继续坚决执行党的十三大确定的“一个中心，两个基本点”的基本路线。在 11 月召开的十三届五中全会上，邓小平辞去中央军委主席，江泽民担任中共中央军委主席。

349. 开辟对外开放的“西部通道”

1989 年 7 月 11 日，《人民日报》报道：我国开辟对外开放的“西部通道”。这条对外开放新途径，是指西部地区利用西北穆斯林地区的关系，发展同阿拉伯国家乃至伊斯兰世界的经济文化合作关系，大力开展西部边境贸易，发展同苏联等国乃至东西欧国家的经济技术交流。近年来，西北地区与中东阿拉伯国家的经济文化关系，已由相互考察了解进入携手合作新阶段。西北的商品、劳务进入了中东市场并赢得信誉，同时，中东的“石油美元”开始向外投资。而在西部边境诸口岸，地方对外贸易也呈现一派繁荣景象。1988 年，中国同苏联、蒙古、巴基斯坦等国的边境贸易额达 6.53 亿美元，比 1987 年增长 1.37 倍。1989 年上半年又有更大的发展。我国西部沉寂多年的“丝绸之路”正在悄然复苏。

350. 中央决定近期做几件群众关心的事

1989 年 7 月 27 日，中共中央政治局会议在北京举行。江泽民主持了会议。

会议通过了《中共中央、国务院关于近期做几件群众关心的事的决定》，提出近期做好进一步清理整顿公司等7件群众关心的事情。不久，康华发展总公司、中国国际信托投资公司、光大实业公司、中国工商银行开发公司和中国农村信托投资公司等一批公司因在经营活动中违法违纪而被作出没收非法所得等处理。

351. 希望工程开始实施

1989年10月30日，我国第一个通过社会集资救助贫困地区失学少年的基金成立。这项充满希望的事业以“希望工程”命名。党和国家领导人对希望工程十分关心。社会各界人士包括港澳台同胞和海外友好人士以及群众团体、单位予以热情关注和实际援助。到1997年5月，累计接受社会援助十亿多元人民币，救助失学儿童150多万名，建立3000多所希望小学，取得了良好的社会声誉。

352. 低温核供热试验反应堆投入运行

1989年11月11日，新中国第一座5兆瓦低温核供热试验反应堆在清华大学核能技术研究所启动运行成功。这个反应堆经过3年多的设计建设，于本年5月建成。该反应堆采用一体化自然循环壳式轻水堆的方案，设置有压力壳和安全壳双重安全屏，具有良好的安全特性。它采用我国独创的水力驱动控制棒系统，主要设备均为国产化，技术上达到国际先进水平。这座反应堆是世界上第一座投入运行的壳式核供热堆。

1990年

353. 香港特别行政区基本法通过

1990 年 3 月 20 日—4 月 4 日，七届全国人大三次会议在北京举行。会议通过了《中华人民共和国香港特别行政区基本法》，包括 3 个附件和区旗、区徽图案，通过了《关于设立香港特别行政区的决定》和《关于香港特别行政区第一届政府和立法会产生办法的决定》等。

354. 成功发射“亚洲一号”卫星

1990 年 4 月 7 日，我国在西昌卫星发射中心用“长征三号”运载火箭准确将“亚洲一号”卫星送入转移轨道。4 月 13 日，卫星进入地球同步轨道，并于次日成功地张开天线和太阳能壁板开始工作。这是我国首次成功地用自制的运载火箭完成为国外发射商用卫星的服务，标志着我国正式进入国际航天发射市场，具有重要的经济和政治意义。

355. 上海加快浦东开发

1990 年 4 月 18 日，中共中央、国务院批准上海市加快浦东地区的开发，在浦东地区实行经济技术开发区和某些经济特区的政策。这是我国深化改革、扩大开放的又一重大部署。9 月 10 日，国务院有关部门和上海市政府宣布了开放开发浦东新区的 9 项政策规定，面积约 350 平方公里的浦东开发进入实质性启动阶段。不久，浦东就以新的面貌出现在上海，为中国的改革开放政策树起了又一座丰碑。

356. 开始参加联合国维和行动

1990 年 4 月，中国政府首次向联合国停战监督组织派遣 5 名军事观察员，开启中国参加联合国维和行动的序幕。1992 年 4 月，应联合国秘书长请求，中国政府首次向联合国柬埔寨临时权力机构派出 47 名军事观察员和 400 人的维和工程兵大队，开创中国军队成建制参加联合国维和行动的先河。参加维和，是中国对世界和平作出的新贡献。

357. 第一枚捆绑式火箭发射成功

1990 年 7 月 16 日，我国新研制的第一枚“长征二号”捆绑式大推力运载火箭在西昌卫星发射中心发射成功。它是以改进后的“长征二号”为芯级，捆绑 4 个助推器组成的。它的试验成功，表明中国已具有发射重型卫星的能力。

358. 举办第十一届亚运会

1990 年 8 月 7 日，由我国举办的第十一届亚运会圣火火种采取仪式在西藏举行，15 岁的藏族姑娘达娃央宗在念青唐古拉峰下采得火种。8 月 22 日，江泽民在天安门广场用火种亲自点燃“亚运之光”主火炬，全国分 4 路进行火炬接力传递。9 月 7 日，亚运村举行了升旗仪式，并于次日迎接了首批体育代表团。22 日下午，第十一届亚洲运动会在北京工人体育场隆重开幕，37 个国家和地区的代表团参加了本届盛会。开幕式上表演了气势磅礴的大型团体操《相聚在北京》。在有比赛项目的 13 天比赛中，各国和各地区运动健儿共打破 4 项世界纪录，超 6 项、平 5 项世界纪录，刷新 42 项亚洲纪录和 98 项亚运会纪录，是打破纪录最多的一届亚运会。这届运动会共设 310 枚金牌，中国健儿夺得 183 枚，在亚洲体坛独领风骚。10 月 7 日晚，历时 16 天的亚运会胜利闭幕。

359. 沈大高速公路通车

1990年9月1日，中国大陆兴建最早的高速公路——沈大（沈阳至大连）高速公路正式通车。截至2017年底，全国高速公路通车里程达13.65万公里。高速公路的兴修，大大节省了人们的出行时间，方便和加速了物资流通，带来了中国经济发展的高速度和人民生活水平提高的高速度。

360. 上海证券交易所成立

1990年11月26日，新中国第一家证券交易所在上海成立，这是我国改革开放的又一重大步骤。上海证交所是实行会员制的非营利事业法人，来自上海、山东等地的22家证券经营机构成为它的首批会员单位。12月19日，上海证券交易所正式开业。

361. 全国开展禁毒斗争

1990年11月，国务院成立国家禁毒委员会，统一领导全国的禁毒工作。12月28日，全国人大常委会通过关于禁毒的决定。1991年6月，又召开了全国禁毒工作会议。仅1991年，全国就破获毒品案件8000多起，查获涉毒犯罪人员18000多人，有力地打击了重新泛起的毒品犯罪活动。

1991年

362. 邓小平视察上海

1991 年 1 月 28 日—2 月 18 日，邓小平视察上海。他指出，金融是现代经济的核心。改革开放还要讲。不要以为，一说计划经济就是社会主义，一说市场经济就是资本主义。市场也可以为社会主义服务。闭关自守不行，开放不坚决不行。发展经济，不开放是很难搞起来的。要克服一个怕字，要有勇气。

363. 扩大国家高新技术产业开发区

1991 年 3 月 6 日，国务院发出《关于批准国家高新技术产业开发区和有关政策规定的通知》，决定继 1988 年批准北京市新技术产业开发试验区之后，在各地已建立的高新技术产业开发区中，再选定武汉东湖新技术开发区等 26 个开发区作为国家高新技术产业开发区。开发区成为各地发展经济的一个亮丽风景。

364. 中苏东段边界协定签署

1991 年 5 月 15 日，江泽民应邀访问苏联。16 日，中苏两国政府在莫斯科签署《中苏国界东段协定》，使 4300 公里的中苏东段边界得以确认，维护了两国关系的稳定。1994 年 9 月 3 日，中俄两国签署《中俄国界西段协定》。2004 年 10 月 14 日，中俄两国签署《中俄国界东段补充协议》。两国边界线走向就此完全确定。

365. 江淮流域人民战胜严重水灾

1991 年 5—7 月，中国发生特大洪涝灾害，受灾面积波及 18 个省，以江淮地区受灾最大。淮河发生了建国以后仅次于 1954 年的大洪水，太湖最高水位超过 1954 年。这次发生在人口稠密、经济发达地区的洪灾，造成了严重的经济损失。在中共中央国务院的亲切关怀和全国人民的大力支援下，灾区人民很快战胜了洪灾，重建了家园。

366. 上海南浦大桥贯通

1991 年 6 月 20 日，上海南浦大桥主桥合龙，黄浦江两岸由此联成一体。南浦大桥全长 8346 米，桥头主塔高 154 米，主桥长 864 米，高 46 米，是中国第一、世界第三大双塔双索面迭合梁斜拉桥。11 月 19 日举行了通车典礼。南浦大桥是中国设计和施工技术都进入世界先进行列的又一宏伟工程。

367. 企业职工养老保险制度建立

1991 年 6 月 26 日，国务院作出《关于企业职工养老保险制度改革的决定》。1997 年 7 月 16 日，国务院作出《关于建立统一的企业职工基本养老保险制度的决定》。2005 年 12 月 3 日，国务院作出《关于完善企业职工基本养老保险制度的决定》。全国的企业职工被首先纳入了国家的养老保险网。

368. 陈章良荣获国际杰出青年科学家奖

1991 年 10 月 21 日，联合国教科文组织授予北京大学生物系年轻教授陈章良国际杰出青年科学家奖，陈章良是获得此项奖的第一位中国人。该奖每两年评选一次，被推荐者需要在自然科学研究和新学科等方面有杰出的贡献。陈章良 1983 年赴美国攻读博士，在植物基因工程和分子生物学领域获得了多项开创性成果，1987 年回国后，在北京大学建立起一个植物基因工程国家重点实验室，并很快取得多项重要研究成果，为国家和人民争了光。

369. 部分专家、学者享受政府特殊津贴

1991年11月9日，中国科学院为553位有突出贡献的专家颁发国务院签发的证书，这些专家从1991年7月1日起享受政府特殊津贴。与此同时，高教、卫生、农业、工程等方面以及各地也相继有一批专家、学者、技术人员享受了政府特殊津贴。这项以后每年执行的政策，是党中央、国务院对作出突出贡献的知识分子的特殊关怀。

370. 秦山核电站并网发电

1991年12月15日，中国大陆第一座核电站——秦山核电站并网发电，标志着我国自行设计和建造的核电站投入试运行。位于浙江省海盐县的这座30万千瓦堆型核电站，满功率发电后，每年向华东电网输送核电15亿千瓦时。秦山核电站的并网发电，是新中国和平利用核能的一项重大成就。

371. 海峡两岸关系协会成立

1991年12月16日，海峡两岸关系协会在北京举行成立大会。汪道涵当选为会长。“海协会”是以促进海峡两岸交往，发展海峡两岸关系，实现祖国和平统一为宗旨的民间团体。“海协会”成立后在推动海峡两岸关系方面做了大量工作。

1992年

372. 邓小平视察南方发表重要谈话

1992年1月18日—2月21日，邓小平视察武昌、深圳、珠海、上海等地，并发表重要谈话。他指出，革命是解放生产力，改革也是解放生产力。基本路线要管一百年，动摇不得。判断各方面工作的是非标准，应该主要看是否有利于发展社会主义社会的生产力，是否有利于增强社会主义国家的综合国力，是否有利于提高人民的生活水平。社会主义的本质，是解放生产力，发展生产力，消灭剥削，消灭两极分化，最终达到共同富裕。计划多一点还是市场多一点，不是社会主义与资本主义的本质区别。计划经济不等于社会主义，资本主义也有计划；市场经济不等于资本主义，社会主义也有市场。计划和市场都是经济手段。对改革开放一开始就有不同意见，这是正常的，不搞争论是我国的一大发明，不争论是为了争取时间干。改革开放胆子要大一些，抓住时机，发展自己，关键是发展经济。发展才是硬道理。中国要警惕右，但主要是防止“左”。要坚持两手抓，两手都要硬。两个文明建设都搞上去，这才是有中国特色的社会主义。要注意培养人，要按照“四化”标准，选拔德才兼备的人进班子。真正关系到大局的是这个事。邓小平的这个谈话，实事求是，高瞻远瞩，对中国共产党人在社会主义建设中长期探索得出的经验作了总结和概括，对马克思列宁主义、毛泽东思想作了重要发展，是把中国改革开放和现代化建设推向新阶段的又一个解放思想、实事求是的宣言书，是中国共产党人对马克思主义的又一新的重大发展。

373. 全国人大批准三峡工程

1992年4月3日，七届全国人大五次会议批准将兴建长江三峡工程列入国民经济和社会发展十年规划。三峡工程是新中国很多领导人集体共同关心的工程，是中国最大的一项建设工程。新中国成立后不久，科技人员就对这项关系国计民生的巨大工程进行了勘探、研究。1994 年 12 月 14 日，长江三峡工程正式开工，在三峡工程工地中堡岛举行了隆重的开工典礼。

374. 江泽民访问日本

1992 年 4 月 6—10 日，江泽民对日本进行了友好访问，同日本首相宫泽喜一举行了正式会谈，会晤了日本天皇，会见了日本朝野各界人士，并就中日关系和共同关心的国际问题交换了意见。访问促进了两国关系继续遵循《中日联合声明》和《中日和平友好条约》所确定的原则精神向前发展。

375. 首批大陆学者赴台访问

1992 年 6 月 6—16 日，应台湾物理学家吴大猷的邀请，谈家桢等 6 位大陆著名科学家及夫人赴台湾访问，参观了有关科研单位，举行了专题演讲等。这是新中国成立后大陆学者首次组团访问台湾，揭开了两岸学者双向交流的序幕。

376. 江泽民提出建立“社会主义市场经济体制”

1992 年 6 月 9 日，江泽民在中央党校省部级干部进修班上讲话，首次提出“社会主义市场经济体制”这一概念，主张我国经济体制改革的目标，是建立社会主义市场经济体制。这一提法，得到全党的热烈响应，在党的十四大上被正式确定下来，对于进一步解放和发展我国生产力起到了重要作用，是对马克思主义理论宝库的又一重要贡献。

377. 加快发展第三产业

1992 年 6 月 16 日，中共中央、国务院作出《关于加快发展第三产业的决定》。指出，加快发展第三产业的目标是：争取用10年左右或更长一些时间，逐步建立起适合我国国情的社会主义统一市场体系、城乡社会化综合服务体系和社会保障体系。到2018年，第三产业发展成为三大产业中的第一大产业，占国民生产总值的52.2%。

378. 中韩两国建交

1992年8月24日，中国政府代表钱其琛和大韩民国政府代表李相玉签署公报，宣布中韩两国正式建立大使级外交关系，中韩关系进入新的发展阶段。9月27日，韩国总统卢泰愚访问中国，他是新中国接待的第一位韩国总统。两国签署了一系列双边协议。

379. 中共十四大召开

1992年10月12—18日，中国共产党第十四次全国代表大会在北京举行，1989名代表和46名特邀代表出席了大会，代表党员5100万人。江泽民代表党的十三届中央委员会作《加快改革开放和现代化建设步伐，夺取有中国特色社会主义事业的更大胜利》的报告，全面总结了改革开放以来的实践经验，对建设有中国特色社会主义理论作了系统阐述；决定抓住机遇，加快发展；确定我国经济体制改革的目标是建立社会主义市场经济体制；提出用邓小平建设有中国特色社会主义理论武装全党。大会通过党章修正案，将建设有中国特色社会主义的理论和党的基本路线写进党章。大会选出189名中央委员，130名中央候补委员，108名中央纪律检查委员会委员。从十四大起，不再设立中央顾问委员会。19日，十四届一中全会选举江泽民、李鹏、乔石、李瑞环、朱镕基、刘华清、胡锦涛为中央政治局常委，江泽民为中央委员会总书记，决定江泽民为中央军委主席。批准尉健行为中央纪委书记。

1993年

380. 发布教育改革和发展纲要

1993年2月13日，中共中央、国务院印发《中国教育改革和发展纲要》。指出，到20世纪末，我国要实现基本普及九年义务教育，基本扫除青壮年文盲。2000年底，如期实现“两基”目标。2011年底，全面完成普及九年义务教育和扫除青壮年文盲战略任务，我国加速从人口大国向人力资源强国迈进。

381. 银河智能工具机研制成功

1993年2月25日，由国防科技大学计算机研究所研制的银河智能工具机系统，在长沙通过鉴定，标志着我国已经成为世界少数几个能够独立设计和制造通用人工智能计算机的国家之一。这一系统的整体性能达到当时国际先进水平，某些技术处于当时国际领先地位。

382. 八届全国人大一次会议举行

1993年3月15—31日，第八届全国人民代表大会第一次会议在北京举行。会议选举江泽民为国家主席、国家军委主席，荣毅仁为国家副主席、乔石为全国人大常委会委员长，决定李鹏为国务院总理。会议通过了宪法修正案。修改和补充后的宪法，肯定了我国正处于社会主义初级阶段，肯定了农村中的家庭联产承包为主的责任制和生产、供销、信用、消费等各种形式的合作经济，是社会主义劳动群众集体所有制经济；肯定了国家实行社会主义市场经济。会议通过了《中华人民共和国澳门特别行政区基本法》。还通过了《关于国务院机构改革方案的决定》。根据这一方案，国务院部委组成部门和直属机构、办事机构由86个调整为59个。3月14—27日，全国政协八届一次会议在北京举行。李瑞环当选为全国政协主席。

383. “汪辜会谈”取得成果

1993 年 4 月 27—29 日，海峡两岸关系协会会长汪道涵和台湾海峡交流基金会董事长辜振甫在新加坡举行会谈，双方就两岸经济合作、两岸科技文化交流、海协会与海基会的会务等问题交换了意见，并签署了 4 项协议。这是海峡两岸授权的民间团体的最高负责人首次进行的经济性、业务性、功能性的会谈。之前，1992 年 11 月，海协会与海基会就解决两岸事务性商谈中如何表述坚持一个中国原则的问题，达成各自以口头方式表述“海峡两岸均坚持一个中国原则”的共识，后被称为“九二共识”。

384. 首届东亚运动会在上海举行

1993 年 5 月 9—18 日，第一届东亚运动会在上海举行。国家主席江泽民宣布运动会开幕，国际奥委会主席萨马兰奇等出席了开幕式，中国、日本等 9 个国家和地区的 1200 多名运动员参加了 12 个项目的比赛，共有 7 人 14 次破 13 项亚洲纪录。这届运动会的举行，结束了世界上人口最多、经济增长速度最快的东亚地区没有区域性运动会的历史。

385. 北京仿真中心建成

1993 年 7 月 30 日，亚洲规模最大、总体水平世界一流的北京仿真中心正式通过国家验收。仿真技术是以控制论、相似原理和计算机技术为基础，借助系统模型对真实的或设想的系统进行试验基础的一门新兴综合性技术。该中心在建设过程中已成功地为运载火箭等多种新型号的航天器及电力工业进行了仿真试验。江泽民视察了仿真中心。

386. 大亚湾核电站并网发电

1993年8月31日，我国装机容量最大的核电站——大亚湾核电站并网发电成功。该电站是我国改革开放至此最大的中外合资项目，装有两台90万千瓦的压水堆型机组。一号机组于1987年8月7日浇筑第一罐混凝土，全部运行后年发电量达100多亿度。

387. 银河号事件真相大白

1993年9月4日，由沙特阿拉伯、中国、美国3国代表进行的核查结束，核查结果表明，中国货轮“银河号”完全没有装载美方所指控的那两种化学品。中国外交部发表声明，要求美国立即消除其错误情报所造成的恶劣影响，向中国公开道歉，并赔偿中国的一切经济损失。自7月23日以来，美国以获得情报为由，多次指责中国“银河号”货轮载有运往伊朗的化学武器前体硫二甘醇和亚硫酰氯，并在公海上对“银河号”货轮采取军舰跟踪和军用飞机拍照等非常行动，干扰货轮正常航行。美国还要求“银河号”预计停靠的港口所在国家不允许进港卸货，致使“银河号”货轮在公海上漂泊20余天，中方蒙受重大经济损失。检查结果的公布，使美国一手制造的“银河号”事件，以它自己的失败而告终。

388. 中共十四届三中全会召开

1993年11月11—14日，中共十四届三中全会举行。全会通过了《中共中央关于建立社会主义市场经济体制若干问题的决定》。全会指出，社会主义市场经济体制是同社会主义基本制度结合在一起的。建立社会主义市场经济体制，就是要使市场在国家宏观调控下对资源配置起基础性作用。要进一步转换国有企业经营机制，建立适应市场经济要求，产权清晰、权责明确、政企分开、管理科学的现代企业制度。

389. 中美首脑会晤西雅图

1993 年 11 月 20 日，江泽民在美国西雅图举行的亚太经济合作组织领导人非正式会议上发表讲话，提出要把一个和平与繁荣的世界带入 21 世纪。会议的前一天，国家主席江泽民同美国总统克林顿在西雅图市的雷尼尔俱乐部举行了一个半小时的正式会晤。这是两国最高领导人自 1989 年 2 月以来的首次会晤。双方都认为中美关系非常重要，应把它放在世界范围内来看，着眼于未来。

390. 金融体制改革实行

1993 年 12 月 25 日，国务院作出关于金融体制改革的决定，确立中国人民银行作为独立执行货币政策的中央银行的宏观调控体系；实行政策性银行与商业银行分离的金融组织体系；从 1994 年 1 月 1 日起实现汇率并轨。从 1996 年 12 月 1 日起，我国实现了人民币在经常项目下的可兑换。金融体制改革，对我国经济发展起到了推动作用。

1994年

391. 发行10亿美元全球债券

1994年1月14日，财政部代表中国政府正式向美国证券交易委员会注册登记发行10亿美元全球债券。这是我国政府发行的第一笔全球债券，也是中国政府第一次进入美国资本市场。

392. 国务院规定新的职工工作时间

1994年2月3日，国务院发布规定，从3月1日起，将国家机关、社会团体、企事业单位以及其他组织的职工工作时间，由原来每周48小时改为平均每周44小时。1995年3月25日，国务院又决定从5月1日起实行5天工作制，即每天工作8小时，每周工作40小时的工时制度。我国职工的生活质量进一步得到提高。

393. 全国扶贫开发工作会议召开

1994年2月28日—3月3日，国务院召开全国扶贫开发工作会议，部署实施“国家八七扶贫攻坚计划”，要求力争在20世纪末最后的7年内基本解决全国8000万贫困人口的温饱问题。这一目标的确定，推进了扶贫工作的扎实开展和共同富裕目标的更快实现。1978年，全国农村贫困人口有2.5亿人，1993年底减少到8000万人；到2000年，农村贫困人口的温饱问题基本解决，贫困地区的各项事业得到较快的发展，我国的扶贫开发工作取得了巨大成就。

394. 中国银行在香港发行港币

1994 年 5 月 2 日，中国银行发行的港币在香港正式流通。中国银行参与发行港币，是中国对香港前途充满信心的体现，也是中国银行为香港的平稳过渡作出的承担。

395. 中国工程院成立

1994 年 6 月 3—8 日，中国工程院成立大会、中国科学院第七次院士大会在北京召开。朱光亚当选为中国工程院院长。江泽民等党和国家领导人亲切会见了两院院士。中国工程院的成立是中国工程技术界的一件大事。

396. 布达拉宫维修工程竣工

1994 年 8 月 6 日，布达拉宫维修工程全面竣工。中共中央政治局委员、国务委员李铁映代表中共中央、国务院参加了 8 月 9 日在拉萨举行的庆祝大会。为了维修这一体现西藏灿烂文化的藏传佛教圣殿，中央政府拨出巨额资金，施工时间长达 6 年，使这座古老宫殿辉煌依旧。维修布达拉宫，体现了新中国对西藏历史文化的保护和对藏族人民的关怀。

397. 决定香港特别行政区

1994 年 8 月 31 日，八届全国人大常委会第九次会议决定，港英最后一届立法局、市政局和区域市政局、区议会于 1997 年 6 月 30 日终止。由香港特别行政区筹备委员会根据《全国人民代表大会关于香港特别行政区第一届政府和立法会产生办法的决定》，负责筹备成立香港特别行政区的有关事宜，规定香港特别行政区第一届立法会的具体产生办法，组建香港特别行政区第一届立法会。

1995年

398. 江泽民提出祖国统一八项主张

1995 年 1 月 30 日，江泽民在迎春茶话会上发表重要讲话，就现阶段发展两岸关系，推进祖国和平统一进程，提出了八项重要看法和主张，在海内外引起强烈反响。江泽民强调：坚持一个中国的原则，是实现和平统一的基础和前提。进行海峡两岸和平统一谈判，是我们的一贯主张。我们不承诺放弃使用武力，决不是针对台湾同胞，而是针对外国势力干涉中国统一和搞“台湾独立”的图谋的。我们欢迎台湾当局的领导人以适当身份前来访问；我们也愿意接受台湾方面邀请，前往台湾。

399. 学习孔繁森

1995 年 4 月 7 日，《人民日报》发表社论《向孔繁森同志学习》，并发表新华社等的记者采写的长篇通讯《领导干部的楷模——孔繁森》。孔繁森 1944 年出生于山东聊城，1979 年开始，两次到西藏工作，前后工作 9 年。在西藏，他全心全意为藏族人民服务，殚心竭虑地带领藏族人民脱贫致富，同藏族人民结下了深厚的友谊，受到藏族同胞的深情爱戴，留下了许多感人的故事。尽管他的家中有 80 多岁的老母亲需要照顾，但他却把自己的挚爱和深情送给了一个个藏族老人；尽管他的家中有 3 个未成年孩子需要照看，但他却抚养了 3 个藏族孤儿；尽管他的妻子体弱多病，多次动手术，需要钱补养，但他却省吃俭用，甚至几次献血，用自己积攒下的钱接济藏族群众。1994 年 11 月 29 日，担任阿里地委书记的孔繁森在去新疆塔城考察边贸的途中，遭遇车祸，不幸殉职，时年 50 岁。党和人民的好儿子孔繁森把自己的青春、热血和生命献给了雪域高原，用共产党员的模范行动，在藏族人民和全国人民的心中树起了一座不朽的丰碑，被人民誉为新时期的焦裕禄。孔繁森同志以身殉职后，中共中央组织部追授他“模范共产党员，优秀领导干部”称号，江泽民等中央领导同志亲切会见孔繁森同志的亲属及孔繁森事迹报告团成员。全国掀起了学习孔繁森的热潮。

400. 实施科教兴国战略

1995 年 5 月 6 日，中共中央、国务院作出《关于加速科学技术进步的决定》，提出了科教兴国的伟大战略。26—30 日，中共中央、国务院召开全国科学技术大会。江泽民在讲话中，号召在全国形成实施科教兴国战略热潮，加速科技进步，为实现我国现代化建设的第二步和第三步战略目标而奋斗。

401. 江泽民出席纪念反法西斯战争胜利 50 周年庆典

1995 年 5 月 9 日，江泽民在莫斯科出席纪念反法西斯战争胜利 50 周年庆典活动，与世界各国领导人共同庆祝胜利，回顾历史，缅怀先烈，颂扬友谊，表达各国人民渴望和平与安定的心声，教育世人和后代吸取历史教训，走和平发展的道路。

402. 纪念抗日战争胜利 50 周年

1995 年 9 月 3 日，首都各界隆重举行纪念中国抗日战争暨世界反法西斯战争胜利 50 周年大会。江泽民出席大会并讲话，强调中国抗日战争是世界反法西斯战争的重要组成部分，是世界反法西斯战争的东方主战场。中国共产党及其领导的人民抗日力量，是中华民族抗战的中流砥柱。中华民族为世界反法西斯战争的胜利付出了巨大的牺牲，为人类文明进步事业作出了彪炳千古的历史贡献。中国共产党和中国政府决心用一切手段维护祖国的主权和领土完整。从 6 月开始，全国各地各界同胞纷纷举行各种活动，纪念中国抗日战争和世界反法西斯战争胜利 50 周年。

403. 举办第四次世界妇女大会

1995 年 9 月 4—15 日，联合国第四次世界妇女大会在北京举行。会前中国政府举行仪式，欢迎参加第四次世妇会的各国来宾。国家主席江泽民讲了话。全国妇联主席陈慕华当选为大会主席，大会通过了北京宣言。参加这次大会的有来自 197 个国家和地区的代表。成功举办这次世界盛会，进一步提高了我国的国际地位。

404. 中共十四届五中全会召开

1995 年 9 月 25—28 日，中共十四届五中全会在北京举行，审议通过了《中共中央关于制定国民经济和社会发展“九五”计划和 2010 年远景目标的建议》，提出要实现经济体制从传统的计划经济体制向社会主义市场经济体制转变，经济增长方式从粗放型向集约型转变。江泽民在全会上提出，领导干部一定要讲政治，并系统阐述了改革、发展、稳定等在推进社会主义现代化建设的过程中必须正确处理的 12 个重大关系问题。

405. 江泽民出席联合国成立 50 周年特别纪念会议

1995 年 10 月 24 日，江泽民出席联合国成立 50 周年特别纪念会议并发表讲话。这是中国国家主席第一次参加联合国大会并发表讲话。江泽民围绕“共同缔造一个更加美好的世界”这个主题，深刻阐述了中国政府的基本观点和原则立场，提出了关于建立和平、稳定、公正、合理的国际政治经济新秩序的原则主张。会议期间，江泽民会见了联合国秘书长和许多国家领导人，就共同关心的问题交换了看法。这一系列活动，增进了中国与联合国及国际社会的相互理解与信任。

406 . 京九铁路全线铺通

1995 年 11 月 16 日，京九铁路提前全线铺通，并于 1996 年 9 月 1 日全线开通运营。京九铁路北起北京，南抵深圳，连接香港九龙，穿越北京、天津、河北、山东、河南、安徽、湖北、江西、广东等 9 个省市，连通京山、京秦、京包、石德、陇海、浙赣等铁路干线，全长 2500 多公里，是我国铁路网上贯通南北的一条大动脉。京九铁路于 1993 年全线铺开，是当时中国铁路史上投资最多、规模最大的一项工程。这条铁路的建成，对促进沿线各省市的经济发展，具有重要作用。

407. 第十世班禅转世灵童经金瓶掣签认定

1995 年 11 月 29 日，认定十世班禅大师转世灵童的金瓶掣签仪式，在拉萨大昭寺严格按照藏传佛教仪轨举行。国务院代表、国务委员罗干等 3 人共同主持了这一盛典。1989 年 1 月第十世班禅大师圆寂后，国务院批准成立班禅转世灵童寻访班子。班禅转世灵童寻访领导小组和顾问小组成员，以及来自西藏和其他藏族地区的高僧活佛、汉语系佛教和巴利语系佛教代表、信教群众代表数百人参加了这次历史性仪式。西藏那曲地区嘉黎县六岁男童坚赞诺布中签，被认定为第十世班禅额尔德尼转世真身。国务院当日特准坚赞诺布继任第十一世班禅额尔德尼。12 月 8 日，在日喀则扎什伦布寺举行了第十一世班禅坐床典礼。国务委员李铁映代表国务院向第十一世班禅颁授金册、金印，并宣读了国家主席江泽民题赠扎什伦布寺的“护国利民”金匾匾文。

408. 国民生产总值提前翻两番

1995 年，国民生产总值达到 57600 多亿元，原定 2000 年比 1980 年翻两番的目标，提前 5 年实现。1997 年，又提前实现人均国民生产总值翻两番的目标。

1996年

409. 解放军在东南沿海进行军事训练和演习

1996 年 3 月 8—25 日，中国人民解放军向东海、南海海域和空域进行发射导弹训练，并先后在东海、南海和台湾海峡进行实弹演习和陆海空联合军事演习。这次成功的军事演习，再次显示了中国政府、人民和军队维护和捍卫祖国统一的决心和能力，震慑了“台独”势力。

410. 内地开放援助新疆

1996年3月19日，中共中央政治局常委会专门研究新疆稳定工作。1997年，中央开始从内地省、市、国家机关和国有企业派出一批骨干力量到新疆工作。此后，对口支援新疆的力度不断加大，新疆的面貌发生了巨大的变化。

411. 中、俄、哈、吉、塔五国协定签署

1996 年 4 月 25 日，江泽民与来访的俄罗斯总统叶利钦在北京签署中俄联合声明，两国宣布决心发展平等信任的、面向 21 世纪的战略协作伙伴关系。26 日，中国、俄罗斯、哈萨克斯坦、吉尔吉斯斯坦、塔吉克斯坦 5 国元首在上海正式签署在边境地区加强军事领域信任的协定。1997 年 4 月，江泽民在访问俄罗斯期间，5 国元首又共同签署了关于在边境相互裁减军事力量的协定。我国的周边环境得到进一步改善。

412. 中共十四届六中全会召开

1996 年 10 月 7—10 日，中共十四届六中全会在北京召开，通过了《中共

中央关于加强社会主义精神文明建设若干重要问题的决议》。全会指出，社会主义社会是全面发展、全面进步的社会，社会主义现代化事业是物质文明和精神文明协调发展的事业。社会主义精神文明建设必须以马克思列宁主义、毛泽东思想和邓小平建设有中国特色社会主义理论为指导。

413. 董建华为香港特别行政区第一任行政长官

1996 年 12 月 11 日，香港特别行政区第一届政府推选委员会第三次全体会议推选董建华为香港特别行政区第一任行政长官人选。16 日，国务院任命董建华为香港特别行政区第一任行政长官。21 日，推委会又选举产生了香港特别行政区临时立法会议员。由港人自己来选择最高行政首长，在香港历史上是第一次。表明中央政府提出的“一国两制”构想，是真正维护香港最大多数人的利益的。

1997年

414. 邓小平逝世

1997年2月19日，93岁的邓小平在北京逝世。中共中央、全国人大常委会、国务院、全国政协、中央军委发布《告全党全军全国各族人民书》。邓小平，四川广安人，1904年生，1920年赴法国勤工俭学，1922年参加旅欧中国少年共产党，1924年转入中国共产党。1928年至1929年，任中央秘书长。1929年发动和领导百色起义，创建了红七军和右江、左江革命根据地。1938年任八路军129师政委，在晋冀鲁豫广大地区创建抗日根据地。解放战争时期，他和刘伯承率领12万大军，千里跃进大别山，挺进中原，揭开了人民解放战争全国性战略进攻的序幕；接着参加指挥淮海战役和京沪杭战役，把国民党政府逐出南京。新中国成立后，他和刘伯承率部进军大西南，横扫残敌，把国民党统治势力最后逐出中国大陆。1952年7月邓小平调到中央，任政务院副总理，1954年任中共中央秘书长，1956年任中央政治局常委、中央委员会总书记，主持中央书记处工作长达10年。“文革”中两次受到错误的批判和斗争。1973年复出后，同“四人帮”进行了针锋相对的斗争，对“文革”造成的混乱局面进行了大刀阔斧的整顿。1977年复出后，拨乱反正，发动思想解放运动，开创中国改革开放的历史新时期。他领导全党总结建国以来的历史经验，纠正“文化大革命”的错误，坚持科学地认识和评价毛泽东的历史地位和毛泽东思想的科学体系，创立邓小平理论，制订了党在社会主义初级阶段的基本路线和一整套方针政策。邓小平是我党我军我国各族人民公认的享有崇高威望的卓越领导人，伟大的马克思主义者，伟大的无产阶级革命家、政治家、军事家、外交家，久经考验的共产主义战士，我国社会主义改革开放和现代化建设的总设计师，邓小平理论的创立者。2月25日，邓小平追悼大会在人民大会堂举行，江泽民致悼词，高度评价邓小平光辉、战斗的一生和建立的丰功伟绩，要求全党全军全国各族人民继承邓小平的遗志，把建设有中国特色社会主义的伟大事业推向前进。

415. 重庆直辖市设立

1997 年 3 月 1—14 日召开的八届全国人大五次会议批准设立重庆直辖市。从此，人口 3000 多万的重庆市成为中国的第四个直辖市。也是中国大陆的第 31 个省级行政区。这将进一步推动重庆和整个西南地区的经济发展。

416. 江泽民发表关于旗帜问题讲话

1997 年 5 月 29 日，江泽民在中共中央党校省部级干部进修班毕业典礼上讲话，指出，旗帜问题至关紧要。旗帜就是方向，旗帜就是形象。在社会主义改革开放和现代化建设的新时期，在跨越世纪的新征途上，一定要高举邓小平建设有中国特色社会主义理论伟大旗帜，用这个理论来指导我们的各项工作。这是党从历史和现实中得出的不可动摇的结论。这次讲话，成为不久后召开的党的十五大的会议主旨。

417. 香港政权交接仪式举行

1997 年 6 月 30 日，江泽民率中国政府代表团抵达香港，出席香港政权交接仪式。这是新中国最高领导人首次踏上香港的土地。午夜至 7 月 1 日凌晨，中英两国政府香港政权交接仪式在香港会展中心举行。从零时起，在香港土地上挂了 100 多年的米字旗永远落下，鲜艳的五星红旗开始在香港永久飘扬。江泽民庄严宣告：中国政府对香港恢复行使主权。这标志着香港一个时代的结束和另一个时代的开始。交接仪式后，举行了中华人民共和国香港特别行政区成立暨特区政府宣誓就职仪式。江泽民宣告中华人民共和国香港特别行政区政府成立。香港由此跨入了“一国两制”“港人治港”、高度自治的新纪元。中国人民解放军驻港部队于 7 月 1 日零时开始履行香港防务职责。7 月 1 日，首都举行隆重集会，庆祝香港回归祖国。举国上下，12 亿人都在共同庆祝中华民族的这件盛事，庆祝这个令所有华夏儿女扬眉吐气的日子。香港回归，标志着中国人民洗雪了香港被侵占的百年国耻，开创了香港和祖国内地共同发展的新纪元；标志着新中国在完成祖国统一大业的道路上迈出重要一步；标志着中国人民为世界和平、发展与进步事业作出了新的贡献。

418. 建立城市居民最低生活保障制度

1997 年 9 月 2 日，国务院发出《关于在全国建立城市居民最低生活保障制度的通知》，要求在 1999 年底以前，县级市以上的市和县政府所在的镇都要建立起城市居民最低生活保障制度，把无生活来源、无劳动能力、无法定赡养人或抚养人等家庭人员收入低于最低生活保障标准的3类人员纳入保障。最低生活保障标准由各地人民政府自行确定。这为妥善解决城市贫困人口的生活困难问题提供了最低保障。

419. 中共十五大召开

1997 年 9 月 12—18 日，中国共产党第十五次全国代表大会在北京举行。代表 2048 人、特邀代表 60 人出席大会，代表党员人数 5800 万人。江泽民代表第十四届中央委员会向大会作《高举邓小平理论伟大旗帜，把建设有中国特色社会主义事业全面推向二十一世纪》的报告。报告首次正式把邓小平建设有中国特色社会主义理论称为邓小平理论，指出，邓小平理论是当代中国的马克思主义，是马克思主义在中国发展的新阶段。报告对社会主义初级阶段作了更加深刻、全面和明确的阐述，并提出党在社会主义初级阶段的基本纲领。报告指出，公有制经济不仅包括国有经济和集体经济，还包括混合所有制经济中的国有成分和集体成分；公有制实现形式可以而且应当多样化，一切符合“三个有利于”的所有制形式，都可以而且应该用来为社会主义服务。这种对公有制经济的认识，是中国人民根据我国社会主义建设实践经验对科学社会主义理论的又一次重大突破。大会展望了未来中国“三步走”的发展目标：下世纪第一个 10 年实现国民生产总值比 2000 年翻一番；到建党

100年时，使国民经济更加发展，各项制度更加完善；到新中国成立100年时，基本实现现代化，建成富强民主文明的社会主义国家。大会通过了党章修正案，把邓小平理论确立为党的指导思想并载入党章。19日，十五届一中全会选举江泽民、李鹏、朱镕基、李瑞环、胡锦涛、尉健行、李岚清为中央政治局常委，江泽民为中央委员会总书记，决定江泽民为中央军委主席，批准尉健行为中央纪委书记。

420. 江泽民访美

1997年10月26日—11月2日，江泽民对美国进行国事访问。这是中国国家主席12年来对美国进行的首次国事访问。江泽民与克林顿举行会谈，就中美关系和双方共同关心的国际和地区问题交换意见并发表了《中美联合声明》。

421. 三峡工程成功截流

1997年11月8日，长江三峡水利枢纽工程成功实现大江截流。江泽民在截流仪式上讲话，指出，这是我国现代化建设的一件大事，也是人类改造和利用自然史上的一个壮举。在此之前，中华民族治黄史上具有里程碑意义的黄河小浪底水利枢纽工程也于10月28日成功实现截流。

1998年

422. 全面实施天然林资源保护工程

1998 年 1 月，全国林业计划会议宣布，从 1998 年起，国家将实施以调减木材产量、保护资源、分流人员、提高效益为主要内容的国有林区天然林保护工程。2000 年 10 月，我国全面实施天然林资源保护工程。不但为子孙后代留下了天然林资源，而且留下了更好的生态环境。

423. 九届全国人大一次会议召开

1998 年 3 月 5—19 日，九届全国人大一次会议召开。会议选举江泽民为国家主席、中华人民共和国中央军委主席。江泽民在当选后说："时代的召唤，人民的重托，使我深感肩负的使命和责任崇高而重大。我将忠实地遵守宪法，恪尽职守，竭诚为祖国和人民服务。"会议选举李鹏为全国人大常委会委员长，胡锦涛为国家副主席，决定朱镕基为国务院总理。会议批准了国务院机构改革方案。方案提出，国务院组成部门除办公厅外由原来 40 个减为 29 个，机关干部编制总数减少一半。3 月 3—14 日，全国政协九届一次会议也在北京召开，选举李瑞环为全国政协主席。

424. 北京大学举行百年庆典

1998 年 5 月 4 日，北京大学举行百年庆典，党和国家领导人江泽民、李鹏、朱镕基、李瑞环、李岚清和各界人士一起参加了庆典，江泽民发表讲话，向北京大学和所有高等院校的大学生，向全国各界青年提出 4 点希望：一是坚持学习科学文化与加强思想修养的统一，二是坚持学习书本知识与投身社会实践的统一，三是坚持实现自身价值与服务祖国人民的统一，四是坚持树立远大理想与进行艰苦奋斗的统一。

425. 澳门特区筹委会成立

1998 年 5 月 5 日，全国人民代表大会澳门特别行政区筹备委员会在北京人民大会堂宣告成立。全国人大常委会委员长李鹏出席大会并向全体委员颁发了任命书。5 月 6 日，江泽民总书记会见了全体委员并发表了重要讲话。筹委会的成立，标志着澳门回归祖国的工作进入实质性的阶段。

426. 国有企业下岗职工基本生活保障和再就业工作会议召开

1998 年 5 月 14—16 日，中共中央、国务院召开国有企业下岗职工基本生活保障和再就业工作会议。江泽民在会上要求各级党委和政府一定要把国有企业的减员增效、下岗职工基本生活保障和再就业工作，作为一件头等大事抓紧抓好。6 月 9 日，中共中央、国务院又就这项工作发出通知。这对深化国有企业改革，保持社会安定团结，具有重要意义。

427. 城镇住房制度改革进一步深化

1998 年 6 月 15—17 日，全国城镇住房制度改革与住宅建设工作会议召开，会议提出了深化城镇住房制度改革的指导思想。从下半年开始，全国城镇停止住房实物分配，实行住房分配货币化。这是我国城镇住房制度的一项重大改革。

428. 战胜历史上特大洪灾

1998 年 6 月中旬—9 月上旬，我国南方特别是长江流域及北方的嫩江、松花江流域出现历史上罕见的特大洪灾。全国共有 29 个省、自治区、直辖市遭受不同程度的洪涝灾害，江西、湖南、湖北、黑龙江、内蒙古和吉林等省区受灾最重。前所未有的洪灾，引起了党和政府前所未有的关注和几千万抗洪军民前所未有的抗洪决战，以及全国人民、全球华人、全世界友人对灾区前所未有的援助。党和国家领导人多次亲赴抗洪第一线，指导抗洪，勉励广大军民严防死守，决战到底。几十万人民解放军、武警指战员和几百万沿江抗洪健儿，立下军令状，写下生死牌，以人在堤在的大无畏气概日夜坚守在大堤上，与滔天巨浪激战，写下了古今中外历史上气势磅礴、蔚为壮观的抗洪图。许多平凡的英雄在抗洪中出现，无数动人的故事在抗洪中产生。十几亿人共同心系灾区，向灾区伸出援助之手，又一次显示出中华民族一方有难、八方支援的崇高美德。正如江泽民 9 月 28 日在全国抗洪抢险总结表彰大会上指出的，在这次同洪水的搏斗中，我们民族和人民展示出的万众一心、众志成城，不怕困难、顽强拼搏，坚忍不拔、敢于胜利的伟大抗洪精神，同我们党一贯倡导的革命精神和新时期的创业精神一样，都是我国人民的宝贵财富。抗洪斗争的胜利，表明中国政府成功地领导全国人民经受住一场自然灾害风险的重大考验，具有团结亿万群众战胜特大自然灾害的巨大凝聚力。

429. 江泽民会见克林顿

1998 年 6 月 25 日—7 月 3 日，美国总统克林顿对中国进行了访问。6 月 27 日，江泽民同克林顿举行了正式会谈，决定不把两国所控制的战略核武器瞄准对方，他们还就两国间悬而未决的 9 个议题的对话日程达成了协议，表明中美两国关系要对话而不要对抗。江泽民还首次和克林顿通过电视直播举行记者招待会。访问期间，克林顿在北京和上海公开重申，美国不支持台湾独立，不支持“一中一台”“两个中国”，不支持台湾加入联合国和其他由主权国家组成的国际组织。

430. 严厉打击走私

1998 年 7 月 13—15 日，全国打击走私工作会议在北京召开。会议要求开展一场大规模反走私联合行动和专项斗争，迅速而严厉地打击走私犯罪活动。

会后，组建了新中国第一支缉私警察队伍，打击走私的力度空前加大。为了贯彻落实这次会议精神，军队、武警部队和政法机关一律不再从事经商活动。

431. 中共十五届三中全会召开

1998 年 10 月 12—14 日，中共十五届三中全会在北京举行。全会通过了《中共中央关于农业和农村工作若干重大问题的决定》。全会高度评价农村改革 20 年的巨大成就和丰富经验，提出了到 2010 年建设有中国特色社会主义新农村的奋斗目标，确定了实现这一目标必须坚持的方针。全会强调，以公有制为主体、多种所有制经济共同发展的基本经济制度，以家庭承包经营为基础、统分结合的经营制度，以劳动所得为主和按生产要素分配相结合的分配制度必须长期坚持。

432. 开展三讲教育

1998 年 11 月 21 日，中共中央发出通知，要求在县级以上党政领导班子、领导干部中深入开展以“讲学习、讲政治、讲正气”为主要内容的党性党风教育。这是贯彻党的十五大精神，加强领导班子建设，提高领导干部素质的一项重要举措，是中国共产党为加强自身建设而进行的一个新的探索，对于确保改革开放和现代化建设的顺利进行，确保跨世纪目标的实现和国家的长治久安，都具有重要意义。通知发出后，“三讲”教育在各地区、各部门分期分批开展，收到了比较明显的成效。“三讲”教育到 2000 年底基本结束。

433. 克服金融危机影响

1998 年，中国面对东南亚金融危机和国际金融动荡的巨大不利影响，沉着应对，坚持人民币不贬值，采取积极的财政政策，扩大基础设施建设拉动内需，使国民经济在遭受特大洪涝灾害影响的情况下，仍然保持了 7.8% 的快速增长。同时，外汇储备也有所增长，这在全球经济增速缓慢、周边国家经济纷纷出现衰退的情况下，一枝独秀。表明中国政府经受住了国际金融风暴的考验，具有领导全国人民克服金融危机影响、捍卫国家经济的能力。

1999年

434. 中国呼吁政治解决科索沃问题

1999 年 3 月 24 日，以美国为首的北约，置联合国宪章和国际关系准则于不顾，对南斯拉夫发动了首次空中打击。正在意大利访问的中华人民共和国国家主席江泽民，迅速发表谈话，呼吁立即停止空中打击，使科索沃问题重新回到政治解决的轨道上来。26 日，江泽民在日内瓦裁军会议上又发表讲话，呼吁立即停止武力行动。29 日，江泽民致信美国和南斯拉夫领导人，强烈要求北约立即停止对南斯拉夫的军事干涉。江泽民强调，中国反对凭借军事优势动辄使用武力或以武力相威胁，科索沃问题应该在尊重南斯拉夫主权和领土完整、保障科索沃地区各民族合法权益的前提下，通过谈判公正、合理地解决。表明了中国作为负责任的大国，在国际上主持正义、反对侵略的严正立场。

435. 何厚铧当选为澳门特别行政区第一任行政长官人选

1999 年 5 月 15 日，何厚铧当选为中华人民共和国澳门特别行政区第一任行政长官人选。20 日，国务院任命何厚铧为澳门特区首任行政长官。24 日，国家主席江泽民会见何厚铧，祝贺他当选并被任命为澳门特区第一任行政长官，相信“一国两制”一定能在澳门成功实现。

436. 实施西部大开发战略

1999 年 6 月 17 日，江泽民在西安主持召开国有企业改革和发展座谈会时讲话指出，实施西部大开发，是一项振兴中华的宏伟战略任务。2000 年 10 月 26 日，国务院发出《关于实施西部大开发若干政策措施的通知》。这一战略的实施，大大推进了我国西部广大地区的开发和发展，使国家的发展更趋平衡，更能充分发挥后发地区优势。

437. 处理和解决“法轮功”

1999 年 7 月 19 日，中共中央发出《关于共产党员不准修炼“法轮大法”的通知》。其后，有关部门又取缔“法轮大法”研究会及其操纵的“法轮功”组织。“法轮功”是一个反科学、反人类、反社会的邪教组织。“法轮功”信徒丧失人性、自杀或他杀的人间惨剧时有发生，严重危害人民生命。“法轮功”组织还策划、煽动、蒙骗一些练习者到党政机关、新闻单位非法聚集，严重扰乱社会秩序。中央及时处理和解决“法轮功”，得到全国人民的一致拥护，也把大批“法轮功”痴迷者从邪教组织的精神控制下解救了出来。今天，除极少数头目甘心沦为西方敌对势力颠覆我国政府的工具外，大多数“法轮功”人员已经转化。全国人民同“法轮功”的斗争已经取得了重大胜利。

438. 加强技术创新

1999 年 8 月 20 日，中共中央、国务院作出《关于加强技术创新，发展高科技，实现产业化的决定》。23 日，江泽民在全国技术创新大会上讲话指出，必须把以科技创新为先导促进生产力发展的质的飞跃，摆在经济建设的首要地位。以科技创新引领生产力发展，把中国的经济发展引向了高质量发展和可持续发展的新阶段。

439. 人民解放军举行诸军兵种联合渡海登陆作战演习

1999 年 9 月上旬，中国人民解放军南京、广州战区陆海空三军，第二炮兵和民兵预备役部队，在浙东、粤南沿海举行大规模的诸军兵种联合渡海登陆作战实兵演习。演习的成功表明，我军现代化建设水平和联合作战能力又有新的提高，三军将士正严阵以待，时刻准备捍卫国家主权和领土完整，坚决粉碎任何分裂祖国的图谋。

440. 中共十五届四中全会召开

1999 年 9 月 19—22 日，中共十五届四中全会在京召开。全会审议通过了《中共中央关于国有企业改革和发展若干重大问题的决定》，确定了到 2010 年国有企业改革和发展的主要目标和必须坚持的指导方针。要求建立和完善现代企业制度，提高国有经济的控制力，使国有经济在关系国民经济命脉的重要行业和关键领域占支配地位。这次全会有力地推动了我国国有企业的进一步改革和发展。

441. 庆祝新中国成立 50 周年

1999 年 10 月 1 日，首都各界庆祝中华人民共和国成立 50 周年大会在北京天安门广场隆重举行。50 万军民以盛大的阅兵仪式和群众游行，欢庆伟大祖国的这一盛大节日。江泽民检阅部队并讲话，向全世界庄严宣告：到下世纪中叶，中国人民经过 100 年的艰苦创业，将基本实现社会主义现代化。中华民族将以更加强劲的英姿屹立于世界民族之林。

442. 第一艘载人航天工程试验飞船“神舟号”飞行成功

1999 年 11 月 20 日 6 时 30 分，我国载人航天工程第一艘试验飞船“神舟”号，在酒泉卫星发射中心升空，在完成预定的空间科学试验后于 21 日 3 时 41 分在内蒙古中部地区成功着陆。这标志着我国载人航天技术有了新的重大突破，是我国航天史上的又一个里程碑。此前，世界上只有美国和俄罗斯掌握了这一技术。中共中央、国务院、中央军委致电表示祝贺。2001 年 1 月 10 日，我国自行研制的“神舟”二号无人飞船再次发射成功，飞船在按计划完成空间科学和技术试验任务后于 16 日顺利返回，标志中国载人航天事业取得了新进展，向实现载人飞行又迈出重要一步。

443. 中国对澳门恢复行使主权

1999 年 12 月 19 日夜—20 日凌晨，中葡两国政府澳门政权交接仪式在澳门隆重举行。20 日凌晨，随着激越的中华人民共和国国歌在澳门奏响，五星红旗在澳门徐徐升起，标志着“一国两制”“澳人治澳”、高度自治的基木方针在澳门正式实施，澳门进入发展的新纪元。江泽民主席郑重宣告：中国政府对澳门恢复行使主权。江泽民指出，“一国两制”在香港、澳门的实践，已经并将继续为我们最终解决台湾问题发挥重要的示范作用。中国政府和人民有信心、有能力早日解决台湾问题，实现中国的完全统一。交接仪式结束后，又举行了澳门特区政府成立暨宣誓就职仪式，以第一任行政长官何厚铧为首的澳门特别行政区政府宣誓就职。中国人民解放军驻澳部队于 20 日零时起开始履行澳门防务职责。中国统一大业又有新的进展。

2000年

444. 西部地区开发会议在京召开

2000年1月22日，国务院西部地区开发领导小组召开会议，强调要统一思想，明确任务，不失时机地实施西部大开发战略。西部大开发是党中央调整经济结构、实现中华民族全面腾飞的一项战略措施。1999年12月党的十五届四中全会正式提出这一战略后，全国迅速掀起了西部大开发的热潮，开发西部成为中国国民经济的一个新的增长点。

445. 江泽民提出“三个代表”要求

2000年2月25日，江泽民在广东考察工作听取省委工作汇报时，明确提出“三个代表”要求。他强调，要把中国的事情办好，关键取决于我们党。只要我们党始终成为中国先进生产力的发展要求、中国先进文化的前进方向、中国最广大人民根本利益的忠实代表，我们党就能永远立于不败之地，永远得到全国各族人民的衷心拥护并带领人民不断前进。5月14日，江泽民在上海主持召开江苏、浙江、上海党建工作座谈会时再一次强调，“三个代表”是我们党的立党之本、执政之基、力量之源。在迈向新世纪的征途上，我们必须按照“三个代表”的要求，进一步提高执政水平和领导水平。

446. 中国科学家参与的人类基因组草图绘成

2000年6月26日，有中国科学家参与的人类基因组草图绘制工作历时10年告成，并向全世界公布。人类基因组计划是迄今为止人类科学史上最有突破意义的科学工程之一，说明人类在了解自身生命现象本质的征程上实现了质的飞跃。中国是继美、英、德、日、法之后第六个参与该计划的国家。

各国政要和全世界的科学家都高度评价这一破解人类生命奥秘的突破性进展，它将大大推动生命科学、医学和制药产业的发展。

447. 在第 27 届奥运会上实现历史性突破

2000 年 9 月 5 日—10 月 1 日，第 27 届奥运会在澳大利亚悉尼举行，中国体育代表团共获 28 枚金牌、16 枚银牌和 15 枚铜牌，以总分第三的佳绩，首次进入第一军团，实现了又一次历史性的突破，充分体现了我国改革开放以来体育事业蓬勃发展，正在向体育强国迈进的势头。在这次有 200 个国家和地区 11000 多名运动员参加的千年体育盛会上，中国有 280 多名运动员参加了 24 个大项、166 个小项的比赛。

448. 江泽民出席联合国安理会五常任理事国首脑会晤

2000 年 9 月 7 日，国家主席江泽民出席了联合国安理会五常任理事国首脑会晤。这次会晤是在中国倡议下举行的，是联合国成立以来安理会五常任理事国首次举行首脑会晤。江泽民在会晤中提议，五常任理事国在新形势下应该相互尊重、平等相待；扩大共识、求同存异；加强沟通、密切协调；顾全大局、促进合作。美国总统克林顿、俄罗斯总统普京、法国总统希拉克、英国首相布莱尔出席了会晤，五国领导人就联合国事务和重大的国际和地区问题深入地交换了意见，并取得了广泛的共识。这次会晤，是江泽民出席联合国千年首脑会议期间在中国倡议下举行的。安理会五常任理事国首脑会晤，突出表明了中国国际地位的提高和在国际事务中影响的增大。

449. 中共十五届五中全会召开

2000 年 10 月 9—11 日，中国共产党第十五届五中全会在北京举行。会议审议并通过了《中共中央关于制定国民经济和社会发展第十个五年计划的建议》。全会高度评价了改革开放 20 多年特别是“九五”计划以来，我国经济建设和社会发展所取得的巨大成就。全会指出，我们已经胜利实现了现代化建设的前两步战略目标，经济和社会全面发展，人民生活总体上达到了小康水平。这是中华民族发展史上一个新的里程碑。全会站在历史的新高度，放眼世界规划中国的发展，提出经济和社会发展目标、战略布局、重点任务，描绘了我国在新世纪第一个五年经济和社会发展的壮丽蓝图，提出了我们在新世纪伟大进军的行动纲领。

450. 中非合作论坛——北京2000年部长级会议召开

2000年10月10日，中非合作论坛——北京2000年部长级会议在北京隆重开幕。这次为期3天的会议是在非洲国家的提议下，由中国政府倡导举办的，是中非双方在世纪之交开展集体对话、谋求共同发展的一次重要尝试。国家主席江泽民和4位非洲国家元首以及45个非洲国家的部长出席了会议。江泽民在会上指出，这次会议必将对中非关系的跨世纪发展，对促进南南合作和推动建立公正合理的国际政治经济新秩序，产生重要而深远的影响。

451. 江泽民检阅全军科技练兵成果汇报演示

2000年10月13日，江泽民在京郊某训练场检阅全军科技练兵成果汇报演示。这次演示，是人民解放军1964年大比武以来演练层次最高，运用技术最新、涉及范围最广的全军性军事训练成果交流活动，数万名陆海空军官兵在北京、内蒙古、吉林、辽宁等地训练场，精彩地演示了他们科技练兵的最新成果，展示了人民军队革命化、现代化、正规化建设的崭新风貌。江泽民要求全军以高度的政治责任感、历史使命感和只争朝夕的紧迫感，不断把科技练兵引向深入，努力提高军事训练工作的水平和质量。

452. 京沪高速公路全线贯通

2000年12月18日，我国第一条国道主干线京沪高速公路全线贯通。京沪高速公路全长 1262 公里，总投资 393 亿元，是连接北京、天津、河北、山东、江苏、上海的重要公路，同时也是国道主干线“两纵两横”3 个重要路段中的 1 条。国道主干线全部建成后，我国公路交通速度的倍增将推动整个国民经济的倍增。

2001年

453. 国家科学技术奖励大会召开

2001年2月19日，中共中央、国务院召开国家科学技术奖励大会。著名科学家吴文俊、袁隆平荣获2000年度也是首届国家最高科学技术奖，并分别获得500万元奖金。江泽民向吴文俊、袁隆平颁奖。之前，中共中央、国务院决定，从2000年起，设立国家最高科学技术奖，以国家名义对为科学技术发展作出杰出贡献的科学家给予最高荣誉的奖励。这对全国广大科技工作者是一个巨大的激励。

454. “博鳌亚洲论坛”成立

2001年2月27日，首个永久定址中国的国际会议组织——“博鳌亚洲论坛”成立大会在海南召开。这个论坛是涵盖整个亚洲、探讨经济和社会发展问题的非官方开放性论坛。25个国家的代表和来宾参加大会，会议当天发表了《博鳌亚洲论坛宣言》。

455. 九届全国人大四次会议召开

2001年3月5—15日，九届全国人大四次会议在北京召开。这次在新世纪的开篇之年和“十五”计划的开局之年召开的重要会议，审议通过了《中华人民共和国国民经济和社会发展第十个五年计划纲要》，总结了“九五”期间我国国民经济和社会发展的巨大成就，提出了“十五”期间的奋斗目标和指导方针。“九五”期间，全国各族人民在中国共产党领导下，团结奋斗，各方面取得重大成就。2000年国内生产总值突破一万亿美元，达到89404亿元人民币，人均国民生产总值达到800多美元，超额完成了比1980年翻两番的任务。经济总量跃居世界第七位，主要工农业产品产量位居世界前列，进出口总额达 4743 亿美元，成为世界第七大贸易国，外汇储备达 1656 亿美元，在世界上排列第二，人民生活继续改善，总体上达到小康水平，居民人均收入农村为 2253 元，城市为 6280 元。我国的社会生产力、综合国力和人民生活水平都上了一个大台阶。

456. 中国证券市场正式引入退市机制

2001 年 4 月 23 日，上市公司 PT 水仙正式退出中国股市。这是中国证监会 2 月发布《亏损上市公司暂停上市和终止上市实施办法》后，第一家退市的上市公司，标志着中国股市正式引入退出机制，上市公司“只生不死”现象由此终结。

457. “上海合作组织”在上海成立

2001 年 6 月 15 日，“上海合作组织”成员国元首会议在上海举行。中国、俄罗斯、哈萨克斯坦、吉尔吉斯斯坦、塔吉克斯坦、乌兹别克斯坦 6 国元首出席会议并讲话。他们高度评价“上海 5 国”元首会晤机制 5 年来的丰硕成果，决定在此基础上建立涵盖多领域的区域性多边合作组织，并签署《上海合作组织成立宣言》，对未来共同打击恐怖主义、极端主义和分裂主义“三股势力”达成广泛共识。这一亚欧大陆新的区域性多边合作组织的成立，在国际上提供了以大小国家共同倡导、安全先行、互利协作为特征的新型区域合作模式。2004 年 1 月，上海合作组织秘书处在北京成立。

458. 青藏铁路格尔木至拉萨段开工

2001 年 6 月 29 日，青藏铁路开工典礼在青海格尔木和西藏拉萨同时举行。2006 年 7 月 1 日，青藏铁路全线建成通车。青藏铁路连接青海西宁和西藏拉萨，全长 1956 公里。共分两期建设。一期工程西宁至格尔木段，814 公里，1958

年开工建设，1984 年 5 月建成通车。这次开工的是二期工程，从格尔木到拉萨段，全长 1142 公里。这是通往西藏腹地的第一条铁路，也是世界上海拔最高、线路最长的高原铁路，是中国新世纪四大工程之一。这条“天路”的通车，打破了外国人关于“火车到不了拉萨”的预言，结束了西藏没有铁路、没有火车的历史。

459. 庆祝中国共产党成立 80 周年

2001 年 7 月 1 日，是中国共产党成立 80 周年纪念日，中共中央在人民大会堂隆重举行庆祝大会。江泽民在会上发表讲话，自豪地回顾了 80 年来党的奋斗业绩：我们完成了新民主主义革命任务，实现了民族独立和人民解放；建立了社会主义制度，实现了中国历史上最广泛最深刻的社会变革；开创了建设有中国特色社会主义事业，为实现中华民族的伟大复兴开创了正确道路；建立了人民民主专政的国家政权，人民掌握了自己的命运；建立了独立的和比较完整的国民经济体系，经济实力和综合国力显著增强；不断发展社会主义文化，全国人民的精神生活日益丰富；彻底结束了旧中国一盘散沙的局面，实现了国家的高度统一和各民族的空前团结；锻造了一支党绝对领导下的人民军队，建立起巩固的国防；坚持独立自主的和平外交政策，为世界和平和发展的崇高事业作出了重要贡献。江泽民指出，为了完成继续推进现代化建设，完成祖国统一大业，维护世界和平与促进共同发展这新世纪我党肩负的三大历史任务，必须坚定不移地贯彻落实“三个代表”要求。他强调，改革开放以来，我国的社会阶层构成发生了新的变化，出现了民营科技企业的创业人员和技术人员、受聘于外资企业的技术人员、个体户、私营企业主、中介组织的从业人员、自由职业人员等社会阶层。他们也是有中国特色社会主义事业的建设者。

460. 北京获得第 29 届奥运会主办权

2001 年 7 月 13 日，在莫斯科召开的国际奥委会第 112 次全体会议上，北京在第二轮投票中，以 56 票超过半数的优势，获得 2008 年第 29 届夏季奥运会主办权。这是中国历史上首次获得奥运会主办权。消息传来，全国亿万人民兴高采烈。当晚，北京 40 万群众自发到天安门广场欢庆申奥成功，用排山倒海般的欢呼抒发中国人民的自豪和喜悦。党和国家领导人在北京中华世纪坛和天安门广场，与各界群众共同庆祝这一中华民族历史上的荣耀时刻。

461. 庆祝西藏和平解放 50 周年

2001 年 7 月 19 日，庆祝西藏和平解放 50 周年大会在拉萨隆重举行。中共中央政治局常委、国家副主席、中央军委副主席胡锦涛率中央代表团出席大会，胡锦涛向西藏自治区赠送金匾并发表讲话，中共中央、全国人大常委会、国务院、全国政协、中央军委发出贺电。前一天，胡锦涛代表中央人民政府向西藏自治区赠送了“民族团结宝鼎”，江泽民为宝鼎题写鼎名。中央代表团同西藏人民一起，参加了一系列庆祝活动。

462. 纪念辛亥革命 90 周年

2001 年 10 月 9 日，北京举行辛亥革命 90 周年纪念大会。江泽民出席大会并讲话。他说，辛亥革命在中国近代历史发展中占有重要地位，是中国人民为改变自己命运而奋起革命的一个伟大里程碑。中国共产党人是孙中山先生所开创事业的忠实继承者，始终把自己为之奋斗的事业视为辛亥革命的继续和发展。振兴中华，必须依靠整个中华民族的团结合作与共同奋斗。

463. 亚太经合组织会议在上海举行

2001 年 10 月 21 日，亚太经合组织领导人聚会上海，举行第九次非正式会议。这是中国第一次举办这样高级别的大型国际会议。江泽民主持会议并讲话，表示中国将以更积极的姿态参与区域及全球范围的经济技术合作，严格遵循国际通行的市场规则，实行公开、透明、平等的贸易投资政策，进一步推动全方位、多层次、宽领域的对外开放。会议通过了《领导人宣言》，发表了《亚太经合组织领导人反恐声明》。

464. 中国成功发射首颗导航定位卫星

2001 年 10 月 31 日，我国自行研制的第一颗导航定位卫星——北斗导航试验卫星发射升空，并准确进入预定轨道。这为我国“北斗导航系统”的建设奠定了基础。“北斗导航系统”是全天候、全天时提供卫星导航信息的区域导航系统，建成后主要为公路交通、铁路运输、海上作业等领域提供导航服务。2007 年 4 月 14 日，第二颗北斗导航卫星成功发射，我国正式独立自主建设我国第二代卫星导航系统。2017 年 11 月 5 日，北斗三号两颗组网卫星以“一箭双星”方式发射成功，标志北斗全球组网开始。这是和美国全球定位系统、俄罗斯斯格洛纳斯系统、欧洲伽利略系统并列的全球卫星导航系统。它为世界增加了“中国眼”，成为“中国的指路人”。

465. 中国加入世界贸易组织

2001 年 11 月 10 日，在历经 15 年的艰苦谈判后，世界贸易组织第四届部长级会议在多哈以全体协商一致的方式，审议并通过了中国加入世界贸易组织的法律文件。具有 13 亿人口的中国被接纳为世贸组织的第 143 个成员，使该组织向真正成为全球性贸易组织迈出一大步。中国正式成为世界贸易组织成员，标志着中国对外开放从此也进入一个新的阶段。

2002年

466. 退耕还林工程启动

2002年1月10日，国务院西部开发办公室召开退耕还林工作电视电话会议，确定在过去两年试点工作的基础上，全面启动退耕还林工程。4月11日，国务院发出《关于进一步完善退耕还林政策措施的若干意见》。12月14日，国务院发布《退耕还林条例》。退耕还林工程给我国增添了片片绿色，使我国环境保护得到进一步改善。

467. "神舟"三号飞船飞行成功

2002年3月25日，我国研制的"神舟"三号飞船在酒泉卫星发射中心升空并成功进入预定轨道。江泽民亲临现场并讲话。4月1日，"神舟"三号飞船在完成空间科学和技术实验任务后，准确降落在预定地区。

468. 全国最低生活保障体系形成

2002年7月19日，民政部宣布，中国1930.8万符合低保条件的城市困难居民已被全部纳入最低生活保障体系，中国首次在全国城市范围内实现"应保尽保"。城市最低生活保障是社会保障的最后一道防线。这项制度从1997年开始建立，是中国民生建设的一个重要工程，是新中国的一项"民心工程"。

469. 中国国内生产总值11年增长近两倍

2002年10月16日，国家统计局发言人指出：1990年至2001年，我国国内生产总值增长近两倍，上升到世界第6位；年均增长9.3%，高于同期世界3.2%的平均增长速度。2001年进出口贸易总额为5098亿美元，居世界第6位；外汇储备2500多亿美元，居世界第2位。

470. 中共十六大召开

2002年11月8—14日，中国共产党第十六次全国代表大会在北京举行。大会正式代表2114人，代表全党6500多万党员。江泽民代表第十五届中央委员会作《全面建设小康社会，开创中国特色社会主义事业新局面》的报告，提出要在21世纪头20年，全面建设惠及十几亿人的更高水平的小康社会，使经济更加发展，民主更加健全，科教更加进步，文化更加繁荣，社会更加和谐，人民生活更加殷实。报告指出：贯彻“三个代表”重要思想，关键在坚持与时俱进，核心在坚持党的先进性，本质在坚持执政为民。大会选出新一届中央委员会和纪律检查委员会。通过关于党章修正案的决议。新党章明确规定：中国共产党是中国工人阶级的先锋队，同时是中国人民和中华民族的先锋队，是中国特色社会主义事业的领导核心，代表中国先进生产力的发展要求，代表中国先进文化的前进方向，代表中国最广大人民的根本利益。11月15日，十六届一中全会在北京举行，选举政治局委员24人，候补委员1人。选举胡锦涛、吴邦国、温家宝、贾庆林、曾庆红、黄菊、吴官正、李长春、罗干为政治局常委；胡锦涛为中央委员会总书记。决定江泽民为中央军事委员会主席，批准吴官正为中央纪律检查委员会书记。

471. 上海成为2010年世博会主办城市

2002年12月2—3日，国际展览局第132次大会在摩纳哥蒙特卡洛召开。中国上海在第四轮投票中赢得54票，以88%的得票率胜出，成为2010年世界博览会的主办城市。这是国际展览局成立150多年来首次决定在发展中国家举办世博会。这是中国继成功申办奥运会后的又一胜利，表明中国国际影响的进一步扩大和国际地位的进一步提高。

472. 南水北调工程开工

2002年12月27日，南水北调工程开工典礼在北京人民大会堂和江苏省、山东省施工现场同时举行。2013年11月15日，南水北调东线一期工程正式通水运行。2003年，南水北调中线工程正式启动。2014年12月12日，南水北调中线一期工程正式通水。

473. 上海磁浮线通车

2002年12月31日，上海磁浮示范运营线举行通车典礼。这是中国第一条高速列车运营线，也是世界第一条商业化运营的高速磁浮交通系统。上海磁浮线于2006年4月26日投入正式运营。

2003年

474. 十届全国人大一次会议举行

2003年3月5—18日，十届全国人大一次会议在北京举行。国务院总理朱镕基作《政府工作报告》。会议选举胡锦涛为国家主席，江泽民为中华人民共和国军事委员会主席，曾庆红为国家副主席，吴邦国为十届人大常务委员会委员长；决定温家宝为国务院总理。根据大会审议的《国务院机构改革方案》，3月19日，国务院常务会议决定，设立国务院国有资产监督管理委员会、中国银行业监督管理委员会、组建国家食品药品监督管理局，将国家安全生产监督管理局由原来部委管理的国家局改为国务院直属机构。在之前召开的全国政协十届一次会议上，贾庆林当选为全国政协主席。

475. 抗击“非典”

2003年春，非典型肺炎疾病在中国大地上肆虐。在疫情蔓延之际，4月14日，胡锦涛考察广东省疾病防疫控制中心，指出，要把防治非典型肺炎的工作，作为关系改革发展稳定大局、关系人民群众身体健康和生命安全的一件大事，切实抓紧抓好。5月6日，国务院召开全国农村“非典”防治工作电视电话会议，温家宝提出9项措施，包括：加强疫情监测，建立救治机构，实行“三就地”原则，切断疫情传播渠道，对农民患者一律实行免费医疗，实行地区和部门联防联控等。经过全国上下的群防群控，6月24日，世界卫生组织官员在北京郑重宣布，从即日起，解除对北京的旅行警告，把北京从“非典”疫区名单中删除。中国抗击“非典”斗争获得阶段性胜利。7月28日，全国防治“非典”工作会议在北京召开，胡锦涛在会上讲话指出：通过抗击“非典”斗争，我们更深刻地认识到，党的领导是我们推进事业发展、战胜前进道路上各种艰难险阻的关键。抗击“非典”斗争的胜利，使新中国经受住了史上最大一次公共卫生突发事件的考验。

476. 胡锦涛提出“科学发展观”

2003 年 8 月 29 日—9 月 1 日，胡锦涛在江西考察工作时明确使用“科学发展观”概念，提出要牢固树立协调发展、全面发展、可持续发展的科学发展观。2004 年 2 月 23 日，胡锦涛在中央政治局会议上又要求各级党委和政府要紧紧抓住发展这个第一要务，坚持科学发展观，更加注重搞好宏观调控，更加注重统筹兼顾，更加注重以人为本，更加注重改革创新，基本阐明了科学发展观的重要内涵。在 2007 年党的十七大上，科学发展观被写入党章，成为全党的指导思想之一。

477. 中共十六届三中全会召开

2003 年 10 月 11—14 日，中共十六届三中全会在北京举行。全会审议通过了《中共中央关于完善社会主义市场经济体制若干问题的决定》，提出，要按照统筹城乡发展、统筹区域发展、统筹经济社会发展、统筹人与自然和谐发展、统筹国内发展和对外开放的要求，更大程度地发挥市场在资源配置中的基础性作用，为全面建设小康社会提供强有力的体制保障。全会还审议通过了《中共中央关于修改宪法部分内容的建议》，建议将“公民的合法的私有财产不受侵犯”“国家依照法规规定保护公民的私有财产权和继承权”“国家尊重和保障人权”等内容写入宪法。

478. 中国宇航员首次升上太空

2003 年 10 月 15 日，我国第一艘载人飞船“神舟”五号载人飞船成功升空，宇航员杨利伟首次进入太空飞行，实现了中国人的航天梦。16 日，飞船成功着陆，返回舱完好无损，航天员自主出舱，标志着具有中国特色的载人航天体系初步建成。中国继苏联和美国之后，成为世界上第三个独立掌握载人航天技术的国家。载人飞天成功，是中国人民自强不息的又一非凡壮举。

479. 促进农民增收

2003年12月31日，中共中央、国务院颁布《关于促进农民增加收入若干政策的意见》，提出要坚持“多予、少取、放活”的方针，调整农业结构，扩大农民就业，加快科技进步，深化农村改革，增加农业投入，强化对农业支持保护，力争实现农民收入较快增长。决定2004年降低农业税率1个百分点，取消除烟叶外的农业特产税、实行粮食直补、良种补贴和大型农机具购置补贴。这些惠民政策，有力地促进了农民增收。2004年2月8日，这个《意见》作为中共中央2004年一号文件公开发表。这是改革开放以来，继1982年至1986年中共中央关于“三农”问题连续5个“一号文件”之后的第六个“一号文件”。

2004年

480. 推进资本市场改革开放和稳定发展

2004 年 1 月 31 日，国务院发布《关于推进资本市场改革开放和稳定发展的若干意见》，提出要扩大直接融资、完善现代市场体系、更大程度地发挥市场在资源配置中的基础性作用，建设透明高效、结构合理、机制健全、功能完善、运行安全的资本市场。此前，国务院决定中国银行和中国建设银行实施股份制改造试点，动用 450 亿美元国家外汇储备等为其补充资本金。

481. 降低和免征农业税

2004 年 3 月 23 日，国务院召开全国农业和粮食工作会议，部署 2004 年在黑龙江、吉林两省先行免征农业税改革试点，在河北等 12 个粮食主产省（区）降低农业税税率 1 个百分点，沿海及其他有条件的地区也可以进行免征农业税试点。同时对重点粮食品种实行最低收购价。2005 年 12 月 29 日，十届全国人大常委会第 19 次会议决定，自 2006 年 1 月 1 日起，废止《中华人民共和国农业税条例》。降低和免征农业税，并对重点粮食实行最低收购价，是对农业的又一次解放和促进，为农民增收提供了具体的政策保障。特别是免征农业税，结束了在中国实行了两千多年的土地税历史，两千多年来，中国农民第一次享受到种田国家不收税的优惠和支持。这是新中国继土地改革以后对农民实行的又一重大德政。

482. 东北等老工业基地振兴战略实施

2004 年 3 月 23 日，新成立的国务院振兴东北地区等老工业基地领导小组举行第一次会议，温家宝主持会议并讲话。会议提出了实施东北地区等老工业基地振兴战略和当年要抓好的 4 个方面的重点工作。5 月 14—16 日，胡锦涛赴吉林重点考察东北地区老工业基地。

483.《泛珠三角区域合作框架协议》签署

2004 年 6 月 3 日，泛珠三角区域的 9 省区政府行政首长和香港、澳门两个特别行政区行政长官在广州签署《泛珠三角区域合作框架协议》，标志着我国境内最大规模的区域经济合作正式启动。简称“9+2”的“泛珠三角”，包括广东、广西、海南、云南、贵州、四川、湖南、江西、福建 9 个省区，以及香港、澳门两个特别行政区。

484. 公安防暴队伍首次成建制参加联合国维和行动

2004 年 6 月 4 日，中国政府决定下半年向联合国海地任务区派遣一支 125 人左右的维和警察防暴队伍。这是中国政府应联合国请求，首次派遣成建制公安防暴队伍参与联合国维和行动。自 1990 年中国人民解放军选派 5 名军官到中东联合国停战监督组织担任军事观察员，到 2009 年 6 月，我国先后参加了 18 项联合国维和行动，派出维和军事人员 12753 人次，出色完成了各项任务。

485.《行政许可法》实施

2004 年 7 月 1 日，《行政许可法》开始实施。该法规定，公民、法人或者其他组织对行政机关实施行政许可法，享有陈述权、申辩权；有权依法申请行政复议或者提起行政诉讼；其合法权益因行政机关违法实施行政许可法受到损害的，有权依法要求赔偿。该法的实施，进一步促进了政府依法行政，进一步保障了公民权益。

486. 中国奥运会成绩实现历史性突破

2004年8月13—29日，中国代表团参加在希腊雅典举行的第28届奥运会。奥运健儿各显身手，共夺得32枚金牌，名列金牌总数第二名，实现新的历史性突破，取得中国代表团参加奥运会以来的最好成绩。飞人刘翔获男子110米栏冠军，成为第一个获得奥运田径短跑项目的中国人。五星红旗一次次在雅典升起，全世界炎黄子孙共同感受到祖国的荣耀。

487. 中国“绿卡”制度诞生

2004年8月15日，中国公安部和外交部颁布并实施《外国人在中国永久居留审批管理办法》，标志着中国“绿卡”制度从此诞生。这是中国政府适应全球化的形势，规范外国人在中国永久居留制度的一项重大措施。

488. 纪念邓小平诞辰100周年

2004年8月22日，中共中央、全国人大常委会、国务院、全国政协、中央军委在人民大会堂举行大会，纪念邓小平诞辰100周年。胡锦涛发表讲话，系统回顾邓小平为中国人民不懈奋斗的光辉一生，深切缅怀邓小平为民族独立、人民解放和国家富强、人民幸福建立的不朽功勋，全面总结邓小平的崇高品德、博大胸怀、卓越胆识和革命风格，强调邓小平理论和“三个代表”重要思想是指引我们前进的旗帜，号召全党全国各族人民不断把中国特色社会主义事业推向前进。

489. 中共十六届四中全会召开

2004年9月16—19日，中共十六届四中全会在北京召开。全会通过的《中共中央关于加强党的执政能力建设的决定》，明确提出了加强执政能力建设的指导思想、总体目标和主要任务。全会审议决定同意江泽民辞去中共中央军事委员会主席职务，调整充实中共中央军事委员会组成人员，胡锦涛任中共中央军事委员会主席。

490. 非公有制经济人士首次受国家表彰

2004 年 12 月 24 日，100 名非公有制经济人士在北京被授予“优秀中国特色社会主义事业建设者”称号。全国政协主席贾庆林会见表彰大会代表。这是中国首次对为改革开放和现代化建设作出贡献的非公有制经济人士进行表彰。

491. 西气东输工程全线建成

2004 年 12 月 30 日，西气东输工程全线建成并正式运营。该工程于 2002 年 7 月 4 日举行开工典礼，西起新疆轮南，东至上海，全长 4000 公里，设计年输气量 120 亿立方米。

2005年

492. 保持共产党员先进性教育活动开展

2005 年 1 月 5—6 日，中共中央在北京举行保持共产党员先进性教育工作会议。从 2005 年 1 月开始，中共中央在全党开展保持共产党员先进性教育活动，用一年半左右时间，分三批对全体党员进行一次集中教育，每批为期半年。活动使全体共产党员普遍受到了先进性教育，中国共产党的先进性在新时期得到继续保持和新的发展。

493. 加强中国共产党领导的多党合作和政治协商制度

2005 年 1 月 24 日，中共中央政治局召开会议，研究加强中国共产党领导的多党合作和政治协商制度建设问题。2 月 18 日，中共中央印发《关于进一步加强中国共产党领导的多党合作和政治协商制度建设的意见》。这是继1989年以后，中国共产党历史上第二个关于多党合作和政治协商制度的文件，促进了新中国这一基本政治制度更加稳定和完善。

494. 鼓励支持和引导非公有制经济发展

2005 年 2 月 19 日，国务院发布《关于鼓励支持和引导非公有制经济发展的若干意见》，规定，放宽非公有制经济市场准入；加大对非公有制经济的财税金融支持；完善对非公有制经济的社会服务；改进政府对非公有制企业的监管；加强对发展非公有制经济的指导和政策协调。这一文件的发布，促进了非公有制经济的进一步健康发展。

495. 全国侨务工作会议召开

2005 年 2 月 27—28 日，全国侨务工作会议在北京召开。胡锦涛会见与会代表并讲话，要求各级党委政府把侨务工作摆上重要议事日程，及时研究解决涉侨工作的重大问题，始终把维护海外侨胞和归侨侨眷的根本利益作为侨务工作的出发点和落脚点，加大侨务工作的投入，为开展侨务工作提供必要的保障。会议对于进一步做好侨务工作，凝聚海内外中华儿女的力量共同振兴中华起到促进作用。

496. 全国政协十届三次会议和十届全国人大三次会议召开

2005 年 3 月 3—14 日，全国政协十届三次会议和十届全国人大三次会议先后在北京召开。胡锦涛在参加政协会议民革、民盟、台联界委员联组讨论时，就新形势下发展两岸关系提出了 4 点意见：坚持一个中国原则决不动摇；争取和平统一的努力决不放弃；贯彻寄希望于台湾人民的方针决不改变；反对“台独”分裂活动决不妥协。十届全国人大三次会议通过了《反分裂国家法》。会议选举胡锦涛为中华人民共和国中央军事委员会主席。

497. 60 年来国共两党最高领导人首次正式会谈

2005 年 4 月 26 日—5 月 3 日，中国国民党主席连战应中共中央总书记胡锦涛邀请，率团从台湾到大陆南京、北京、西安、上海参观访问。4 月 29 日，胡锦涛与连战在北京举行正式会谈。这是自 1945 年毛泽东赴重庆谈判以后，国共两党最高领导人第一次相互握手，共同会谈。会后双方共同发布《两岸和平发展共同愿景》。5 月 12 日和 7 月 12 日，胡锦涛又在北京先后会见了应邀到访的亲民党主席宋楚瑜和新党主席郁慕明。两岸之间的关系发展进入了一个新阶段。

498.《财富》全球论坛在北京开幕

2005年5月16日，《财富》全球论坛在北京开幕。这是该论坛首次在中国举行。这是中国经济发展受到举世瞩目的一个重要标志。国家主席胡锦涛出席开幕式并演讲。在会见世界500强部分企业负责人时，胡锦涛强调，中国坚定不移地实行对外开放的基本国策，在更大范围参与国际经济技术合作和竞争。

499. 十大重点节能工程启动

2005年5月31日，新华社报道，国家发展和改革委员会启动节约和替代石油十大重点节能工程。这十大工程的实施，将使我国在“十一五”期间节约2.4亿吨标准煤。6月30日，国务院召开全国做好建设节约型社会近期重点工作电视电话会议，温家宝总理讲话。会后，国务院发出通知，提出了加强节约资源的体制机制和法制建设等7个方面的措施。建设节约型社会，有利于我国现代化的持续发展，有利于我国的国家安全和人民群众根本利益，有利于中华民族的生存和长远发展。

500. 开始实行人民币浮动汇率制度

2005年7月21日，中国人民银行发布公告，为完善人民币汇率形成机制改革，宣布从当日起，我国开始实行以市场供求为基础、参考一篮子货币进行调节、有管理的浮动汇率制度。自此，人民币汇率形成更富弹性、更适应市场情况的汇率机制。

501. 两名航天员同时上太空

2005年10月12—17日，我国自主研制的“神舟”六号载人航天飞船按计划返回地面，航天飞行获得圆满成功，我国第一次把两名航天员同时送上太空，标志着我国的载人航天技术和有人参与的空间实验活动又进入一个新里程。11 月 26 日，中共中央、国务院、中央军委在北京举行庆祝大会，胡锦涛讲话强调要大力弘扬“载人航天精神”。

502. 推进社会主义新农村建设

2005 年 12 月 28—29 日，中央农村工作会议在北京召开。会议讨论了《中共中央、国务院关于推进新农村建设的若干意见（讨论稿）》，于 2006 年 12 月 31 日正式发布。会议强调，必须按照“生产发展、生活宽裕、乡风文明、村容整洁、管理民主”的要求，全面推进新农村的建设。会议确定的 6 方面重点措施，有力地推进了全国的社会主义新农村建设。

2006年

503. 中国对非洲关系进入新阶段

2006年1月12日，我国政府正式发表《中国对非洲政策文件》。这是中国政府首次发表对非洲政策文件。文件提出，中国政府致力于建立和发展中非间政治上平等互信、经济上合作共赢、文化上交流互鉴的新型战略伙伴关系。11月4—5日，中非合作论坛峰会又在北京举行，48个非洲国家的元首、政府首脑等及国际组织代表出席论坛。胡锦涛在论坛上讲话指出：中国永远是促进非洲和平稳定、帮助非洲发展繁荣、支持非洲积极参与国际事务的可靠伙伴。会议通过了《中非合作论坛北京峰会宣言》，郑重宣示建立和发展中非新型战略伙伴关系。论坛期间，还举行了中非领导人与工商界代表高层对话暨第二届中非企业家大会，温家宝总理发表了主旨讲演。会上正式成立了中国—非洲联合工商会。中国与非洲关系自此进入一个新的发展阶段。

504. 解决农民工问题

2006年1月31日，国务院发出《关于解决农民工问题的若干意见》，提出逐步建立城乡统一的劳动力市场和公平竞争的就业制度，保障农民工合法权益的政策体系和执法监督机制，惠及农民工的城乡公共服务体制和制度。这些政策制度的实行，对解决农民工问题、促进城乡的发展和稳定起到保障作用。

505. 加快振兴装备制造业

2006年2月13日，国务院印发《关于加快振兴装备制造业的若干意见》。指出，大力振兴装备制造业，是树立和落实科学发展观，走新型工业化道路，实现国民经济可持续发展的战略举措。这一举措，进一步提高了中国装备制造业和实体经济的水平，提高了“中国制造”在世界上的竞争力和影响力，为中国成为“制造强国”打下了坚实基础。

506. 两岸举行经贸论坛

2006 年 4 月 14—15 日，两岸经贸论坛在北京举行。中共中央政治局常委、全国政协主席贾庆林和中国国民党荣誉主席连战分别在论坛上演讲。论坛形成了《共同建议》。大陆宣布采取惠及台湾同胞的 15 项政策措施，促进两岸交流合作。4 月 16 日，胡锦涛会见连战，提出推动两岸关系和平发展的 4 点建议。

507. 促进中部地区崛起

2006 年 4 月 15 日，中共中央、国务院发出《关于促进中部地区崛起的若干意见》，要求把中部地区建设成为重要的粮食生产基地、现代装备制造及高技术产业基地和综合交通运输枢纽，使中部地区在发挥承东启西和产业发展优势中崛起。促进中部地区崛起是我国区域经济发展中的又一重要战略。

508. 青藏铁路通车

2006 年 7 月 1 日，青藏铁路通车庆祝大会在青海格尔木市和西藏拉萨市同时举行。青藏铁路西宁至拉萨全长 1956 公里，其中，西宁至格尔木段 814 公里已于 1984 年投入运营。格尔木至拉萨段于 2001 年 6 月开工修建，全长 1142 公里，其中 960 公里在海拔 4000 米以上，最高点海拔 5072 米，有 550 公里是连续多年冻土地段，地质条件极为复杂。这条铁路号称“天路”，是世界铁路建设史上最具有挑战性的工程项目。它的通车，结束了西藏不通火车的历史，对于促进西藏发展具有重要意义。

509. 改革公务员工资制度

2006年7月6日，新华社报道，党中央、国务院决定改革公务员工资制度，规范公务员收入分配秩序；同时，改革和完善事业单位工作人员收入分配制度，合理调整机关事业单位离退休人员待遇，完善机关工人工资制度，适当提高企业离退休人员基本养老金标准和各类优抚对象抚恤补助标准以及城市低保对象补助水平。这一收入分配制度的改革，进一步理顺了分配关系，完善了分配制度，促进了社会和谐与稳定。

510. 加强土地调控

2006年8月31日，国务院发出《关于加强土地调控有关问题的通知》，要求进一步明确土地管理和保护的责任，切实保障被征地农民的长远生计，规范土地出让收支管理，建立工业用地出让最低价标准统一公布制，禁止擅自将农用地转为建设用地，严惩土地违法违规行为。通知的下发，进一步规范了土地使用，保障了耕地面积和被征地农民的利益。

511. 中共十六届六中全会召开

2006年10月8—11日，中共十六届六中全会在北京召开。全会审议并通过了《中共中央关于构建社会主义和谐社会若干重大问题的决定》，提出到2020年构建社会主义和谐社会的目标和主要任务。指出，社会和谐是中国特色社会主义的本质属性，强调推动社会建设与经济建设、政治建设、文化建设协调发展。全会对于实现全面建设惠及十几亿人口的更高水平小康社会的目标，形成全体人民各尽其能、各得其所而又和谐相处的局面，具有重要意义。

512. 首次中美战略经济对话举行

2006年12月14—15日，首次中美战略经济对话在北京举行。中美双方围绕“中国的发展道路和中国经济发展战略”的主题进行了深入讨论，并就一些具体问题达成共识。这一中美双方的高层人士的互相对话以后每年在中美双方举行，加强了中美双方的互相了解，促进了当今世界两个最重要国家间的关系稳定发展。

2007年

513. 歼 –10 战斗机公开亮相

2007 年 1 月 5 日，中国自行研制的第三代多用途战斗机歼 –10 公开亮相。歼 –10 战斗机的使用，增强了我军的战斗力和我国的国防能力，标志着我国已成为世界上第四个能同时自主研发先进战斗机、航空发动机和导弹的国家，缩短了与发达国家的差距。

514. 海军首次参加海上多国联合军演

2007 年 3 月 5 日，中国人民解放军海军舰艇编队抵达巴基斯坦南部港口城市卡拉奇，参加代号为“和平 –07”的海上多国联合军事演习。这是中国海军首次参加海上多国联合军演。

515.《物权法》通过

2007 年 3 月 5—16 日，十届全国人大五次会议在北京召开。会议表决通过了《中华人民共和国物权法》，强调国家保障一切产权主体的平等法律地位和发展权利；国家、集体、私人的物权和其他权利人的物权受法律保护，任何单位和个人不得侵犯。《物权法》的通过，进一步调整、规范了我国的物权关系，增强了社会稳定。

516. 推进户籍管理制度改革

2007 年 3 月 29—30 日，在北京召开的全国治安管理工作会议提出，我国将大力推进以建立城乡统一的户口登记制度为重点的户籍管理制度改革，逐步取消农业户口、非农业户口的二元户口性质，实现公民身份平等。户籍制度的改革，有利于促进社会公平和稳定，促进城乡发展，也有利于城乡差别和工农差别的缩小。

517. 能源开发连传喜讯

2007 年 5 月 3 日，中国石油天然气集团公司宣布，在渤海湾滩海地区，发现了一个储存量达 10 亿吨的冀东南堡油田。这一大油田的发现，是中国能源开发一大喜讯。6 月 1 日，《人民日报》再传捷报：截至 5 月底，西气东输塔里木油田首批“一大五中”6 个气田已全部建成，可稳定向东部地区供气 30 年。6 月 5 日，《人民日报》又报道：我国在南海北部钻获天然气水合物实物样品“可燃冰”，成为继美国、日本、印度之后世界上第四个通过国家级研发计划采到水合物实物样品的国家。“可燃冰”这种新能源的发现，为我国能源开发利用展示了美好的前景。

518. 世界最大跨海大桥——杭州湾跨海大桥建成

2007 年 6 月 26 日，杭州湾跨海大桥正式贯通。杭州湾跨海大桥于 2007 年 6 月动工兴建，北起嘉兴市海盐，南到宁波市慈溪，全长 36 公里，在杭州湾上架起了一道彩虹。这是此时世界上在建和已建的最长的跨海大桥，是中国桥梁建设史上的一个里程碑式建筑。

519. 庆祝香港回归祖国十周年

2007 年 7 月 1 日，庆祝香港回归祖国 10 周年大会暨香港特别行政区第三届政府就职典礼在香港举行。国家主席胡锦涛出席并发表讲话，赞扬香港回归祖国 10 年来的巨大成绩，指出：中央政府关于香港大政方针的宗旨，就是为了香港好、为了香港明天更好，就是为了香港同胞好、为了香港同胞明天更好。在新的历史起点上，广大香港同胞同祖国人民心连心、肩并肩，一定能够创造香港发展的新辉煌，一定能够为实现中华民族的伟大复兴作出新贡献。他强调，“一国两制”是完整的概念。“一国”就是要维护中央依法享有的权力，维护国家主权、统一、安全。“两制”就是要保障香港特别行政区依法享有的高度自治权，支持行政长官和特别行政区政府依法施政。

520. 加强应对气候变化及节能减排

2007 年 7 月 9 日，新成立的国家应对气候变化及节能减排工作领导小组在北京召开了第一次会议，温家宝主持会议并讲话，要求从全局和战略的高度，充分认识加强节能减排和应对气候变化工作的极端重要性和紧迫性，下更大的决心、用更大的气力、采取更有力的措施，切实把这方面工作抓紧做好。6 月 3 日，国务院印发《关于应对气候变化国家方案》。这是中国第一部应对气候变化的全面政策性文件，也是发展中国家颁布的第一部应对气候变化的国家方案。这标志着应对气候变化已列入我国政府的重要日程。为了实施这一方案，9 月 1 日，中央 17 个部门联合举办的“节能减排全民行动”系列活动在北京启动。

521. 建立城镇居民基本医疗保险制度

2007 年 7 月 10 日，国务院发布《关于城镇居民基本医疗保险试点的指导意见》，决定从本年起开展城镇居民基本医疗保险试点，2010 年在全国全面推开。建立城镇居民基本医疗保险制度，是我国继建立城镇职工基本医疗保险制度和新型农村合作医疗制度之后，在保障民生方面的又一重大举措。为做好这项工作，7 月 23—24 日，在北京召开了全国城镇居民基本医疗保险试点工作会议。

522. 建立农村最低生活保障制度

2007 年 7 月 11 日，国务院发出《关于在全国建立农村最低生活保障制度的通知》，提出 2007 年在全国建立农村最低生活保障，要求将符合条件的农村贫困人口全部纳入保障范围。至此，全国 31 个省、区、市都已建立农村最低生活保障制度，覆盖 2068 万人。这标志着我国社会保障体系建设正向着统筹城乡的方向发展，“全民低保”进入攻坚阶段。

523. 解决城市低收入家庭住房困难

2007 年 8 月 7 日，国务院发出《关于解决城市低收入家庭住房困难的若干意见》，要求以城市低收入家庭为对象，进一步建立健全城市廉租住房制度，改进和规范经济适用住房制度，加大棚户区、住宅区改造力度。这使我国的城市低收入群体也获得了住房保障。

524. 中国步入中等收入国家行列

2007 年 9 月 18 日，国家统计局发布报告称：党的十六大以来，我国国民经济不仅增长速度快，而且持续时间长，稳定性好。2003—2006 年国内生产总值年均增长 10.4%。2006 年国内生产总值由 2002 年 12 万亿多元，增长至 21 万亿多元，在世界的位置由第六位跃居第四位。2006 年人均国民收入由 2002 年的超过 1000 美元上升到超过 2000 美元，在世界的位次也由第 132 位上升到第 129 位。按照世界银行的划分标准，我国已经由低收入国家步入中等收入国家的行列。

525. 中共十七大召开

2007 年 10 月 15—21 日，中国共产党第十七次全国代表大会在北京举行。大会出席代表 2237 人，代表全党 7300 多万党员。胡锦涛代表十六届中央委员会作了报告，科学回答了党在改革发展关键阶段举什么旗、走什么路、以什么样的精神状态、朝着什么样的发展目标继续前进等重大问题，对继续推进改革开放和社会主义现代化建设，实现全面建设小康社会的宏伟目标作出了全面部署。报告指出：科学发展观第一要义是发展，核心是以人为本，基本要求是全面协调可持续，根本方法是统筹兼顾。它是我国经济社会发展的重要指导方针，是发展中国特色社会主义必须坚持和贯彻的重大战略思想。大会选出了新一届中央委员会和中央纪律检查委员会，通过了关于《中国共产党章程（修正案）》的决议，一致同意将“科学发展观”写入党章。大会第一次把建设生态文明作为实现全面建设小康社会奋斗目标的新要求提出来。10月22日，中共十七届一中全会选举中央政治局委员25人，胡锦涛、吴邦国、温家宝、贾庆林、李长春、习近平、李克强、贺国强、周永康为中央政治局常委，胡锦涛为中央委员会总书记，决定胡锦涛为中央军事委员会主席，批准贺国强为中央纪律检查委员会书记。

526. 第一颗月球探测卫星“嫦娥一号”发射

2007年10月24日，我国自主研制的第一颗月球探测卫星“嫦娥一号”在西昌卫星发射中心成功发射，这是我国实施绕月探测工程迈出的重要一步，标志着中国已开始向月球探出脚步，中华民族几千年的奔月梦想一朝实现。11月26日，“嫦娥一号”传回第一张月面图片，表明我国首次探月取得圆满成功。12月12日中共中央、国务院和中央军委在北京举行庆祝大会，胡锦涛讲话赞扬我国首次月球探测工程的成功实施，进一步显示和提高了我国的经济实力、科技实力和民族凝聚力，极大地激发了全体中华儿女的爱国热情。

527. “五纵七横”国道主干线基本贯通

2007年底，我国规划建设的以高速公路为主的公路网主骨架“五纵七横”国道主干线基本贯通，总里程约3.5万公里。交通的高速度带来了国民经济发展的高速度，带来了国民时间概念、空间概念的大变化，带来了社会的高效率。高速公路的建设为我国经济社会的更好发展打下了新的基础。

2008年

528. 杭甬运河全线建成

2008 年 1 月 3 日，《人民日报》报道，跨越钱塘江、曹娥江、甬江三大水系的杭甬运河全线建成。至此，有着一千多年历史的京杭大运河，从杭州向东延伸到了宁波，延长了 239 公里。大运河首次实现了“通江达海”。千年悠久古工程，在新中国又续写了时代新篇章。

529. 广西北部湾经济区发展规划实施

2008 年 1 月 16 日，《广西北部湾经济区发展规划》经国家批准实施。广西北部湾经济区以面向东盟合作和服务带动西南、华南和中南为支点，以构建国际大通道和“三基地一中心”为核心内容，是一个可以带动和支撑西部大开发的战略高地和重要国际区域经济合作区。建设广西北部湾经济区，是党中央、国务院深入全面实施西部大开发战略、完善区域经济布局、促进全国区域协调发展和开放合作而作出的重大决策，将进一步促进我国同东南亚地区的经济合作与发展。

530. 十一届全国人大一次会议召开

2008 年 3 月 5—18 日，第十一届全国人民代表大会第一次会议在北京举行。会议批准了此前中共十七届二中全会通过的《国务院机构改革方案》。这次国务院机构改革的主要任务是，围绕转变政府职能和理顺部门职责关系，探索实行职能有机统一的大部门体制，合理配置宏观调控部门职能，加强能源管理机构，组建工业和信息化部、交通运输部、人力资源和社会保障部、环境保护部、住房和城乡建设部，把国家食品药品监督管理局改由卫生部管理。这次改革涉及调整变动的机构 15 个，正部级机构减少 4 个。改革后，除国务院办公厅外，国务院组成部门 27 个。会议选举胡锦涛为中华人民共和国主席、中央军事委员会主席，吴邦国为十一届全国人大常委会委员长，习近平为国家副主席；决定温家宝为国务院总理。此前，在 3 月 3—14 日举行的全国政协十一届一次会议上，贾庆林再次当选为全国政协主席。

531. 10 万大学生到村任职

2008 年 3 月 23 日，中央组织部等有关部门决定，从 2008 年开始，用 5 年时间选聘 10 万名高校毕业生到村任职。这对加强我国基层政权建设具有重要意义。3 月 20 日，中组部会同教育部、财政部、人力资源和社会保障部召开选聘高校毕业生到村任职工作座谈会。

532. 国产时速 350 公里的动车组下线

2008 年 4 月 11 日，《人民日报》报道，首列国产时速 350 公里 CRH3“和谐号”动车组在中国北车集团唐山轨道客车有限责任公司下线。这是我国铁路技术装备现代化的又一具有标志性意义的重大成果，我国开始步入世界上仅有的几个能够制造时速 350 公里高速铁路移动装备的国家行列。

533. 京沪高速铁路全线开工

2008 年 4 月 18 日，新中国成立以来到当时一次投资规模最大的建设项目——京沪高速铁路全线开工。京沪高速铁路北起北京南站，南到上海虹桥站，全长 1318 公里，是世界上一次建成线路最长、标准最高的高速铁路，我国交通建设开始进入领跑世界的新阶段。高速铁路建设，使我国经济社会发展继续行进在快车道上。到 2018 年底，我国高速铁路营业里程达 2.9 万多公里，连续 8 年居世界第一位。中国高铁的世界第一，将快速地把中国经济总量也推向世界第一。

534. 汶川抗震救灾取得重大胜利

2008年5月12日，四川汶川发生里氏8级特大地震，造成69227人遇难，17923人失踪，受灾群众1510万人。党中央、国务院在第一时间部署抗震救灾，党和国家领导人迅速奔赴灾区，指挥抗震救灾，慰问受灾群众，一批批人民解放军官兵，一批批各地组织的和自发组成的救灾人员到达灾区，展开了迅速有力的救援，一袋袋鲜血、一箱箱物资、一张张现金从全国各地、世界各地捐向灾区。历史罕见的大灾难，促成了全国空前一致的大救援。在党中央、国务院、中央军委的坚强领导下，在社会各界和全国人民的大力支援下，这场抗震救灾活动取得重大胜利，并成为中国历史上救援速度最快、动员范围最广、投入力量最大的救灾行动，充分体现了我国政治制度的优越性。10月8日，全国抗震救灾总结表彰大会在北京举行。胡锦涛在讲话中总结阐述了抗震救灾精神。

535. 推进集体林权制度改革

2008年6月8日，中共中央、国务院《关于全面推进集体林权制度改革的意见》下发，要求用5年左右时间，基本完成明晰产权、承包到户的集体林权制度改革，实行集体林地家庭承包经营制。《意见》明确规定，林地的承包期为70年，承包期届满可以按照国家有关规定继续承包。实行集体林地家庭承包经营，是继土地家庭承包经营以后实行的又一重大改革，将进一步发挥全国林农的积极性，并进一步提高十几亿亩林地的经济效益。

536. 大陆赴台旅游首发团抵台

2008年7月4日，大陆居民赴台旅游首发交流考察团及大陆居民赴台旅游首发团部分北京游客，乘国航周末包机抵达台湾桃园机场。至此，广州、厦门、南京、上海、北京这两岸用来包机的大陆5个航点的首航周末包机已全部安全抵达台湾，两岸交流史开始进入大陆居民可以赴台旅游，两岸人民可以扩大相互了解，两岸民心可以更紧地连在一起的新一页。

537. 北京第29届奥运会举行

2008年8月8—24日，以“同一个世界，同一个梦想”为口号的北京第29届奥林匹克运动会举行。这是奥运会第一次在中国这个占世界人口总数超过五分之一的国家举行。国家主席胡锦涛出席开幕式并宣布本届奥运会开幕。国际奥委会主席和很多国家的元首与政府首脑出席了开幕式，来自海峡对岸台湾的中国国民党主席吴伯雄等人也出席了开幕式。国际奥委会主席罗格在开幕式上致辞。世界目光集中中国，集中北京。共有204个国家和地区的代表团1万多名运动员参加本届奥运会。中国体育代表团共1099人，其中参赛选手639人，创中国历届奥运会参赛人数之最，也是本届奥运会参赛运动员最多的代表团。各国运动员在16天的比赛里，刷新了38项世界纪录和85项奥运会纪录，87个国家和地区获得奖牌，北京成为许多运动员的“巅峰之地”。中国体育代表团共取得51枚金牌、21枚银牌、28枚铜牌，第一次傲视群雄，名列奥运会金牌榜首，创造了中国体育代表团参加奥运会以来的最好成绩，中国体育代表团在中国把中国推上了体育强国的位置。出色的设施、出色的组织、出色的表演、出色的成绩，使这届奥运会成为一届美轮美奂、真正无与伦比的奥运会，中国在世界面前充分展示了它的文明、华美与强大，给了世界一个惊喜。

538. 中国人第一次在太空留下足迹

2008年9月25—28日，我国自行研制的“神舟”七号载人飞船在酒泉卫星发射中心发射升空并成功降落。27日，航天员翟志刚首度实施空间出舱活动，中国人第一次在茫茫太空留下自己的足迹。世界目光再一次聚集到中国人身上。这标志着中国已成为世界上第三个独立掌握空间出舱关键技术的国家。11月7日，中共中央、国务院和中央军委在人民大会堂隆重举行大会，庆祝“神舟”七号载人航天飞行取得圆满成功。

539. 应对国际金融危机

2008年10月7日，中共中央政治局常委会会议专题听取有关国际金融危机情况和应采取应对措施的汇报。9月，由2007年美国次贷危机引发的国际金融危机全面爆发。这次危机是美国20世纪30年代“大萧条”以来最为严重的一次金融危机，对国际金融秩序造成极大的冲击和破坏。11月5日，国务院召开常务会议，研究部署进一步扩大内需促进经济平稳较快增长的措施。12月8—10日，中央经济工作会议提出，必须把扩大内需作为保增长的根本途径，把加快发展方式转变和结构调整作为保增长的主攻方向，把深化重点领域和关键环节改革、提高对外开放水平作为保增长的强大动力，把改善民生作为保增长的出发点和落脚点。由于中央及时应对，中国在国际金融危机中没有受到大的冲击，仍然稳健地向前发展。

540. 两岸启动海上与空中直航及直接通邮

2008年12月15日，海峡两岸分别在北京、天津、上海、福州、深圳以及台北、高雄、基隆等城市同时举行海上直航、空中直航以及直接通邮的启动和庆祝仪式。两岸人民企盼多年的“三通”终于实现。

541. 纪念中共十一届三中全会召开30周年

2008年12月18日，是中国共产党十一届三中全会召开30周年，中共中央在北京举行纪念大会。胡锦涛发表讲话，高度评价党的十一届三中全会在党和国家发展历史上的重要地位和伟大意义，深刻总结了30年来党领导人民进行改革开放和社会主义现代化建设取得的伟大成就和宝贵经验，明确指出了继续推进改革开放伟大事业的前进方向，号召全党全军全国各族人民继续解放思想，坚持改革开放，推动科学发展，促进社会和谐。

542. 中国军舰赴亚丁湾护航

2008 年 12 月 26 日，中国人民解放军海军舰艇编队从海南三亚起航，赴亚丁湾、索马里海域执行护航任务。这是中国海军第一次组织海上作战力量赴海外履行国际人道主义任务、第一次在远海保护重要运输线安全。护航有力地保护了中国和其他国家的海上运输安全。

543. 纪念《告台湾同胞书》发表 30 周年

2008 年 12 月 31 日，纪念《告台湾同胞书》发表 30 周年座谈会在北京召开。胡锦涛发表讲话，提出推动两岸关系和平发展的六点主张：（一）恪守一个中国，增进政治互信；（二）推进社会合作，促进共同发展；（三）弘扬中华文化，加强精神纽带；（四）加强人员往来，扩大各界交流；（五）维护国家主权，协商涉外事务；（六）结束敌对状态，达成和平协议。这六点主张对两岸携手推进和平发展、同心实现中华民族伟大复兴具有重要意义。

2009年

544. 十大产业调整和振兴规划出台

2009年1月14日—2月25日，国务院常务会议共审议并原则通过钢铁业、汽车业、纺织业、船舶业、装备制造业、电子信息产业、轻工业、石化产业、物流业、有色金属等十大产业的调整和振兴规划。这是我国应对国际金融危机、促进经济平稳较快发展一揽子计划的重要组成部分。

545. 深化医疗卫生体制改革

2009年1月21日，温家宝总理主持国务院常务会议，审议并原则通过《关于深化医药卫生体制改革的意见》和《2009—2011年深化医药卫生体制改革实施方案》。这次深化医药卫生体制改革总体目标是建立健全覆盖城乡居民的基本医疗卫生制度，为群众提供安全、有效、方便、价廉的医疗卫生服务。这是党中央、国务院关注民生、切实解决人民群众看病难、看病贵问题的一个重要措施。3月17日，中共中央、国务院正式印发改革意见，提出实行政事分开、管办分开、医药分开、营利性和非营利性分开，建设覆盖城乡居民的基本医疗卫生制度。

546. 首次西藏百万农奴解放纪念日庆祝大会举行

2009年3月28日，西藏举行首次百万农奴解放纪念日庆祝大会。此前，在1月19日，西藏自治区九届人大二次会议通过决议，确定每年3月28日为西藏百万农奴解放纪念日。

547. 中国社会保障事业取得巨大成绩

2009 年 5 月 16 日，《2008 年度人力资源和社会保障事业发展统计公报》发布。至 2008 年末，全国就业人员 77480 万人；全年全国城镇单位在岗职工平均工资 29229 元；全国参加城镇基本养老保险 21891 万人，参加农村养老保障人数为 5595 万人，全年共有 512 万农民领取了养老金；全国参加城镇基本医疗保险 31822 万人，参加事业保险 12400 万人，参加工伤保险 13787 万人，参加生育保险 9254 万人。另外，到 2008 年底，全国共有 1110.5 万户、2334.8 万城市居民得到最低生活保障，1982.2 万户、4305.5 万农民得到农村最低生活保障。

548. 中国大陆第一条海底隧道贯通

2009 年 6 月 13 日，厦门翔安海底隧道右线实现贯通。隧道全长 8.7 公里，其中海底隧道长 6 公里，是我国自行设计、自行施工的中国大陆第一条海底隧道。

549. 我国荒漠化土地面积首次实现净减少

2009 年 6 月 15 日发表的第三次全国荒漠化监测结果显示，我国荒漠化土地面积首次实现净减少，由 20 世纪末年均扩展 10000 平方公里，转为年均缩减 7585 平方公里，沙化地由年均扩展 3436 平方公里，转为年均缩减 1283 平方公里，生态恶化的趋势得到初步遏制，环境保护工作取得明显成绩。

550. 全国新型农村社会养老保险试点进行

2009 年 8 月 18—19 日，全国新型农村社会养老保险试点工作会议召开，提出 2009 年在全国 10% 的县（市、区、旗）进行新型农村社会养老保险试点，以后逐步扩大试点，到 2020 年前基本实现全覆盖。9 月 1 日，国务院印发《关于开展新型农村社会养老保险试点的指导意见》。

551. 庆祝新中国成立 60 周年

2009 年 10 月 1 日，首都各界庆祝中华人民共和国成立 60 周年大会在北京天安门广场隆重举行，20 万军民以盛大的阅兵仪式和群众游行欢庆新中国成立 60 周年。胡锦涛检阅受阅部队并发表讲话说：“新中国 60 年的发展进步充分证明，只有社会主义才能救中国，只有改革开放才能发展中国、发展社会主义、发展马克思主义。中国人民有信心、有能力建设好自己的国家，也有信心、有能力为世界作出自己应有的贡献。”当晚，首都各界群众 8 万多人在天安门广场举行盛大国庆联欢晚会。大阅兵、大联欢、大焰火表达了全国各族人民对新中国 60 华诞的热情礼赞。

552. 上海长江隧桥通车

2009 年 10 月 31 日，历时 5 年的建设，上海长江隧桥工程正式通车。这是世界上到此为止最大的隧桥结合工程。隧桥全长 25.5 公里，总投资 126 亿多元，创造了我国隧桥建设工程的一项新纪录。

2010年

553. 中国—东盟自由贸易区全面启动

2010年1月1日，中国—东盟自由贸易区正式全面启动。在此前后，中国还相继与智利、冰岛、瑞士、韩国、澳大利亚、格鲁吉亚等签署自贸协定。2015年12月6日，国务院印发《关于加快实施自由贸易区战略的若干意见》。

554. 中国整体上已进入工业化中期后半阶段

2010年2月28日，中国社会科学院有关专家表示：根据相关研究，我国整体上已进入工业化中期的后半阶段。这意味着中国的国情发生了重大变化，已经从一个农业经济大国转变为工业经济大国。这是新中国成立60年所取得的一项重大成就。

555. 中国正在从跨国公司区域总部变成全球总部

2010年3月16日，商务部新闻发言人表示：中国连续几年被评为全球吸引外资的首选地，正在从跨国公司区域总部变成全球总部，其在华研发中心也越来越多升级为全球技术研发中心。这体现了中国对世界的吸引力和中国国际竞争力的不断增强。

556. 中国机床产值世界第一

2010年3月25日，中国机床工业协会发布信息：2009年中国机床工业产值跃居世界第一。尽管中国机床工业水平与世界先进水平还有很大差距，中国还称不上机床强国，但中国已是名副其实的机床大国。这标志着中国制造能力的提高，标志着“中国制造”在世界上地位的上升。

557.《国务院关于进一步做好利用外资工作的若干意见》发布

2010 年 3 月，外商在华投资额累计超过一万亿美元，中国吸收外资已连续 17 年位于发展中国家首位。4 月 13 日，《国务院关于进一步做好利用外资工作的若干意见》正式发布。提出我国将根据经济发展需要，修订《外商投资产业指导目录》，扩大开放领域，鼓励外资投向高端制造业、高新技术产业、现代服务业、新能源和节能环保产业。这一意见的发布，将促进我国利用外资工作形成新格局，并跨上新台阶。

558. 青海玉树地震抗震救灾

2010 年 4 月 14 日 7 时 49 分，青海玉树发生 7.1 级强烈地震。在国外出席核安全峰会的胡锦涛总书记提前回国，主持召开中央政治局常委会，研究部署抗震救灾。接着又亲临玉树，慰问受灾群众，鼓励大家抗震救灾。之后，温家宝总理、回良玉副总理都赶赴灾区，指导抗震救灾。在党中央、国务院的坚强领导下，在灾区人民的共同努力和全国人民的大力支援下，地震发生 24 小时内，灾区的交通、通信就基本恢复；第二天，通电问题基本得到解决；第三天，地震中的重伤员全部转移到外地医院接受治疗；第四天，部分学校开始复课；第五天，受灾群众基本都住进帐篷里；震后第 7 天，搜救工作基本结束，灾后重建开始。玉树抗震救灾工作呈现出科学高效统一、有力有效有序的新格局。8 月 19 日，中共中央、国务院、中央军委隆重举行青海玉树全国抗震救灾总结表彰大会。

559. 上海成功举办世博会

2010 年 5 月 1 日—10 月 31 日，中国 2010 年上海世博会在上海举行，这是 160 年来首次由发展中国家主办的注册类世博会，也是中国首次举办综合性世界博览会。4 月 30 日在浦江两岸举行了“春江花月夜”般的开幕式。胡锦涛等党和国家领导人及 20 位外国国家元首及政府首脑出席了开幕式。本届世博会的主题是“城市，让生活更美好”。共有 246 个国家和国际组织参加了这次展会，是有史以来规模最大、参与最广的一届。本届博览会共举办 184 天，累计参观人数超过 7300 万人次，是历届世博会参观人数最多的一届。上海世博会是中国继北京奥运会后举办的又一国际盛会，全世界又一次把目光聚向中国，中国也又一次向世界成功展示了自己。还在近百年前，中国人就憧憬在中国举办一次世界博览会。这次世博会的成功举办表明，新中国又一次实现了中国人民的百年梦想。

560.《国家中长期教育改革和发展规划纲要（2010—2020）》通过

2010 年 5 月 5 日，国务院总理温家宝主持召开国务院常务会议，审议并通过《国家中长期教育改革和发展规划纲要（2010—2020 年）》，强调今后 10 年我国要把教育摆在优先发展的战略地位，把育人为本作为教育工作的根本要求，把改革创新作为教育发展的强大动力，把促进公平作为国家基本教育政策，把提高质量作为教育改革发展的核心任务，继续增加教育投入，到 2012 年，把国家财政性教育经费支出占国内生产总值的比例提高到 4%。7 月 8 日，中共中央、国务院正式印发了这一规划纲要。它的实施将进一步促进我国教育的发展，提高全体国民的素质。

561. 加快发展保障性住房

2010 年 5 月 20 日，财政部表示，中央财政近日下拨 2010 年中央廉租住房保障专项资金 167 亿元，支持财政困难地区解决城市低收入家庭住房困难问题。6 月 12 日，住房和城乡建设部等七部委联合发布《关于加快发展公共租赁住房的指导意见》，公租房供应对象主要是城市中等偏下收入住房困难家庭，有条件的地区可以把在城市居住一定年限的外来务工人员纳入供应范围。加快廉租房、公租房建设，是中国政府保障民生、改善民生政策的又一具体体现。

562. 两岸签署经济合作框架协议

2010 年 6 月 29 日，海峡两岸关系协会会长陈云林与台湾海峡交流基金会董事长江丙坤，在重庆签署《海峡两岸经济合作框架协议》。双方遵循平等互惠、循序渐进的原则，达成加强海峡两岸经贸关系的意愿。协议文本由贸易与投资、经济合作、早期收获等 5 章共 16 条组成，其内容涵盖两岸间主要的经济活动。协议的签署，顺应了两岸经济互惠的新要求，实现了两岸民众加强往来的新期盼，有利于进一步增进两岸的贸易与投资关系，促进两岸的经济联系与融合。

563. 沪宁城际高铁开通

2010 年 7 月 1 日上午 8 时，两列国产最高时速达 350 公里的“和谐号”动车组列车分别从上海虹桥站和南京站同时驶出，标志着上海至南京的沪宁城际高速铁路正式开通运营。这是中国也是全世界标准最高、里程最长、运营速度最快的城际铁路。这条高铁于 2008 年 7 月 1 日开建，施工中创造了众多的第一，是我国具有完全知识产权、国产化程度最高的高铁。它穿越的是我国城市群最密集、经济增长最强劲的“长三角”核心区域，是“长三角”地区经济腾飞的一个新节点。沪宁城际高铁不仅以世界高铁领跑者的姿态引领着世界高铁建设的新潮流，而且引领着中国城市群发展的新方向，促进中国经济社会发展格局发生新变化。

564. 第一座快中子反应堆首次临界

2010 年 7 月 21 日，中核集团中国原子能科学研究院宣布：由他们自主研发的中国第一座快中子反应堆——中国实验快堆达到首次临界。这是我国核电领域的重大自主创新成果，意味着我国第四代先进核能系统技术实现了重大突破。由此，我国成为继美、英、法等国之后，世界上第八个拥有快堆技术的国家。

565. 我国十年退耕还林 4.15 亿亩

2010 年 8 月 18 日，国家林业局退耕还林办公室宣布：1999—2009 年，全国累计实施退耕还林任务 4.15 亿亩，其中退耕地造林 1.39 亿亩，荒山荒地造林和封山育林 2.76 亿亩。到 2009 年底，中央已投入 2332 亿元退耕还林，2010—2012 年，中央还将继续投入 2000 多亿元退耕还林。这是中国生态文明建设的一个重大成果。

566. 我国开展首批低碳试点

2010 年 8 月 18 日，国家发改委召开会议，正式启动国家低碳省区和低碳城市试点工作。决定首先在广东、湖北、辽宁、陕西、云南五省和天津、重庆、杭州、厦门、深圳、贵阳、南昌、保定八市开展低碳试点工作。这是中国在环境保护和生态文明建设方面的又一重要举措。

567. 我国制定首个中长期林地保护利用规划

2010 年 8 月 25 日，国家林业局公布了《全国林地保护利用规划纲要》。这是我国首个中长期林地保护利用规划纲要。这一保护规划的实施，对于切实加强中国林地保护利用管理，积极应对气候变化，增加森林碳汇，落实中国对国际社会作出的承诺，具有重要意义。

568. 我国载人潜水器突破 3700 米水深

2010 年 8 月 26 日，科学技术部与国家海洋局宣布：我国第一台自行设计、自主集成研制的“蛟龙号”载人潜水器 3000 米级海上试验取得成功，最大下潜深度达到 3759 米，超过全球海洋平均深度 3682 米，并创造了水下和海底作业 9 小时零 3 分的纪录。这标志着我国继美、法、俄、日之后成为第 5 个掌握 3500 米以上大深度载人深潜技术的国家。“蛟龙号”设计最大下潜深度为 7000 米，工作范围可以覆盖全球海洋区域的 99.8%，代表着世界深海高技术领域的最前沿。

569. 加快培育战略性新兴产业

2010 年 9 月 8 日，国务院常务会议审议并原则通过《国务院关于加快培育和发展战略性新兴产业的决定》。10 月 10 日正式印发。《决定》确定选择节能环保、新一代信息技术、生物、高端装备制造、新能源、新材料和新能源汽车等 7 个产业，在重点领域集中力量，加快推进。用 20 年时间，使这些战略性新兴产业整体创新能力和产业发展水平达到世界先进水平。这是确保中国在未来国际竞争中保持先进地位的一项战略举措。

570. “嫦娥二号”发射成功

2010 年 10 月 1 日，我国自主研制的第二颗月球探测卫星“嫦娥二号”成功发射，并被直接送入奔月轨道。之后，在一次次精准控制下，“嫦娥二号”顺利完成了发射、奔月、近月制动、绕月工作等多个关键环节，卫星上搭载的 7 种有效载荷，陆续全部开机，传回大量有关月球的重要数据，特别是在距离月球仅 15 公里的高度拍摄到未来“嫦娥三号”卫星将要着陆的月球虹湾预选着陆区清晰图像，并成功传回地面，从而为探月后续任务打下了坚实基础。中国人朝登上月球又向前迈进了一步。12 月 20 日，中共中央、国务院、中央军委在人民大会堂隆重庆祝“嫦娥二号”任务圆满成功。胡锦涛讲话高度赞扬这是我国探月工程取得的又一成就，是我们建设创新型国家取得的又一成果，是中国人民攀登世界科技高峰的又一壮举，谱写了中华民族自强不息、锐意创新的壮丽篇章。

571. 中共十七届五中全会举行

2010 年 10 月 15—18 日，中国共产党第十七届五中全会在北京举行。全会审议通过了《中共中央关于制定国民经济和社会发展第十二个五年规划的建议》。全会高度评价十一五时期我国经济社会发展取得的巨大成就，认为我们党团结带领全国各族人民，紧紧抓住发展这个党执政兴国的第一要务，使国家面貌发生新的历史性变化，我国社会生产力快速发展，综合国力大幅提升，人民生活明显改善，国际地位和影响力显著提高，各项建设取得重大进步，谱写了中国特色社会主义事业新篇章。全会提出了今后五年经济社会发展的主要目标：经济平稳较快发展，经济结构战略性调整取得重大进展，城乡居民收入普遍较快增加，社会建设明显加强，改革开放不断深化，使我国转变经济发展方式取得实质性进展，综合国力、国际竞争力、抵御风险能力显著提高，人民物质文化生活水平明显改善，全面建成小康社会的基础更加牢固。

572. 举办第十六届亚运会

2010 年 11 月 12 日晚，第十六届亚洲运动会在广州珠江上的海心沙岛隆重开幕，这是奥运会和亚运会历史上首次走出体育场举行的开幕式。温家宝出席开幕式并宣布本届亚运会开幕。这是继 1990 年北京举办第十一届亚运会后，亚运盛会 20 年后再次回到中国，也是中国继 2008 年奥运会之后举办的又一次大型综合性运动会。亚奥理事会主席艾哈迈德亲王、国际奥委会主席罗格以及来自世界各地的贵宾，同 3 万名现场观众一同出席了开幕式。在 15 天的比赛中，来自亚洲 45 个国家和地区的 9700 多名运动员参加了 42 个大项、476 个小项的角逐。中国体育健儿共获得 199 枚金牌，位居各国之首，也创下中国队获亚运会金牌的最高纪录，体现了中国体育水平和国际体育竞争力的新提高。亚运会的成功举办和中国队在亚运会上的出色表现，都为祖国再次增添了荣誉。

573. 超级计算机跨入世界领先行列

2010 年 11 月 17 日，国防科技大学和天津滨海新区发布消息：国际超级计算机 TOP500 组织发布第三十六届世界超级计算机 500 强排名，安装在中国国家超级计算天津中心的“天河一号”以峰值速度 4700 万亿次、持续速度 2566 万亿次每秒浮点运算的优异性能位居世界第一。“天河一号”超级计算机已在我国石油勘探、生物医药、气象预报、高端装备研制、遥感数据处理、金融风险分析等方面获得成功应用。这表明，我国的超级计算机研制已跨入世界领先行列，并呈现出整体赶超美国的新态势，是中国已经崛起成为科技大国的又一标志，对提升我国自主创新水平和国际竞争力具有重要意义。

574. 中国成为世界第二大经济体

2010 年，我国国内生产总值达到 40 万亿元，跃居世界第二位，成为世界第二大经济体。国家财政收入达到 8.3 万亿元，对外开放迈上新台阶，进出口总额位居世界第二位。

2011年

575. 加大保障性安居工程建设力度

2011 年 1 月 26 日，国务院常务会议确定地方政府要切实承担起促进房地产市场平稳健康发展的责任、加大保障性安居工程建设力度等八项政策措施。3 月 14 日，第十一届全国人大四次会议通过的“十二五”规划纲要，又提出“十二五”期间，城镇保障性安居工程建设 3600 万套的新目标。9 月 28 日，国务院办公厅又发布《关于保障性安居工程建设和管理的指导意见》，提出到“十二五”期末，全国保障性住房覆盖面达到 20% 左右。截至当年 10 月底，全国城镇保障性安居工程开工已超过 1000 万套。推进保障性安居工程建设，是党中央、国务院为推动科学发展、加快转变经济发展方式、保障和改善民生所采取的一项重大举措。

576. 从埃及和利比亚撤离中国公民

2011 年 1 月 31 日，由于埃及局势紧张，中国国际航空公司派遣的一架客机从北京起飞，赴埃及首都开罗执行撤侨任务。之后，中国又先后派出多架客机或包机飞往开罗撤侨，共从埃及撤出中国海外公民 1800 多人。从 2 月 22 日开始，因利比亚国内形势发生重大变化，中国政府通过海、陆、空三种方式，分批组织中国在利比亚人员安全撤离。共有 20 架民航客机参加了撤侨行动。此外，“徐州号”护卫舰赴利比亚执行保护任务，这是中国首次动用军事力量撤侨。2 月 28 日，空军也派出 4 架伊尔-76 飞机，飞赴利比亚接运中国在利比亚人员。这是中国空军首次参加海外撤侨。到 3 月 5 日，共有包括港澳台同胞在内的中国在利比亚人员 35860 人，安全有序地撤回祖国。这是新中国成立以来最大规模和最复杂的有组织撤离海外中国公民行动。有序撤侨，不但显示出中国政府对海外公民的热切关心态度，而且显示出中国对海外公民的强大保护能力。海外公民在关键时刻，真切地体会到祖国的力量，感受到祖国的温暖。同时，这次撤侨行动的高效与顺利，也归功于中国的和平外交政策，因为和平外交使中国在国际社会成为一个受欢迎的国家。

577. 积极稳妥推进户籍管理制度改革

2011 年 2 月 26 日，国务院办公厅发出《关于积极稳妥推进户籍管理制度改革的通知》，指出，要落实放宽中小城市和小城镇落户条件的政策，引导非农产业和农村人口有序向中小城市和建制镇转移，逐步实现城乡公共服务均等化。对农村人口已落户城镇的，要保证其享有与当地城镇居民同等的权益；对暂不具备落户条件的农民工，要有针对性地完善相关制度，下大力气解决他们在劳动报酬、子女上学、社会保障等方面的突出问题。

578. 中国特色社会主义法律体系形成

2011 年 3 月 14 日，十一届全国人大四次会议批准的全国人大常委会工作报告宣布：以宪法为统帅，以宪法相关法、民法商法等多个法律部门的法律为主干，由法律、行政法规、地方性法规等多个层次的法律规范构成的中国特色社会主义法律体系已经形成。截至当年 8 月底，中国已制定现行宪法和有效法律 240 部，行政法规 706 部，地方性法规 8600 多部。

579.《国民经济和社会发展第十二个五年规划纲要》通过

2011 年 3 月 14 日，十一届全国人大四次会议审查批准《国民经济和社会发展第十二个五年规划纲要》，提出今后五年经济社会发展的主要目标是：国内生产总值年均增长 7%，城镇新增就业 4500 万人，城镇登记失业率控制在 5% 以内，服务业增加值占国内生产总值比重提高 4 个百分点，城镇化率提高 4 个百分点，研究与试验发展经费支出占国内生产总值比重达到 2.2%，每万人口专利拥有量提高到 3.3 件，城镇居民人均可支配收入和农村居民人均纯收入分别年增长7%以上。

580. 中央国家机关首次公开年度“三公”经费

2011年3月23日，国务院常务会议决定，今年6月向全国人大常委会报告中央财政预算时，将中央本级“三公”经费支出情况纳入报告内容，向社会公开。5月4日，国务院常务会议进一步明确：中央各部门公开2010年度“三公”经费决算数和2011年“三公”经费预算。据此，90多家中央国家机关首次向社会公布了2010年度“三公”经费决算和2011年预算情况。“三公”经费从此公开，政务进一步透明，行政经费的增长得到了有效控制，中央国家机关开始接受社会监督。

581.《中国农村扶贫开发纲要（2011—2020年）》发布

2011年5月27日，中共中央、国务院印发《中国农村扶贫开发纲要（2011—2020年）》，指出，到2020年，稳定实现扶贫对象不愁吃、不愁穿，保障其义务教育、基本医疗和住房。贫困地区农民人均纯收入，增长幅度高于全国平均水平，基本公共服务主要领域指标接近全国平均水平，扭转发展差距扩大趋势。

582. 庆祝中国共产党成立90周年

2011年7月1日，庆祝中国共产党成立90周年大会在北京人民大会堂隆重举行。胡锦涛在会上讲话指出，90年来中国共产党团结带领人民完成和推进了三件大事——完成了新民主主义革命，实现了民族独立、人民解放；完成了社会主义革命，确立了社会主义基本制度；进行了改革开放新的伟大革命，开创、坚持、发展了中国特色社会主义。中国面貌焕然一新，民族复兴展现光明前景。90年来不断发展的成就是：开创了中国特色社会主义道路，形成了中国特色社会主义理论体系，确立了中国特色社会主义制度。

583.《关于加强和创新社会管理的意见》发布

2011 年 7 月 5 日，中共中央、国务院印发《关于加强和创新社会管理的意见》，提出要积极推进社会管理理念、体制、机制、制度、方法创新，完善党委领导、政府负责、社会协同、公众参与的社会管理格局，加强社会管理法律、能力建设，完善基本社会管理服务，建设中国特色社会主义社会管理体系。这对国家治理形成了新的促进。

584. 天宫与神舟太空交会对接成功

2011 年 9 月 29 日和 11 月 1 日，天宫一号目标飞行器和神舟八号飞船，分别在酒泉卫星发射中心成功发射，准确入轨。11 月 3 日和 14 日，天宫一号目标飞行器和神舟八号飞船两次空间交会对接成功。11 月 17 日，神舟八号飞船降落预定落点。18 日，天宫一号目标飞行器变轨，转入长期运营模式。这次天宫飞行器与神舟飞船在太空的交会对接成功，标志着中国航天事业又攀上一个新的高峰，达到一个新的水平。

585. 纪念辛亥革命 100 周年

2011 年 10 月 9 日，纪念辛亥革命 100 周年大会在北京人民大会堂隆重召开。胡锦涛发表讲话，指出：辛亥革命开启中国前所未有的社会变革，打开中国进步潮流的闸门。辛亥革命是中国人民振兴中华愿望的集中反映。孙中山和辛亥革命先驱的历史功绩彪炳史册。实现中华民族复兴的核心力量是中国共产党。实现中华民族伟大复兴任重道远。辛亥革命先驱的美好憧憬今天正在成为现实。以和平方式实现两岸统一符合中国人民根本利益。

586.《关于深化文化体制改革推动社会主义文化大发展大繁荣若干重大问题的决定》通过

2011 年 10 月 18 日，中共十七届六中全会通过《关于深化文化体制改革推动社会主义文化大发展大繁荣若干重大问题的决定》，提出：坚持中国特色社会主义文化发展道路，发展面向现代化、面向世界、面向未来的，民族的科学的大众的社会主义文化，培养高度的文化自觉和文化自信，推进社会主义核心价值体系建设，提高全民族文明素质，增强国家文化软实力，弘扬中华文化，努力建设社会主义文化强国。推动中国踏上建设社会主义文化强国的新征程。

587. 扶贫标准大幅提高，上亿低收入人口受惠

2011 年 11 月 29 日，中央扶贫开发工作会议在北京召开。会议决定，将农民人均纯收入 2300 元（2010 年不变价）作为新的国家扶贫标准。这个标准，比 2009 年提高了 92%。这是一项新的惠民政策。按照这个新标准，全国至少有上亿人口将享受到国家的扶贫优惠政策。扶贫新政策惠及亿人。

2012年

588. 最严格水资源管理制度出台

2012年1月12日，国务院印发《关于实行最严格水资源管理制度的意见》，提出的主要目标是：确立水资源开发利用控制红线，到2030年，全国用水总量控制在700亿立方米以内；确立用水效率控制红线；确立水功能区限制纳污红线，到2030年，水功能区水质达标率提高到95%以上。这是保证我国水资源可持续利用的百年大计。

589. 保护海洋权益力度加大

2012年3月3日、9月15日、9月21日，中国先后公布钓鱼岛及其部分附属岛屿标准名称、地理坐标、位置示意图和钓鱼岛海域部分地理实体标准名称。4月开始，中国派出海监、渔政等政府公务船只和飞机，对黄岩岛进行持续监管，并为我渔船、渔民提供管理和服务。另外，海监、渔政船只和飞机，也开始连续在钓鱼岛海域开展全方位例行维权巡航，实现巡航常态化。12月，我国又向联合国提交东海部分海域200海里以外大陆架外部界限划界案，重申东海权利主张范围。这些是我国针对有关国家侵害我南海、东海海域权益而开展的有理、有力、有节的反击。这一系列维护海权的措施，向国际社会显示了中国维护国家领土主权与海洋权益的坚定信念，宣示了中国的核心利益。

590. 《十二五期间深化医药卫生体制改革规划暨实施方案》发布

2012年3月14日，国务院印发《十二五期间深化医药卫生体制改革规划暨实施方案》，进一步明确了 2012—2015 年新一轮医改的规划和任务，并将医改的重心逐步从基层上移到公立医院，将更多涉及体制机制改革问题。截至 2011 年底，我国城乡居民参加医保人数超 13 亿，覆盖 95% 以上。这标志着 2009—2011 年以基层为重点的新医改工作实现了阶段性目标，惠及全民的医疗保障网基本建成。

591. 查处薄熙来

2012 年 4 月 10 日，鉴于薄熙来涉嫌在王立军事件和薄谷开来案件中严重违纪，中央决定停止其担任的职务，由中央纪委对其立案调查。此后，薄熙来被开除党籍、开除公职，检察机关依法对其立案侦查。8 月 20 日，合肥市中级法院以薄谷开来犯有故意杀人罪，判处其死刑，缓期两年执行。9 月 24 日，成都市中级法院以王立军犯有徇私枉法罪、叛逃罪、滥用职权罪、受贿罪，判处其有期徒刑 15 年。2013 年 9 月 22 日，山东省济南市中级人民法院作出一审判决，以受贿、贪污、滥用职权罪，判处薄熙来无期徒刑，剥夺政治权利终身，并没收个人全部财产。

592. 第一次中国—中东欧国家领导人会晤举行

2012 年 4 月 26 日，第一次中国—中东欧国家领导人会晤在波兰华沙举行。会晤规划与拓展了中国与中东欧 16 国互利合作的前景与未来。温家宝宣布了中国关于促进中国与中东欧国家合作的 12 项举措，并提出四条基本原则。此后，中国和中东欧国家每年举行会晤，形成 16+1 合作平台。这一合作平台的形成，推动了中国与中东欧国家合作的深化，促进了双方的经济与社会发展。

593. 神舟九号与天宫一号对接成功

2012 年 6 月 16 日 18 时 37 分，神舟九号飞船成功发射，中国航天员景海鹏、刘旺、刘洋飞往“天宫”。33 岁的刘洋，成为中国第一个飞向太空的女性。

18日，在距地球343公里的太空，神舟九号与天宫一号实现自动交会对接，3名航天员依次飞进“天宫”。24日，神舟九号与天宫一号又成功地首次进行手控交会对接。29日，神舟九号飞船返回舱成功降落在主着陆场预定区域，3位航天员平安落地。中国航天事业又取得一项重大成果。

594. 蛟龙号创造我国载人深潜新纪录

2012年6月27日，我国蛟龙号载人潜水器在太平洋马里亚纳海沟区域进行的7000米级海域的下潜试验中，最大下潜深度达到7062米，创造了我国载人深潜新纪录，实现了我国深海技术发展的新突破和重大跨越，标志着我国深海载人能力达到国际领先水平，我国具备了在全球99.8%的海洋深处开展科学研究和资源勘探的能力。短短几天内，我国在太空和深海连续取得两项突破性进展，标志着中国人“可上九天揽月，可下五洋捉鳖”能力的新提高。

595.《关于深化科技体制改革加快国家创新体系建设的意见》发布

2012年7月2日，中共中央、国务院印发《关于深化科技体制改革加快国家创新体系建设的意见》，提出把科技服务于经济社会发展放在首位，大力提高自主创新能力，突出企业技术主体作用，强化产学研用紧密结合，营造良好环境，激发创新能力，注重发挥新型举国体制在实施国家科技重大专项中的作用，促进科技与经济的紧密结合，建立企业主导产业技术研发创新的体制机制。这对我国科技改革发展和创新型国家建设，又形成一个新的推动。

596. 全国科技创新大会举行

2012年7月6—7日，全国科技创新大会在北京举行。胡锦涛在会上讲话指出，要以提高自主创新能力为核心，以促进科技与经济社会发展紧密结合为重点，加快建立国家创新体系。必须把创新驱动发展作为面向未来的一项重大战略，一以贯之、长期坚持，推动科技实力、经济实力、综合国力实现新的重大跨越。

597. 海南省三沙市成立

2012 年 7 月 24 日，海南省三沙市成立大会暨揭牌仪式举行。三沙市管辖西沙群岛、中沙群岛、南沙群岛的岛礁及其海域，三沙市人民政府驻西沙永兴岛。三沙市的管辖范围，是中国的传统海域。早在 1959 年，广东省人民政府就设立县一级的广东省西沙群岛、南沙群岛、中沙群岛办事处。新设立的三沙市为地级市。这是中国对南海主权的新宣示和新维护。

598. 万人计划启动

2012 年 8 月 17 日，中共中央组织部等 11 个部门联合发出通知，启动国家高层次人才特殊支持计划，简称“国家特支计划”或“万人计划”，目标是用十年时间，遴选一万名左右自然科学、工程技术和哲学社会科学领域的杰出人才、领军人才和青年拔尖人才，给予特殊支持。这是我国人才强国战略的又一重大举措。

599. 第一艘航母交付使用

2012 年 9 月 25 日，中国第一艘航空母舰辽宁舰，在按计划完成建造和试验试航工作后，正式交付海军。胡锦涛出席交接入列仪式并登舰视察。在航空母舰诞生近百年之际，当今世界第二大经济体、人口最多的国家——中国终于有了航空母舰这一强军重器和护国大盾。辽宁舰交接入列后，我国自行设计研制的首型舰载多用途战斗机歼 -15 顺利完成起降飞行训练。航母平台和飞机的技术性能得到了充分验证，舰机适配性能良好，达到了设计指标要求。

600. 中共十八大召开

2012 年 11 月 8—14 日，中国共产党第十八次全国代表大会举行。大会通过的报告《坚定不移沿着中国特色社会主义道路前进，为全面建成小康社会而奋斗》，总结了过去五年和十六大以来十年的奋斗历程，确定了全面建成小康社会和全面深化改革开放的目标，阐明了中国特色社会主义道路、中国特色社会主义理论体系、中国特色社会主义制度的科学内涵及其相互联系。指出，中国特色社会主义道路是实现途径，中国特色社会主义理论体系是行动指南，中国特色社会主义制度是根本保障，三者统一于中国特色社会主义伟大实践，这是党领导人民在建设社会主义长期实践中形成的最鲜明特色。大会通过关于《中国共产党章程（修正案）》的决议，把科学发展观同马克思列宁主义、毛泽东思想、邓小平理论、“三个代表”重要思想一道，确立为党的行动指南并载入党章。11 月 15 日，中共十八届一中全会选举产生了由 25 人组成的十八届中央政治局，选举习近平、李克强、张德江、俞正声、刘云山、王岐山、张高丽为中央政治局常委，选举习近平为中央委员会总书记，决定习近平为中央军委主席，批准王岐山为中央纪委书记。习近平在中共十八届中央政治局常委同中外记者见面时指出，人民对美好生活的向往，就是我们的奋斗目标。

601. 养老保险全覆盖

2012年11月13日，人力资源和社会保障部发布消息：截至2012年10月底，城乡居民社会养老保险参保人数达 4.59 亿，其中 1.25 亿城乡老年居民领取养老金。2009 年下半年，国务院决定开展新型农村社会养老保险试点，2011 年启动城镇居民养老保险试点，2012 年上半年，国务院决定在全国所有县级行政区全面开展新型农村社会养老保险和城镇居民社会养老保险工作，从制度上保证了人人享有养老保障。

602. 习近平提出中国梦

2012 年 11 月 29 日，习近平在国家博物馆参观《复兴之路》展览时指出，实现中华民族伟大复兴，就是中华民族近代以来最伟大的梦想。改革开放以来，我们总结历史经验，不断艰辛探索，终于找到了实现中华民族伟大复兴的正确道路。这条道路就是中国特色社会主义。现在，我们比历史上任何时期都更接近中华民族伟大复兴的目标，比历史上任何时期都更有信心、有能力实现这个目标。这个讲话，激励了全国各族人民万众一心地为实现中华民族伟大复兴中国梦而奋斗。

603. “八项规定”出台

2012 年 12 月 4 日，中共中央政治局会议通过《十八届中央政治局关于改进工作作风、密切联系群众的八项规定》。要求改进调查研究；精简会议活动；切实改进会风；精简文件简报，切实改进文风；规范出访活动；改进警卫工作；改进新闻报道；严格文稿发表；厉行勤俭节约，严格遵守廉洁从政有关规定。会议强调，抓作风建设，首先要从中央政治局做起，要求别人做到的自己先要做到，要求别人不做的自己坚决不做，以良好党风带动政风、民风，真正赢得群众信任和拥护。

604. 世界最长高铁开通运营

2012 年 12 月 26 日，世界最长高铁——京广高铁开通运营。京广高铁于 2008 年 10 月 15 日动工建设；2009 年 12 月 26 日，京广高铁武汉至广州段开通运营；2012 年 9 月 28 日，京广高铁郑州至武汉段开通运营；12 月 26 日，北京至郑州段开通，标志着京广高速铁路全线开通运营。京广高铁全长 2298 公里，设计最高时速 350 公里，运营时速为 300 公里，是中国“八纵八横”铁路网中的重要一纵，是世界上运营里程最长的高速铁路。这条纵贯中国南北的高铁大通道，把中国经济最活跃的环渤海地区、中原城市群、武汉城市群和珠三角地区，以更快的速度连接了起来，对中国经济发展形成新的推动。

2013年

605. 习近平提出“两个一百年”奋斗目标

2013 年 1 月 5 日，习近平在新进中央委员会的委员、候补委员学习贯彻党的十八大精神研讨班上讲话指出，只要我们坚持独立自主走自己的路，毫不动摇坚持和发展中国特色社会主义，我们就一定能在中国共产党成立一百年时全面建成小康社会，就一定能在新中国成立一百年时建成富强民主文明和谐的社会主义现代化国家。为全国人民进一步指出了“两个一百年”的奋斗目标和光明前景。

606. 习近平要求“老虎”“苍蝇”一起打

2013 年 1 月 22 日，习近平在中共十八届中央纪委二次全会上讲话指出，要坚持“老虎”“苍蝇”一起打，既坚决查处领导干部违纪案件，又切实解决发生在群众身边的不正之风和腐败问题；要加强对权力运行的制约和监督，把权力关进制度的笼子里。之后，反腐败斗争不断取得新的成果，不正之风得到有效遏制。

607. 大型运输机运 -20 试飞成功

2013 年 1 月 26 日，我国自主研制的大型运输机运 -20 首次试飞，取得圆满成功。这是我国新一代军用大型多用途运输机，可在复杂气象条件下执行各种物资和人员的长距离航空运输任务，比现役装备的军用运输机有了很大改进。该机于 2016 年 7 月 6 日正式列装空军航空兵部队。

608. 全国政协十二届一次会议和十二届全国人大一次会议召开

2013 年 3 月 3—17 日，全国政协十二届一次会议和十二届全国人大一次会议先后在北京举行，选举产生了新一届国家机构和全国政协领导人。十二届全国人大一次会议选举习近平为国家主席、国家中央军委主席，选举张德江为全国人大常委会委员长，决定李克强为国务院总理。全国政协选举俞正声为全国政协主席。十二届全国人大一次会议批准了《国务院机构改革和职能转变方案》。3 月 17 日，习近平在十二届全国人大一次会议闭幕会上讲话指出，实现中华民族伟大复兴的中国梦，就是要实现国家富强、民族振兴、人民幸福，实现中国梦，必须走中国道路、弘扬中国精神、凝聚中国力量。

609. 国务院“约法三章”

2013 年 3 月 20 日，国务院全体会议提出，要坚决落实向社会承诺的“约法三章”，即本届任期内，政府性的楼堂馆所一律不得新建，财政供养的人员只减不增，“三公”经费只减不增。

610. 习近平提出“人类命运共同体”

2013 年 3 月 23 日，习近平在俄罗斯莫斯科国际关系学院发表演讲，指出，当前的世界，各国相互联系、相互依存的程度空前加深，人类生活在同一个地球村里，生活在历史和现实交汇的同一个时空里，越来越成为你中有我、我中有你的命运共同体。呼吁各国共同推动建立以合作共赢为核心的新型国际关系。“人类命运共同体”，是中国反复强调的关于人类社会的新理念，是对人类未来发展方向的新描画，是解决人类发展问题的“中国方案”“中国话语”。

611. 国务院取消和下放行政审批事项

2013年4月24日，国务院常务会议为适应职能转变新要求，决定先行取消和下放71项行政审批事项。至2017年底，国务院围绕协同推进简政放权、放管结合、优化服务（简称“放管服”）改革，先后取消和下放国务院部门行政审批事项的比例达44%，彻底终结非行政许可审批，清理规范国务院部门行政审批中介服务事项达74%。工商登记前置审批事项压减87%，中央设立的行政事业性收费项目减少72%，政府性基金减少30%，政府定价的经营服务性收费项目大幅压缩。部门设置职业资格削减70%。我国营商环境明显改善，营商便利度世界排名明显提升。

612. 开展党的群众路线教育实践活动

2013年5月9日，中共中央印发《关于在全党深入开展党的群众路线教育实践活动的意见》。6月18日，党的群众路线教育实践活动工作会议在北京召开。随后，从当年6月至2014年9月，全党分两批开展以为民务实清廉为主要内容的党的群众路线教育实践活动，集中整治形式主义、官僚主义、享乐主义和奢靡之风“四风”问题，解决了一大批群众反映强烈的突出问题，党风、政风、民风都有显著改进。

613. 神舟十号太空授课，玉兔月球车勘察月球

2013年6月11—26日，我国三名宇航员乘坐神舟十号载人飞船，在太空与天宫一号成功实现了自动和手动对接，并首次开设了“太空—地面”课程，进行了现场直播的太空授课。12月2日，我国嫦娥三号探测器发射升空，之后降落在月球表面的虹湾地区，并释放出玉兔号月球车，对着陆地点周边的地质状况展开了全面的考察。“中国造”物体首次着陆月球并巡视勘察月球，为我国探月工程开启了新的征程。全世界的目光又一次聚焦中国。

614. 天河二号成为世界最快计算机

2013 年 6 月，中国国防科技大学研制的超级计算机天河二号，以每秒 33.86 千万亿次的浮点运算速度，成为世界最快计算机，运算速度比第二名快了近一倍，再次登上世界超级计算机 500 强排名榜首。在 11 月的排名中，天河二号再次蝉联世界冠军，显示了中国在计算机领域的实力和水平。

615. 中国（上海）自贸区成立

2013 年 8 月 17 日，国务院正式批准设立中国（上海）自由贸易试验区。9 月 29 日，这个中国第一个自贸区正式启动运行。其任务是：力争经过两至三年的改革试验，建设具有国际水准的投资贸易便利、货币兑换自由、监管高效便捷、法制环境规范的自由贸易试验区。自贸区积极探索实行负面清单管理模式，将清单以外的投资领域由核准制改为备案制，并实施商事登记制度改革等多项创新举措。这是中国深化改革开放的又一新的举措。到 2018 年底，自贸区试点由上海逐步扩大到广东、天津、福建、辽宁、浙江、河南、湖北、重庆、四川、陕西、海南等十多个省市。

616. 习近平提出推动京津冀协同发展

2013 年 8 月，习近平在北戴河主持会议研究河北发展问题时，首次提出推动京津冀协同发展。2014 年 2 月 26 日，习近平在北京主持召开座谈会，听取京津冀发展专题汇报，强调实现京津冀协同发展是面向未来打造新的首都经济圈、推动区域发展体制机制创新的需要，是实现京津冀优势互补、促进环渤海经济区发展、带动北方腹地发展的需要，是一个重大国家战略。2015 年 6 月 9 日，中共中央、国务院印发《京津冀协同发展规划纲要》。京津冀协同发展战略的实施，为中国的经济发展谋划了新的战略布局，提供了新的增长驱动。

617. 习近平提出“一带一路”倡议

2013 年 9 月 7 日、10 月 3 日，习近平分别在哈萨克斯坦纳扎尔巴耶夫大学、印度尼西亚国会发表演讲，先后提出共同建设“丝绸之路经济带”与“21 世纪海上丝绸之路”，即“一带一路”倡议。之后，“一带一路”建设成为中国的国家行动。“一带一路”旨在借用古代丝绸之路的历史符号，高举和平发展的旗帜，积极发展与沿线国家的经济合作，共同打造有利于双方、有利于地区、有利于世界的利益共同体、命运共同体和责任共同体。

618.《大气污染防治行动计划》发布

2013 年 9 月 10 日，国务院印发《大气污染防治行动计划》，确定了十项具体措施，包括加大综合治理力度，减少污染物排放，调整优化产业结构，加快企业技术改造，加快调整能源结构，严格投资项目节能环保准入，健全法律法规体系，严格依法监督管理，建立区域协作机制等。行动计划的发布，打响了全国联手整治雾霾的“呼吸保卫战”。

619. 欧美同学会成立 100 周年庆祝大会召开

2013 年 10 月 21 日，欧美同学会成立 100 周年庆祝大会在北京召开。习近平在会上说，截至 2012 年底，我国出国留学人员达到 264 万人，留学回国人员达到 109 万人。广大留学人员为推动我国经济社会发展作出了重要贡献。并提出支持留学、鼓励回国、来去自由、发挥作用的新时期留学人员工作方针。这一方针的实行，吸引了更多的留学人员回国创业，使我国的发展得到更多的人才支持。

620. 习近平提出亲、诚、惠、容的中国外交理念

2013 年 10 月 24—25 日，周边外交工作座谈会在北京召开。习近平在会

上讲话指出，要坚持与邻为善、以邻为伴，坚持睦邻、安邻、富邻，突出体现亲、诚、惠、容的理念，为我国发展争取良好的周边环境，使我国发展更多惠及周边国家，实现共同发展。外交工作要坚持正确义利观，有原则、讲情义、讲道义，多向发展中国家提供力所能及的帮助。亲、诚、惠、容外交理念的提出，把中国的和平外交推向了新进程。

621. 习近平提出精准扶贫

2013 年 11 月 3—5 日，习近平在湖南考察工作期间，提出“精准扶贫”的理念，强调抓扶贫开发，既要整体联动、有共性的要求和措施，又要突出重点、加强对特困村和特困户的帮扶。在“精准扶贫”提出后的 5 年中，中国贫困人口减少 700 多万，贫困发生率下降了 7 个百分点，贫困县减少了 150 多个。中国的扶贫思路和扶贫成果，得到国际社会的广泛认同。

622. 中共中央决定全面深化改革

2013 年 11 月 9—12 日，中共十八届三中全会在北京召开。会议讨论了中共中央《关于全面深化改革若干重大问题的决定》。习近平在对《决定》作说明时指出，改革开放是决定当代中国命运的关键一招，也是决定实现“两个一百年”奋斗目标、实现中华民族伟大复兴的关键一招。实践发展永无止境，解放思想永无止境，改革开放永无止境，停顿和倒退没有出路，改革开放只有进行时，没有完成时。11 月 12 日，全会通过《关于全面深化改革若干重大问题的决定》。指出，全面深化改革的总目标是，完善和发展中国特色社会主义制度，推进国家治理体系和治理能力现代化。经济体制改革的核心问题是处理好政府和市场的关系，使市场在资源配置中起决定性作用和更好发挥政府作用。《决定》描绘了中国全面深化改革的新蓝图。

623.《党政机关厉行节约反对浪费条例》发布

2013年11月18日，中共中央、国务院颁发《党政机关厉行节约反对浪费条例》。依据这个条例，党政机关经费管理、国内差旅、因公临时出国（境）、培训、公务接待、公务用车、会议活动、办公用房、基层党建活动、资源节约等方面的党内法规和规范性文件相继出台，党风、政风进一步好转。

624. 划设东海防空识别区

2013年11月23日，中国政府宣布划设东海防空识别区，并发布航空器识别规则公告和识别区示意图。这是中国保卫国家主权和领土领空安全的必要举措，也有利于维护国际空域飞行安全。当日，中国空军在识别区内进行了首次空中巡逻，随后，中国空军识别查证了进入中国东海防空识别区的外国军机，实现了对防空识别区内空中目标的常态化有效监控。这些举措，为中国国家安全织起一张“空中安全网”。它不针对任何特定国家和目标，不影响东海上空的飞越自由，更不会对任何国家和地区构成威胁。

625. 首次城镇化工作会议召开

2013年12月12—13日，中央城镇化工作会议在北京召开。这是新中国成立以来首次召开的城镇化工作会议。习近平在会议上讲话指出，城镇化是现代化的必由之路，推进城镇化要坚持以人为本、优化布局、生态文明、传承文化的基本原则。会议讨论了国家新型城镇化规划，提出了城镇发展的六大重点任务：推进农业转移人口市民化；提高城镇建设用地利用效率；建立多元可持续的资金保障机制；优化城镇化布局和形态；提高城镇建设水平；加强对城镇化的管理。2014年3月12日，中共中央、国务院印发《国家新型城镇化规划（2014—2020年）》。到2017年底，我国城镇化率达到58.5%。

626. 生育政策调整完善

2013 年 12 月 21 日，中共中央、国务院印发《关于调整完善生育政策的意见》，提出“单独两孩”的政策。2015 年 12 月 31 日，中共中央、国务院作出《关于实施全面两孩政策改革完善计划生育服务管理的决定》。2016 年 1 月 1 日，修改后的《中华人民共和国人口与计划生育法》正式实施，明确国家提倡一对夫妻生育两个子女。“单独两孩”政策又调整为全面两孩。这一生育政策的调整，有利于改变中国的人口结构，增强中国的经济发展活力。

627. 中国成为世界第一货物贸易大国

2013 年，中国货物进出口总额为 4.16 万亿美元，其中出口额 2.21 万亿美元，进口额 1.95 万亿美元。中国成为世界第一货物贸易大国。这是新中国又一个值得自豪、含金量很高并且来之不易的“世界第一”。

2014年

628.《关于全面深化农村改革加快推进农业现代化的若干意见》印发

2014 年 1 月 2 日，中共中央、国务院印发《关于全面深化农村改革加快推进农业现代化的若干意见》。指出，把饭碗牢牢端在自己手上，是治国理政必须长期坚持的基本方针；提出抓紧构建新形势下以我为主、立足国内、确保产能、适度进口、科技支撑的国家粮食安全战略。这一战略的提出，使我国十几亿人的粮食安全有了进一步保障。

629.《注册资本登记制度改革方案》发布

2014 年 2 月 7 日，国务院印发《注册资本登记制度改革方案》，要求推进公司注册资本及其他登记事项改革，进一步放松对市场主体准入的管制，降低准入门槛，促进市场主体加快发展。按照便捷高效、规范统一、宽进严管的原则进行改革。这一改革，为市场注入了活力，为经济发展提供了新动力。2014 年 3 月至 2017 年底，我国累计新设企业达 1927.59 万户，日均新设企业 1.37 万户。

630.《关于建立统一的城乡居民基本养老保险制度的意见》发布

2014 年 2 月 21 日，国务院印发《关于建立统一的城乡居民基本养老保险制度的意见》，提出，到“十二五”末，在全国基本实现新农保和城居保制度合并实施，并与职工基本养老保险制度相衔接；2020 年前，全面建成公平、统一、规范的城乡居民养老保险制度。这一制度，使数以亿计的农民工群体等从中受益。

631. 确定中国人民抗日战争胜利纪念日

2014 年 2 月 27 日，十二届全国人大常委会第七次会议通过《关于确定中国人民抗日战争胜利纪念日的决定》，将 9 月 3 日确定为中国人民抗日战争胜利纪念日；通过《关于设立南京大屠杀死难者国家公祭日的决定》，将 12 月 13 日设立为南京大屠杀死难者国家公祭日。设立纪念日和公祭日，表明了中国人民坚决维护国家主权、领土完整和世界和平的坚定立场。

632. 依法严厉打击暴恐犯罪

2014 年 3 月 1 日，云南昆明火车站发生暴恐案件；4 月 30 日和 5 月 22 日，新疆乌鲁木齐市又接连发生暴恐案件。三起暴恐案件，造成数百无辜群众伤亡。10 月，云南省高级人民法院二审公开开庭审理“三一”暴恐案；12 月，乌鲁木齐市中级人民法院一审公开开庭审理“四三〇”和“五二二”暴恐案。暴恐分子全部受到了法律的严厉制裁。从 5 月开始，全国开展了严厉打击暴力恐怖活动专项行动。半年多内，仅在新疆就打掉危害社会治安和人民生命的暴恐团伙 115 个。这些都显示了中国对暴恐活动的零容忍态度，表明中国决不会容许暴恐分子在这里的任何地方滋生。中国的 960 万平方公里土地，成为全世界最安全的地方。

633.《关于深化司法体制和社会体制改革的意见》发布

2014 年 3 月 19 日，中共中央办公厅、国务院办公厅发布《关于深化司法体制和社会体制改革的意见》。改革的重点是完善司法人员分类管理制度，完善司法责任制，健全司法人员职业保障，推动省以下地方法院检察院人财物统一管理等。改革进一步促进了国家的司法公正。

634. 习近平提出总体国家安全观

2014年4月15日，习近平在中央国家安全委员会第一次会议上讲话指出，要坚持总体国家安全观，以人民安全为宗旨，以政治安全为根本，以经济安全为基础，以军事、文化、社会安全为保障，以促进国际安全为依托，走出一条中国特色国家安全道路。国家安全委员会的设立和总体国家安全观的提出，进一步保障了中国的国家安全。

635. 习近平提出中国要做学习大国

2014年5月22日，习近平在上海召开外国专家座谈会时指出，中国要永远做一个学习大国。一个国家对外开放，必须首先推进人的对外开放，特别是人才的对外开放。要实行更加开放的人才政策，在大力培养国内创新人才的同时，更加积极主动地引进国外人才特别是高层次人才。学习大国要求的提出，进一步促进了中国的人才引进和对外开放，使中华民族伟大复兴得到更多人才支撑。

636.《深化财税体制改革总体方案》通过

2014年6月30日，中共中央政治局会议审议通过《深化财税体制改革总体方案》。改革的目标是建立现代财政制度，重点是改进预算管理制度、深化税收制度改革、建立事权和支出责任相适应的制度。这些改革的实施，进一步促进了我国的经济发展。

637. 金砖银行总部设在上海

2014年7月15日，在巴西举行的金砖国家领导人第六次会晤宣布，成立金砖国家新开发银行，并将总部设在中国上海，建立金砖国家应急储备安排。2015年7月21日，金砖银行开业。2017年9月4日，中国向金砖银行捐赠

400 万美元的准备基金。金砖银行的设立，是为了构筑包括中国在内的金砖国家共同的“金融安全网”。

638. 户籍制度进一步改革

2014 年 7 月 24 日，国务院印发《关于进一步推进户籍制度改革的意见》，指出，全面放开建制镇和小城市落户限制，有序放开中等城市落户限制，合理确定大城市落户条件，严格控制特大城市人口规模，到 2020 年努力实现 1 亿左右农业转移人口和其他常住人口在城镇落户。这一改革，有利于劳动力的合理流动，为经济发展增添更多动力。

639. 设立烈士纪念日

2014 年 8 月 31 日，十二届全国人大常委会第十次会议通过《关于设立烈士纪念日的决定》，将 9 月 30 日设立为烈士纪念日。从此，每年 9 月 30 日，党和国家领导人都到人民英雄纪念碑前向人民烈士敬献花圈。烈士纪念日的设立，将引领全社会崇敬烈士，崇敬英雄，使中国永远成为英雄的国家。

640. 庆祝全国人民代表大会成立 60 周年

2014 年 9 月 5 日，庆祝全国人民代表大会成立 60 周年大会在北京召开。人民代表大会制度，是中国的一项根本政治制度。习近平在大会上讲话指出，世界上不存在完全相同的政治制度，也不存在适用于一切国家的政治制度模式。中国特色社会主义政治制度之所以行得通、有生命力、有效率，就是因为它是从中国的社会土壤之中生长起来的，未来要继续茁壮成长，也必须深深扎根于中国的社会土壤。坚定中国特色社会主义制度自信，首先要坚定对中国特色社会主义政治制度的自信，增强走中国特色社会主义政治发展道路的信心和决心。

641. 庆祝中国人民政治协商会议成立 65 周年

2014 年 9 月 21 日，庆祝中国人民政治协商会议成立 65 周年大会在北京召开。政治协商会议制度是中国的基本政治制度之一。习近平在会上讲话指出，社会主义协商民主，是中国社会主义民主政治的特有形式和独特优势，是中国共产党的群众路线在政治领域的重要体现。在中国社会主义制度下，有事好商量，众人的事情由众人商量，找到全社会意愿和要求的最大公约数，是人民民主的真谛。人民政协是统一战线的组织，是多党合作和政治协商的机构，是人民民主的重要实现形式。

642. 中央民族工作会议暨国务院第六次全国民族团结进步表彰大会召开

2014 年 9 月 28—29 日，中央民族工作会议暨国务院第六次全国民族团结进步表彰大会在北京召开。习近平在大会上讲话指出，加强中华民族大团结，长远和根本的是增强文化认同，建设各民族共有精神家园，积极培养中华民族共同体意识。强调要加强各民族交往交流交融。会议对 1496 个全国民族团结进步模范集体和个人进行了表彰。

643. 习近平提出文艺以人民为中心

2014 年 10 月 15 日，习近平在北京主持召开文艺工作座谈会，强调只有牢固树立马克思主义文艺观，真正做到了以人民为中心，文艺才能发挥最大正能量，指明了新时期文艺工作的发展方向。他勉励广大文艺工作者，从时代和国家的高度认识文艺的地位和作用，坚持以人民为中心的创作导向，努力创作更多无愧于时代的优秀作品，鼓舞全国各族人民朝气蓬勃迈向未来。

644.《关于全面推进依法治国若干重大问题的决定》通过

2014 年 10 月 23 日，中共十八届四中全会通过《关于全面推进依法治国若干重大问题的决定》，指出，全面推进依法治国，总目标是建设中国特色社会主义法治体系，建设社会主义法治国家。实现这个总目标，必须坚持中国共产党的领导，坚持人民主体地位，坚持法律面前人人平等，坚持依法治国和以德治国相结合，坚持从中国实际出发。这为法治中国建设描绘出新的蓝图。11 月 1 日，十二届全国人大常委会第十一次会议通过《关于设立国家宪法日的决定》，将 12 月 4 日设定为国家宪法日。

645. 农民土地承包权和经营权分置

2014 年 11 月 6 日，中共中央办公厅、国务院办公厅印发《关于引导农村土地经营权有序流转发展农业适度规模经营的意见》。提出，把农民土地承包经营权分为承包权和经营权，实现承包权和经营权分置并行。2016 年 10 月 22 日，中共中央办公厅、国务院办公厅印发《关于完善农村土地所有权承包权经营权分置办法的意见》。农村土地的“三权分置”，进一步促进了农村土地的利用效益，增加了农民的土地收益。

646. 中国出资成立丝路基金

2014 年 11 月 8 日，加强互联互通伙伴关系对话会在北京召开。习近平主持会议并讲话，指出，我们要建设的互联互通，应该是基础设施、制度规章、人员交流三位一体，应该是政策沟通、设施联通、贸易畅通、资金融通、民心相通五大领域齐头并进。他宣布：中国出资成立丝路基金。

647. 亚太经合组织第 22 次领导人非正式会议在北京举行

2014 年 11 月 11 日，亚太经合组织第 22 次领导人非正式会议在北京举行。

习近平主持会议并讲话，倡导共建互信、包容、合作、共赢的亚太伙伴关系。各经济体领导人高度评价中国为促进世界经济繁荣发挥的重要作用。会议确立建设面向未来的亚太伙伴关系，启动亚太自由贸易区（FTAAP）进程。

648. “沪港通”正式启动

2014 年 11 月 17 日，上海与香港股票市场交易互联互通机制“沪港通”正式启动。2016 年 12 月、2017 年 7 月，又相继启动“深港通”“债券通”。香港与内地的经济联系进一步密切，中国的股市互联互通范围更加扩大。

649. 首届世界互联网大会在乌镇举行

2014 年 11 月 19—21 日，首届世界互联网大会在浙江乌镇举行。这是中国举办的规模最大、层次最高的互联网大会，也是世界互联网领域的一次盛况空前的高峰会议。会议确定乌镇为世界互联网大会永久会址。中国互联网的蓬勃发展，使中国成为世界互联网议事中心，成为各国网民一年一度的聚集之地。

650. 中国经济发展进入新常态

2014 年 12 月 9—11 日，中央经济工作会议在北京召开。会议指出，我国经济正在向形态更高级、分工更复杂、结构更合理的阶段演化，经济发展进入新常态，增速正从高速增长转向中高速增长，经济发展方式正从规模速度型粗放增长转向质量效率型集约增长，经济结构正从增量扩能为主转向调整存量、做优增量并存的深度调整，经济发展动力正从传统增长点转向新的增长点。新常态是我国经济发展阶段性特征的必然反映。

651. 南水北调中线一期工程通水

2014 年 12 月 12 日，南水北调中线一期工程正式通水。这个工程于 2003 年 12 月 30 日开工建设，从丹江口水库调水，沿京广铁路线西侧北上，全程自流，向河南、河北、北京、天津供水。干线全长 1432 公里，年均调水量 95 亿立方米。工程移民迁安 40 余万人。南水北调工程是实现我国水资源优化配置、促进经济社会可持续发展、保障和改善民生的重大战略性基础设施，受益人口 4 亿多人。

652. 中国第一座实验快堆满功率稳定运行

2014 年 12 月 18 日，我国第一座钠冷快中子反应堆——中国实验快堆，首次实现满功率稳定运行 72 小时，标志着我国全面掌握快堆这一第四代核电技术的设计、建造、调试运行等核心技术。中国在核电开发方面又走在了世界前列。

653. 全面深化改革第一年出台多项重大改革举措

2014 年，是党的十八届三中全会提出全面深化改革的第一年。一年间，党的建设制度改革、户籍制度改革、财税体制改革、考试招生制度改革、公车改革、央企负责人薪酬制度改革、城乡养老并轨等一批重大改革方案相继出台，改革总体部署全面展开，以破竹之势，在重要领域和关键环节向纵深推进。

654. 反腐深入推进

2014 年，一批高级别贪官落马。3 月，中共中央决定对中央军委原副主席徐才厚涉嫌违纪问题进行调查；6 月，徐才厚被开除党籍；10 月，徐才厚因涉嫌受贿犯罪被移送审查起诉。6 月，全国政协原副主席苏荣因涉嫌严重违纪，接受组织调查。7 月，中共中央决定对中央政治局原常委周永康立案审查；

12 月，中共中央政治局决定开除周永康党籍，对其涉嫌受贿犯罪问题及线索移送司法机关依法处理，最高人民检察院依法对周永康涉嫌犯罪立案侦查并予以逮捕。12 月，中共中央办公厅原主任令计划因涉嫌严重违纪，接受组织调查。这是改革开放以来反腐败力度最大的一年。十八届中共中央共批准立案审查省军级以上党员干部及其他中管干部 440 人，严肃查处了周永康、薄熙来、郭伯雄、徐才厚、孙政才、令计划严重违纪违法案件，表明了国家坚定不移惩治腐败的坚强意志和鲜明态度，体现了党纪国法面前人人平等，反腐没有禁区的原则。

2015年

655. 培育信息产业新业态

2015 年 1 月 6 日，国务院印发《关于促进云计算创新发展培育信息产业新业态的意见》，提出到 2020 年，云计算应用基本普及，云计算服务能力达到国际先进水平，大数据挖掘分析能力显著提升等目标。这为促进传统产业升级和新兴产业成长，释放创新活力，培育形成新的经济增长点，促进国民经济提质增效，提供了有力支持。8 月 31 日，国务院又印发《促进大数据发展行动纲要》，为信息产业发展再添新动力。

656. 设立跨境电子商务综合试验区

2015 年 3 月 7 日，国务院批复设立中国（杭州）跨境电子商务综合试验区。5 月 4 日，国务院印发《关于大力发展电子商务加快培育经济新动力的意见》。2016 年 1 月、2018 年 7 月，国务院先后批复在天津、北京等 34 个城市设立跨境电子商务综合试验区。这一系列举措，推动了中国电子商务的健康发展，使中国的电子商务领先于世界。

657. 军民融合发展上升为国家战略

2015 年 3 月 12 日，习近平参加十二届全国人大三次会议解放军代表团全体会议并讲话，明确提出，把军民融合发展上升为国家战略。2016 年 5 月 1 日，中共中央、国务院、中央军委印发《关于经济建设和国防建设融合发展的意见》。2017 年 1 月 22 日，中共中央政治局会议决定设立中央军民融合发展委员会。2018 年 8 月 11 日，中共中央印发《军民融合发展战略纲要》。军民融合发展进一步增强了国防建设和经济建设的互相促进，为经济社会发展带来了新动能。

658. 实施创新驱动发展战略

2015 年 3 月 13 日，中共中央、国务院印发《关于深化体制机制改革加快实施创新驱动发展战略的若干意见》，提出要使创新成为引领发展的第一动力，科技创新与制度创新、管理创新、商业模式创新、业态创新和文化创新相结合，推动发展方式向依靠持续的知识积累、技术进步和劳动力素质提升转变，促进经济向形态更高级、分工更精细、结构更合理的阶段演进。从而把科技创新扩大到各方面的创新，把创新作为引领发展的第一动力。2016 年 1 月 8 日，中共中央、国务院又印发《国家创新驱动发展战略纲要》。创新驱动发展战略的提出和实施，进一步增强了中国的发展活力，保证了中国的可持续发展。

659. “天网”行动启动

2015 年 3 月 26 日，中央反腐败协调小组国际追逃追赃工作办公室首次启动针对外逃腐败分子的“天网”行动。4 月 22 日，国际刑警组织中国国家中心局集中公布 100 名涉嫌犯罪外逃国家工作人员、重要腐败案件涉案人等人员的红色通缉令。2014 年至 2018 年 9 月，共从 120 多个国家和地区追回外逃人员 4719 人，追赃 103.72 亿元，“百名红通人员”已有 54 名落网。逃到海外的贪腐分子被捉拿归案，显示了中国的反腐决心和惩贪能力。

660. 从也门撤出中国公民

2015 年 3 月 29 日，正在亚丁湾索马里海域执行护航任务的中国海军护航编队临沂舰，搭载首批 122 名中国公民，从也门亚丁港安全撤离。至 4 月 7 日，中国共从也门撤出中国公民 613 人，并协助来自 15 个国家的 279 名外国公民安全撤离，再次显示了中国对海外公民的保护能力。

661. 开展“三严三实”专题教育

2015年4月10日，中共中央办公厅印发《关于在县处级以上领导干部中开展“三严三实”专题教育方案》。从月底开始，全国县处级以上领导干部都不分批次、不划阶段、不设环节地统一开展了“严以修身、严以用权、严以律己，谋事要实、创业要实、做人要实”专题教育。干部队伍中比较普遍存在的“不严不实”问题得到有效解决，党风和政风进一步好转。

662. 加快推进生态文明建设

2015年4月25日，中共中央、国务院印发《关于加快推进生态文明建设的意见》，提出坚持把节约优先、保护优先、自然恢复为主作为基本方针，把绿色发展、循环发展、低碳发展作为基本途径，把深化改革和创新驱动作为基本动力，把培育生态文化作为重要支撑，把重点突破和整体推进作为工作方式，到2020年，资源节约型和环境友好型社会建设取得重大进展。9月18日，中共中央、国务院又印发《生态文明体制改革总体方案》，进一步推动了生态文明建设。

663. “华龙一号”首堆示范工程开工建设

2015年5月6日，我国自主创新、拥有完整自主知识产权的第三代核电技术“华龙一号”首堆示范工程，正式落户福清核电并开工建设。“华龙一号”是根据全球最新安全要求研发的先进百万千瓦级压水堆核电技术，具备国际竞争比较优势，具备参与国际竞标条件，它将有力促进中国核电“走出去”，进一步增强“中国制造”的国际影响力。

664. 《中国制造2025》发布

2015年5月8日，国务院印发《中国制造2025》，提出坚持“创新驱动、质量为先、绿色发展、结构优化、人才为本”的基本方针，坚持“市场主导、政府引导，立足当前、着眼长远，整体推进、重点突破，自主发展、开放合作”的基本原则，通过“三步走”实现制造强国的战略目标，即：第一步，到2025年，迈入制造强国的行列；第二步，到2035年，中国制造业整体达到世界制造强国阵营中等水平；第三步，到新中国成立100年时，综合实力进入世界制造强国前列。2016年4月6日，国务院常务会议通过《装备制造业标准和质量提升规划》，要求对接《中国制造2025》。7月19日，国务院常务会议又部署创建“中国制造2025”国家级示范区，不断推进中国向“制造强国”的目标迈进。

665. 推进大众创业万众创新政策措施出台

2015年6月11日，国务院印发《关于大力推进大众创业万众创新若干政策措施意见》，要求加大简政放权力度，放宽政策、放开市场、放活主体，健全普惠性政策措施，构建有利于“双创”的政策环境、制度环境和公共服务体系。2016年、2017年，国务院办公厅确定了两批共120个“双创”示范基地，推动“双创”健康蓬勃发展。

666. 推进“互联网+”行动指导意见出台

2015年7月1日，国务院印发《关于积极推进“互联网+”行动的指导意见》，要求坚持开放共享、融合创新、变革转型、引领跨越、安全有序的原则，到2018年，把互联网与经济社会各领域的融合发展进一步深化，使基于互联网的新业态成为新的经济增长动力。2016年9月25日，国务院又印发《关于加快推进“互联网+政务服务”工作的指导意见》。“互联网+”行动有力地引领了中国经济的提质增效升级，更快地迈向网络强国。

667. 中国获得2022年冬奥会举办权

2015年7月31日，国际奥委会第128次全会在马来西亚吉隆坡投票，决定将2022年冬奥会举办权交给北京。北京成为奥运史上第一个举办夏季奥林匹克运动会和冬季奥林匹克运动会的城市，同时，中国也成为第一个实现奥运“全满贯”的国家。2022年，北京—张家口冬奥会共设15个大项，102个小项，北京将承办所有冰上项目。

668. 改革人民币兑美元汇率中间价形成机制

2015年8月11日，中国人民银行决定改革完善人民币对美元汇率中间价报价机制，明确中间价报价参考前一天收盘价。2016年2月，形成“收盘汇率+一篮子货币汇率变化”的人民币兑美元汇率中间价形成机制。这有利于进一步保持人民币汇率稳定合理，防止国家金融风险。

669. 进一步深化国有企业改革

2015年8月24日，中共中央、国务院印发《关于深化国有企业改革的指导意见》，提出要坚持公有制主体地位，发挥国有经济主导作用，积极促进国有资本、集体资本、非公有资本等交叉持股、互相融合，推动各种所有制资本取长补短、相互促进、共同发展。此后陆续出台有关国有企业党的建设、国有企业分类改革、发展混合所有制经济、完善国资监管体制、防止国有资产流失、完善法人治理结构等多个配套文件。改革使公有制经济和非公有制经济互相促进，融合发展。

670. 纪念中国人民抗日战争暨世界反法西斯战争胜利 70 周年大会和阅兵式举行

2015 年 9 月 3 日，北京天安门广场隆重举行中国人民抗日战争暨世界反法西斯战争胜利 70 周年大会和阅兵仪式。这是中国首次以盛大阅兵仪式同世界各国人民一道纪念这场正义战争的胜利。习近平检阅受阅部队并发表讲话，强调要铭记历史、缅怀先烈、珍爱和平、开创未来；同时庄严宣布：中国将裁减军队员额 30 万。65 位外国领导人、政府高级别代表、联合国等国际组织负责人、前政要等应邀出席大会。这场活动，彰显了中国对世界反法西斯战争胜利的巨大贡献。

671. 推进价格机制改革

2015 年 10 月 12 日，中共中央、国务院印发《关于推进价格机制改革的若干意见》，要求深化重点领域价格改革，充分发挥市场决定价格作用，到 2017 年，竞争性领域和环节基本放开；到 2020 年，市场决定价格机制基本形成，价格调控机制基本健全。按照这一意见，到 2017 年底，全国 97% 以上的商品和服务价格已实现市场调节。中国特色社会主义市场经济体制进一步巩固。

672. 制定国民经济和社会发展第十三个五年规划

2015 年 10 月 29 日，中共十八届五中全会通过《关于制定国民经济和社会发展第十三个五年规划的建议》，确定了未来五年我国经济社会发展的指导思想、目标任务和重大举措，提出创新、协调、绿色、开放、共享五大发展理念，绘制了全面建成小康社会决胜期的宏伟蓝图。2016 年 3 月 16 日，十二届全国人大四次会议批准《中华人民共和国国民经济和社会发展第十三个五年规划纲要》。新中国进入第十三个辉煌五年。

673. 两岸领导人首次会晤

2015年11月7日，习近平同台湾方面领导人马英九在新加坡会面，就进一步推进两岸关系和平发展交换意见。双方认为，应该继续坚持“九二共识”，巩固共同政治基础，推动两岸关系和平发展。提出两岸应该携手合作，致力于振兴中华，致力于民族振兴。这是1949年以来两岸领导人首次会晤，祖国统一大业又向前迈进一步。

674. 推进供给侧结构性改革

2015年11月10日，习近平在中央财经领导小组会议上讲话指出，要着力加强供给侧结构性改革。12月18日，习近平在中央经济工作会议上强调，推进供给侧结构性改革，是适应和引领经济发展新常态的重大创新。要实行宏观政策要稳、产业政策要准、微观政策要活、改革政策要实、社会政策要托底的总体思路，着力加强结构性改革，在适度扩大总需求的同时，去产能、去库存、去杠杆、降成本、补短板，推动我国社会生产力水平整体改善。供给侧改革有效地促进了消费，拉动了经济发展。

675. 军队领导指挥体制改革

2015年11月23日，中央军委印发《领导指挥体制改革实施方案》。11月28日，中央军委印发《关于深化国防和军队改革的意见》。指出，牢牢把握军委管总、战区主战、军种主建的原则，以领导管理体制、联合作战指挥体制改革为重点，协调推进规模结构、政策制度和军民融合深度发展改革。12月31日，习近平向中国人民解放军陆军、火箭军、战略支援部队授予军旗并致训词。此后，习近平又先后向东部战区、南部战区、西部战区、北部战区、中部战区授予军旗并发布训令，向武汉联勤保障基地和无锡、桂林、西宁、沈阳、郑州联勤保障中心，向军事科学院、国防大学、国防科技大学等授予军旗并致训词。2016年2月29日，全军按新的领导指挥体制运行。这是实行改革强军战略的重大举措。

676. 内地与香港、澳门服务贸易自由化基本实现

2015 年 11 月 27 日、28 日,《〈内地与香港关于建立更紧密经贸关系的安排〉服务贸易协议》《〈内地与澳门关于建立更紧密经贸关系的安排〉服务贸易协议》分别签署，内地与香港、澳门服务贸易自由化基本实现，“一国两制”的优越性得到更充分体现。

677. 打响扶贫攻坚战

2015 年 11 月 27—28 日，中央扶贫开发工作会议在北京召开。会议提出要在未来 5 年，消除最后的 7017 万贫困人口。习近平在会上讲话强调，全面建成小康社会，是我们对全国人民的庄严承诺。要坚决打赢脱贫攻坚战，确保到 2020 年所有贫困地区和贫困人口一道迈入全面小康社会。脱贫攻坚战由此打响。11 月 29 日，中共中央、国务院作出《关于打赢脱贫攻坚战的决定》。2016 年 4 月 23 日，中共中央办公厅、国务院办公厅印发《关于建立贫困退出机制的意见》，明确贫困人口、贫困村、贫困县在 2020 年以前有序退出的标准和要求。经过验收达到标准的，即宣布脱贫。脱贫攻坚逐村逐县地扎实推进。

678. 人民币国际储备货币地位进一步提高

2015 年 12 月 1 日，人民币获批加入国际货币基金特别提款权（SDR）货币篮子，人民币将在其中占 10.92% 的权重，超过日元和英镑，排在第三位。这标志着人民币国际储备货币地位进一步提高，将对我国金融改革和国际货币体系演进产生深远影响。这也是中国经济实力的真实反映，将大幅提升中国的国际影响力和国际话语权。

679. 成功发射“悟空”卫星

2015 年 12 月 17 日，我国成功发射暗物质粒子探测卫星“悟空”，在太空中开展高能电子及高能伽马射线探测任务，探寻暗物质存在的证据。这大大加强了中国探测太空的能力。

680. 中央城市工作会议召开

2015 年 12 月 20 日，中央城市工作会议在北京召开。习近平在会上讲话指出，要坚持人民城市为人民，尊重城市发展规律，统筹空间、规模、产业，统筹规划、建设、管理，统筹改革、科技、文化，统筹生产、生活、生态，统筹政府、社会、市民，着力提高城市发展持续性、宜居性。24 日，中共中央、国务院印发《关于深入推进城市执法体制改革改进城市管理工作的指导意见》。2016 年 2 月 6 日，中共中央、国务院印发《关于进一步加强城市规划建设管理工作的若干意见》。不断促进了中国城市的健康发展。

681. 亚洲基础设施投资银行成立

2015 年 12 月 25 日，亚洲基础设施投资银行正式成立。这是首个由中国倡议设立的多边金融机构，总部设在北京，法定资本 1000 亿美元。成立宗旨是为了促进亚洲区域建设互联互通化和经济一体化的进程，加强中国和亚洲其他国家与地区的合作。意向创始成员国共有 57 个。截至 2018 年 12 月 19 日，亚投行共有 93 个正式成员国。

682. 中国首次成为资本净输出国

2015 年，中国对外直接投资流量为 1456.7 亿美元，实际利用外资 1356 亿美元，对外投资数首超吸引外资数。中国首次成为资本净输出国。这是中国对外开放的又一重大成果，进一步扩大了中国的对外影响力。

2016年

683. 整合城乡居民基本医疗保险制度

2016 年 1 月 3 日，国务院印发《关于整合城乡居民基本医疗保险制度的意见》，提出整合城镇居民基本医疗保险和新型农村合作医疗，建立统一的城乡居民基本医疗保险制度，即统一覆盖范围，统一筹资政策，统一保障待遇，统一医保目录，统一定点管理，统一基金管理。这“六个统一”使农民同市民一样公平地享有基本医疗保险权益，促进了社会公平正义，切实增进了人民福祉。

684. 习近平提出长江经济带发展国家战略

2016 年 1 月 5 日，习近平在重庆召开的推动长江经济带发展座谈会上讲话指出，推动长江经济带发展是国家一项重大区域发展战略，要坚持生态优先、绿色发展，共抓大保护、不搞大开发。明确把长江经济带发展作为国家战略。长江经济带覆盖长江流域的 11 个省市，面积 205 万平方公里，人口和经济总量超过全国 40%。推动长江经济带发展意义重大。5 月 30 日，中共中央、国务院印发《长江经济带发展规划纲要》，确定了长江经济带“一轴、两翼、三极、多点”的发展新格局。

685. “两学一做”学习教育全面展开

2016 年 2 月 24 日，中共中央办公厅发出通知，在全体党员中开展“学党章党规、学系列讲话，做合格党员”学习教育，着力解决党员队伍在思想、组织、作风、纪律等方面存在的问题，努力使广大党员进一步增强政治意识、大局意识、核心意识、看齐意识，坚定理想信念，保持对党忠诚，树立清风正气，勇于担当作为，充分发挥先锋作用。活动推动了党内教育从“关键少数”向广大党员拓展，以党员模范作用带动全国人民为实现中国梦而奋斗。

686. 澜湄合作机制正式启动

2016 年 3 月 23 日，澜沧江—湄公河合作首次领导人会议在海南三亚举行，中国、泰国、柬埔寨、老挝、缅甸、越南六国领导人参加了会议。澜湄合作机制正式启动。这一合作机制是由中国倡议建立的，是为促进澜沧江—湄公河区域国家发展与繁荣，建立澜湄国家命运共同体的“中国方案”。澜湄合作机制不仅搭起中国与澜湄区域国家互利合作的平台和相互沟通交流的桥梁，也为推进“一带一路”建设项目起到了重要作用。

687. 习近平提出我国宗教坚持中国化方向

2016 年 4 月 22 日，全国宗教工作会议在北京举行。习近平在会上讲话指出，积极引导宗教与社会主义社会相适应，一个重要的任务就是支持我国宗教坚持中国化方向。做好党的宗教工作，关键是要在“导”上想得深、看得透、把得准，做到“导”之有方、“导”之有力、“导”之有效，牢牢掌握宗教工作主动权。“中国化”为中国宗教和谐健康发展指明了方向。

688. 世界最大起重船交付使用

2016 年 5 月 13 日，“振华 30 号”起重船在上海长兴岛基地交付使用。这是目前世界上最大的起重船。这艘起重船是由中国自主制造的，起重量 12000 吨，总重约 14 万吨。它以单臂架 12000 吨的吊重能力和 7000 吨 360 度全回转的吊重能力居世界第一。它为我国打捞救助事业向深海延伸提供了装备支撑，又一次显示了“中国制造”的强大威力。

689. 习近平强调文化自信

2016年5月17日，习近平主持召开哲学社会科学工作座谈会，提出要着力构建中国特色哲学社会科学，在指导思想、学科体系、学术体系、话语体系等方面充分体现中国特色、中国风格、中国气派，强调坚定中国特色社会主义道路自信、理论自信、制度自信，说到底是要坚定文化自信，文化自信是更基本、更深沉、更持久的力量。2017年3月5日，中共中央印发《关于加快构建中国特色哲学社会科学的意见》。中国特色哲学社会科学让中国人更加坚定文化自信。

690. "神威·太湖之光"计算机夺得世界超算冠军

2016年6月20日，德国法兰克福国际超算大会（ISC）公布了新一期全球超级计算机500强榜单，由中国国家并行计算机工程技术研究中心研制的"神威·太湖之光"，夺得世界超算冠军。它是我国自主研制的第一台全部采用国产处理器构建的，其运算速度超过第二名近3倍。截至2017年底，中国连续10次蝉联全球最快超级计算机，成为当之无愧的计算机强国。

691. 新一轮投融资体制改革全面展开

2016年7月5日，中共中央、国务院印发《关于深化投融资体制改革的意见》，要求平等对待各类投资主体，确立企业投资主体地位，放宽放活社会投资，建立完善企业自主决策、融资渠道畅通、职能转变到位、政府行为规范、宏观调控有效、法治保障健全的新型投融资体制。这是我国历史上第一份由党中央、国务院印发实施的投融资体制改革文件。新一轮投融资体制改革全面展开，投资对稳增长、调结构、惠民生的作用进一步发挥。

692. 首次“1+6”圆桌对话会在北京举行

2016 年 7 月 22 日，首次“1+6”圆桌对话会在北京钓鱼台举行。各方围绕“中国经济转型中的增长新动能”等议题进行充分讨论，一致认为应合力促进中国和全球经济强劲、可持续、平衡增长。之后，中国同世界银行、国际货币基金组织、世界贸易组织、经济合作与发展组织、国际劳工组织、金融稳定理事会等 6 个国际组织，每年举行一次“1+6”圆桌对话会。中国与国际组织的合作更加密切。

693. 世界首颗量子卫星“墨子号”成功发射

2016 年 8 月 16 日，我国成功发射世界首颗量子科学实验卫星“墨子号”。它将使我国在世界上首次实现卫星和地面之间的量子通信。量子通信是目前人类唯一已知的不可窃听、不可破译的无条件安全通信方式。2017 年 6 月、8 月，“墨子号”卫星先后在国际上首次成功实现千公里级卫星和地面之间的量子纠缠分发、量子密钥分发和量子隐形传态，圆满实现预定的三大科学目标。中国在量子通信领域领先了世界。

694. 建设健康中国

2016 年 8 月 19—20 日，全国卫生与健康大会举行。习近平在会上讲话指出，要把人民健康放在优先发展的战略地位，顺应民众关切，对“健康中国”建设作出全面部署。8 月 26 日，习近平主持中央政治局会议，审议“健康中国 2030”规划纲要。10 月 17 日，中共中央、国务院印发《“健康中国 2030”规划纲要》，提出到 2030 年人均预期寿命达到 79 岁，对中国人民的健康作出新的长远规划。

695. 20国集团领导人第11次峰会在杭州举行

2016年9月3日，20国集团工商峰会开幕式在杭州举行。习近平出席会议并发表主旨演讲，提出建设创新、开放、联动、包容型世界经济，强调全球经济治理应该以平等为基础，更好反映世界经济格局新现实。4—5日，以“构建创新、活力、联动、包容的世界经济”为主题的20国集团领导人第11次峰会在杭州举行。习近平全程主持会议。这是近年来中国主办的级别最高、规模最大、影响最深的国际峰会。作为主席国，中国提出一整套理念、主张和方案，得到与会各方一致认同，推动峰会形成一系列重要成果，在20国集团发展史上留下深刻的中国印记。

696. 外资管理体制实现重大变革

2016年9月3日，十二届全国人大常委会第二十二次会议通过《关于修改〈中华人民共和国外资企业法〉等4部法律的决定》，探索对外商投资实行准入前国民待遇加负面清单的管理模式，对不涉及国家规定准入特别管理措施的外商投资企业设立及变更的事项，由逐案审批制改为备案制管理。外资管理体制实现重大变革，对外开放进一步深化。

697. 世界最大射电望远镜——“天眼”落成

2016年9月25日，具有我国自主知识产权的世界最大单口径巨型射电望远镜——500米口径球面射电望远镜（FAST）在贵州平塘落成启动。这个被称为“天眼”的望远镜，将在未来10年至20年内，保持世界一流设备的地位，成为中国和世界天文学研究的“利器”，中国的观天能力大大加强。

698. 纪念红军长征胜利80周年

2016年10月21日，纪念红军长征胜利80周年大会在北京隆重举行。习近平在会上讲话，深情回望 80 年前那段苦难和辉煌，深刻揭示长征在我们党、国家、军队发展史上的伟大意义和对中华民族历史进程的深远影响。指出，每一代人有每一代人的长征路，每一代人都要走好自己的长征路。我们这一代人的长征，就是要实现“两个一百年”奋斗目标，实现中华民族伟大复兴的中国梦。要大力弘扬伟大长征精神，在新的长征路上继续奋勇前进。

699. “歼 -20”战斗机公开亮相

2016 年 11 月 1 日，中国自主研制的新一代隐身战斗机“歼 -20”首次公开亮相，参加中国珠海国际航展并对外进行展示。2018 年 2 月 9 日，“歼 -20”开始列装空军作战部队。它在蓝天的出现，把我国的空中保卫力量和空中安全能力，提高到一个新的等级。

700.《关于完善产权保护制度依法保护产权的意见》发布

2016 年 11 月 4 日，中共中央、国务院印发《关于完善产权保护制度依法保护产权的意见》，指出，公有制经济财产权不可侵犯，非公有制经济财产权同样不可侵犯。保护产权，不仅包括保护物权、债权、股权，也包括保护知识产权及其他各种无形财产权。《意见》对公众关心的土地与房屋财产问题做了说明和安排，提出，研究土地使用权到期后续期的法律安排，赋予农民更多财产权利。加强产权保护，有利于国家与公民财产的积累，有利于社会的稳定。

701. 国家监察体制改革开展

2016 年 11 月 4 日，中共中央办公厅印发《关于在北京市、山西省、浙江省开展国家监察体制改革试点方案》。2017 年 10 月 23 日，中共中央办公厅印发《关于在全国各地推开国家监察体制改革试点方案》，部署在全国范围内深化国家监察体制改革的探索实践，完成省、市、县三级监察委员会组建工作，实现对所有行使公权力的公职人员监察全覆盖。2017年11月4日，十二届全国人大常委会第三十次会议通过《关于在全国各地推开国家体制监察改革试点工作的决定》。这一改革，进一步推动了反腐倡廉建设和政风的好转。

702. 全国人大常委会行使香港基本法解释权

2016年11月7日，十二届全国人大常委会第二十四次会议通过香港基本法第104条的解释，针对香港特区立法会选举及个别候任议员在宣誓时宣扬“港独”主张，侮辱国家、民族引发的问题，依法行使基本法解释权，明确了依法宣誓的有关含义和要求。这一解释表明了中央政府反对“港独”的坚定决心和意志，维护了基本法的权威和香港法治秩序，体现了包括香港同胞在内的全体中国人民的共同愿望。

703. 最高法院再审改判聂树斌无罪

2016年12月2日，最高人民法院第二巡回法庭对聂树斌案再审公开宣判，认为原判认定聂树斌故意杀人、强奸妇女的事实不清、证据不足，改判聂树斌无罪。此事距聂树斌被执行死刑已经过去21年。最高法院于2014年12月指令山东省高院复查，并于2016年6月提审此案。聂树斌案是司法机关根据疑罪从无、证据裁判原则依法纠错的重大案件，体现了我国司法的进步和公正。

704. 稳中求进成为治国理政重要原则

2016年12月14—16日，中央经济工作会议在北京举行。会议提出稳中求进工作总基调是治国理政重要原则。党的十八大以来，从作出经济发展进入新常态的重大判断，到形成以新发展理念为指导、以供给侧结构性改革为主线的政策体系，再到贯彻稳中求进工作总基调，适应经济发展新常态的经济政策框架初步确立。在这一原则指导下，中国经济没有发生大起大落，而是稳中向好，平稳前进。

705. 改革农村集体产权制度

2016 年 12 月 26 日，中共中央、国务院印发《关于稳步推进农村集体产权制度改革的意见》，要求通过改革，逐步构建归属清晰、权能完整、流转顺畅、保护严格的中国特色社会主义农村集体产权制度，保护和发展农民作为农村集体经济组织成员的合法权益。农村集体产权制度改革由此向全国推开。改革进一步保证了农村集体所有制的具体实现，保护了农民的集体资产权益，推动了社会主义新农村建设。

2017年

706. 扩大对外开放，积极利用外资

2017 年 1 月 12 日，国务院发出《关于扩大对外开放积极利用外资若干措施的通知》，放宽服务业、制造业、采矿业等领域外资准入限制；支持外资参与创新驱动发展战略实施、制造业转型升级等；支持外资依法依规以特许经营方式参与基础设施建设；支持外商投资企业建设研发中心、企业技术中心等。2017 年 8 月 8 日、2018 年 6 月 10 日，国务院又相继发出《关于促进外资增长若干措施的通知》和《关于积极有效利用外资推动经济高质量发展若干措施的通知》。中国利用外资水平和对外开放水平进一步提高。

707. 习近平在达沃斯世界经济论坛发表演讲

2017 年 1 月 17 日，习近平出席达沃斯世界经济论坛 2017 年年会开幕式并发表主旨演讲，指出，经过 38 年改革开放，中国已经成为世界第二大经济体。中国发展取得巨大成就，关键在于中国走出了一条适合中国国情的发展道路。这是一条从本国国情出发的道路，一条把人民利益放在首位的道路，一条改革创新的道路，一条在开放中谋求发展的道路。中国人民欢迎各国人民搭乘中国发展的“快车”“便车”。他说，“一带一路”倡议提出以来，已经有 100 多个国家和国际组织积极响应支持，40 多个国家和国际组织同中国签署合作协议，中国企业对沿线国家投资达 500 多亿美元。他宣布中国将在北京举办“一带一路”国际合作高峰论坛。这是中国国家主席首次出席世界经济论坛，达沃斯论坛上也响起了“中国声音”。

708. 民法总则通过

2017 年 3 月 15 日，十二届全国人大五次会议通过《中华人民共和国民法总则》，自 2017 年 10 月 1 日起施行。这标志着民法典编纂迈出关键一步。民法总则共 206 条，在保护民事主体的合法权益、正确调整民事关系、维护社会和经济秩序等方面，将发挥重要作用。民法总则的施行，为全面推进依法治国、提高国家治理能力注入新的活力，开启了我国公民权利保障法治化的新时代。

709. 雄安新区设立

2017 年 3 月 28 日，中共中央、国务院发出通知，决定设立河北雄安新区。设立雄安新区，是我国一项新的战略性和历史性的重大决策，是国家大事和国家发展的千年大计。它将有利于集中疏解北京的非首都功能，有利于调整优化京津冀城市布局和空间结构，有利于培育创新驱动发展新引擎。2018 年 12 月，国务院正式批复《河北雄安新区总体规划》，标志着雄安新区建设序幕正式拉开。

710. 可燃冰试采取得重大突破

2017 年 3 月 28 日，我国第一口可燃冰试采井开钻，并于 5 月 10 日点火成功，从天然气水合物矿藏开采出天然气；到 5 月 26 日，试采井连续产气 16 天，平均日产超过一万立方米。由此，我国取得了海域天然气水合物试采持续产气时间长、气流稳定、环境安全等多项重大突破性成果。在可燃冰这项新能源开采方面，中国走在了世界的前头。

711. 天舟一号完成多项应用

2017 年 4 月 20 日，我国第一艘货运飞船天舟一号发射升空，随后与天宫二号空间实验室顺利完成手动交会对接。4 月 27 日，天舟一号与天宫二号成功完成首次推进器在轨补加试验。6 月 19 日，天舟一号与天宫二号完成第二次交会对接试验，巩固了航天器多方位空间交会技术。这标志着我国载人航天工程第二步胜利完成，正式宣告中国航天迈入“空间站时代”。

712. 第一艘自主设计建造的航空母舰下水

2017 年 4 月 26 日，我国第一艘自主设计建造的航空母舰出坞下水，这也是我国第二艘航空母舰。国产航母下水，标志着我国进入自主设计建造航空母舰的新时期，体现了海军装备水平的跃升，显示出国防整体实力和国家整体力量的提高。

713. 世界首台单光子量子计算机在中国诞生

2017 年 5 月 3 日，世界首台单光子量子计算机在中国诞生。这是由中国科技大学潘建伟团队研制成功的。该机的速度，不仅比国际同行在这之前的实验加快至少 24000 倍，而且比人类历史上第一台电子管计算机和第一台晶体管计算机快 10—100 倍。这是世界上第一台超越早期经典计算机的单光子量子模拟机，为最终实现超越经典计算能力的计算机“量子称霸”目标奠定了基础。

714. 我国自主研制的大型客机 C919 首飞成功

2017 年 5 月 5 日，我国首款按照最新国际适航标准自主研制的 C919 大型客机首飞成功，标志着我国实现了民用飞机技术集群式突破，成为世界上少数几个拥有研制大型客机能力的国家，中国航空制造水平迈上了新台阶。

715. 首届“一带一路”国际合作高峰论坛在北京举行

2017 年 5 月 14—15 日，首届“一带一路”国际合作高峰论坛在北京举行。国家主席习近平出席开幕式并发表主旨演讲，强调要坚持以和平合作、开放包容、互学互鉴、互利共赢为核心的丝路精神，携手推动“一带一路”建设行稳致远，将“一带一路”建成和平之路、繁荣之路、开放之路、创新之路、文明之路。这是中国首倡举办的“一带一路”建设框架内层级最高、规模最大的国际会议，包括 29 位外国元首和政府首脑在内的来自 130 多个国家和 70 多个国际组织约 1500 名代表出席，表明中国的“一带一路”倡议，得到了广泛的国际响应。

716. “复兴号”投入运行

2017 年 6 月 25 日，具有完全自主知识产权、达到世界先进水平的中国标准动车组，被命名为“复兴号”，并于 26 日投入运行。“复兴号”中国标准动车组技术，构建了体系完整、结构合理、先进科学的高速动车技术标准体系，标志着我国高速动车组技术实现全面自主化、标准化和系列化，将进一步促进中国高铁“走出去”。它的投入运行，标志着中国高速动车组技术以及工程建造、列车控制、牵引供电等各个技术领域，都达到世界先进水平。

717. 庆祝香港回归祖国 20 周年大会暨香港特别行政区第五届政府就职典礼举行

2017 年 7 月 1 日，庆祝香港回归祖国 20 周年大会暨香港特别行政区第五届政府就职典礼在香港举行。习近平出席典礼并发表讲话，指出，中央贯彻“一国两制”方针坚持两点，一是坚定不移，不会变、不动摇；二是全面准确，确保“一国两制”在香港的实践不走样、不变形，始终沿着正确方向前进。当天，习近平还在香港出席《深化粤港澳合作推进大湾区建设框架协议》签署仪式，把建设粤港澳大湾区上升为国家战略。

718.《新一代人工智能发展规划》发布

2017 年 7 月 8 日，国务院印发《新一代人工智能发展规划》，提出以加快人工智能与经济、社会、国防深度融合为主线，以提升新一代人工智能科技创新能力为主攻方向，构筑知识群、技术群、产业群互动融合和人才、制度、文化相互支撑的生态系统；到 2030 年我国人工智能理论、技术与应用总体达到世界领先水平，成为世界主要人工智能创新中心，占据人工智能科技制高点。规划的发布，抢抓住人工智能发展的重大战略机遇，构筑了我国人工智能发展的先发优势，有利于我国的创新型国家建设和世界科技强国建设。

719. 庆祝中国人民解放军建军 90 周年阅兵举行

2017 年 7 月 30 日，庆祝中国人民解放军建军 90 周年阅兵在朱日和联合训练基地举行。1.2 万名官兵、600 多台车辆、100 多架战机接受检阅。这是中国人民解放军首次以盛大阅兵庆祝建军节，是野战化、实战化的沙场点兵，是人民军队整体性、革命性变革后的全新亮相。习近平检阅了部队。8 月 1 日，习近平在庆祝中国人民解放军建军 90 周年大会上讲话指出，党对军队的绝对领导，是中国特色社会主义的本质特征，是党和国家的重要政治优势，是人民军队的建军之本、强军之魂。要把人民军队建设成为世界一流军队。

720. 深化教育体制改革

2017 年 8 月 1 日，中共中央办公厅、国务院办公厅印发《关于深化教育体制改革的意见》，提出坚持以人民为中心，着眼促进教育公平、提高教育质量，针对人民群众反映强烈的突出问题，集中攻坚，综合改革，重点突破，扩大受益面，增强人民群众获得感。创新学前教育普惠健康发展的体制机制，统一城乡学校建设等标准，试行学区化管理，探索集团化办学，采取学校联盟、九年一贯制等灵活多样的办学形式。改革的实施，进一步促进了我国的教育公平和教育发展。

721.《关于营造企业家健康成长环境弘扬优秀企业家精神更好发挥企业家作用的意见》发布

2017 年 9 月 8 日，中共中央、国务院印发《关于营造企业家健康成长环境弘扬优秀企业家精神更好发挥企业家作用的意见》，要求营造依法保护企业家合法权益的法治环境、促进企业家公平竞争诚信经营的市场环境、尊重和激励企业家干事创业的社会氛围；依法保护企业家财产权、创新权益和自主经营权；构建“亲”“清”新型政商关系；对企业家合法经营中出现的失误、失败给予更多理解、宽容、帮助；加强对优秀企业家先进事迹和突出贡献的宣传报道等。这些政策措施，更好地发挥了企业和企业家在市场中、在经济社会发展中的重要作用。

722. 量子保密通信干线开通

2017 年 9 月 29 日，世界上首条量子保密通信干线——京沪干线正式开通。京沪干线与“墨子号”量子科学实验卫星成功对接，首次实现了洲际量子保密通信，为未来实现覆盖全球的量子保密通信迈出了坚实的一步。中国在量子通信领域又获得了一个世界第一。

723. 中共十九大召开

2017 年 10 月 18—24 日，中国共产党第十九次全国代表大会在北京召开。大会通过的报告《决胜全面建成小康社会，夺取新时代中国特色社会主义伟大胜利》，作出了中国特色社会主义进入新时代，我国社会主要矛盾已经转化为人民日益增长的美好生活需要和不平衡不充分的发展之间的矛盾等重大政治论断，确立了习近平新时代中国特色社会主义思想的历史地位，提出了新时代坚持和发展中国特色社会主义的基本方略，确定了决胜全面建成小康社会、开启全面建设社会主义现代化国家新征程的目标。大会认为，综合分析国际国内形势和我国发展条件，从 2020 年到本世纪中叶可以分两个阶段来安排。第一个阶段，从 2020 年到 2035 年，在全面建成小康社会的基础上，再奋斗 15 年，基本实现社会主义现代化。第二个阶段，从 2035 年到本世纪中叶，在基本实现现代化的基础上，再奋斗 15 年，把我国建成富强民主文明和谐美丽的社会主义现代化强国。大会通过《关于中国共产党章程（修正案）的决议》，把习近平新时代中国特色社会主义思想同马克思列宁主义、毛泽东思想、邓小平理论、“三个代表”重要思想、科学发展观一道确立为党的行动指南并载入党章。这次大会，选举产生了新一届中央委员会和中央纪律检查委员会。大会高度评价十八届中央委员会的工作，指出，党的十八大以来的 5 年，是党和国家发展进程中极不平凡的 5 年，改革开放和社会主义现代化建设取得了历史性成就。大会吹响了夺取新时代中国特色社会主义伟大胜利的前进号角。10 月 25 日，中共十九届一中全会选举习近平、李克强、栗战书、汪洋、王沪宁、赵乐际、韩正为中央政治局常委，选举习近平为中央委员会总书记，决定习近平为中央军委主席，批准赵乐际为中央纪委书记。

724. 造岛神器“天鲲号”下水

2017 年 11 月 3 日，我国自主设计并建造的亚洲最大绞吸挖泥船“天鲲号”在江苏启东成功下水。“天鲲号”装备了亚洲最强大的挖掘系统、最大功率的输送系统和当前国际最先进的自动控制系统，其泥泵输送功率达到 1.7 万千瓦，为世界最高功率配置；且其远程输送能力达 1.5 万米，为世界之最。它的下水，填补了我国自主建造重型自航绞吸船的空白，推动了我国疏浚产业及船舶制造业的发展壮大，提升了我国疏浚企业的核心竞争力。

725. 中国共产党与世界政党高层对话会在北京举行

2017 年 11 月 30 日—12 月 3 日，中国共产党与世界政党高层对话会在北京举行。会议的主题是：“构建人类命运共同体，共同建设美好世界：政党的责任”。12 月 1 日，习近平出席对话会开幕式并发表主旨讲话，指出，不同国家的政党应该增进互信、加强沟通、密切协作，探索在新型国际关系的基础上建立求同存异、相互尊重、互学互鉴的新型政党关系，搭建多种形式、多种层次的国际政党交流合作网络，汇聚构建人类命运共同体的强大力量。这次会议，是中国共产党首次与全球各国政党举行高层对话，也是出席人数最多的全球政党领导人对话会，在中国共产党历史上具有开创性意义，在世界政党史上具有突破性意义。

726. 国内生产总值首次突破 80 万亿元

据 2018 年 1 月 18 日国家统计局发布的数据，2017 年，我国国内生产总值（GDP）827122 亿元，首次突破 80 万亿元大关，比上年增长 6.9%。这也是我国经济年度增速自 2011 年下行以来的首次回升。

2018年

727. 实施乡村振兴战略

2018年1月2日，中共中央、国务院印发《关于实施乡村振兴战略的意见》，要求加快推进农业农村现代化，走中国特色社会主义乡村振兴道路，让农业成为有奔头的产业，让农民成为有吸引力的职业，让农村成为安居乐业的美丽家园；到2050年，乡村全面振兴，农业强、农村美、农民富全面实现。这一战略的实施，将推动我国农业全面升级、农村全面进步、农民全面发展。

728. 促进两岸经济文化交流合作的若干措施出台

2018年2月28日，国务院台办、国家发展改革委发布《关于促进两岸经济文化交流合作的若干措施》，要求加快给予台资企业与大陆企业同等待遇，逐步为台湾同胞在大陆学习、创业、就业、生活提供与大陆同胞同等待遇，充分体现出两岸一家人、两岸同属一个国家。

728. 全国政协十三届一次会议和十三届全国人大一次会议举行

2018年3月3—15日，全国政协十三届一次会议举行。会议选举汪洋为全国政协主席。3月5—20日，十三届全国人大一次会议举行。会议选举习近平为国家主席、国家中央军委主席，栗战书为全国人大常委会委员长，决定李克强为国务院总理。会议通过《中华人民共和国监察法》。会议第一次举行宪法宣誓仪式，国家主席、副主席和全国人大常委会委员长进行了宪法宣誓，副委员长和秘书长进行了集体宣誓。会议还决定了国务院其他组成人员。

730. 原油期货挂牌交易

2018 年 3 月 26 日，中国首个国际化期货品种——原油期货正式在上海国际能源交易中心挂牌交易。标志着上海金融中心建设迈出新的步伐，也标志着中国在石油定价方面有了话语权。它是中国金融市场的一件大事、石油产业的一件大事、对外开放的一件大事。

731. 中央支持海南全面深化改革开放

2018 年 4 月 11 日，中共中央、国务院印发《关于支持海南全面深化改革开放的指导意见》，赋予海南经济特区改革开放新使命，建设自由贸易试验区和中国特色自由贸易港。13 日，习近平在庆祝海南建省办经济特区 30 周年大会上讲话指出，海南要着力打造全面深化改革开放试验区、国家生态文明试验区、国际旅游消费中心、国家重大战略服务保障区，形成更高层次改革开放新格局。郑重宣布党中央决定支持海南全岛建设自由贸易试验区，支持海南逐步探索、稳步推进中国特色自由贸易港建设，分步骤、分阶段建立自由贸易港政策和制度体系。4 月 14 日，中共中央、国务院发布《关于支持海南全面深化改革开放的指导意见》，对海南规划了“四步走”的发展目标。

732. 空军开展实战化训练

2018 年 4 月 26 日，人民解放军多型歼击机、预警机、侦察机和轰 –6K 战机从空军多个机场起飞，成体系开展海上方向实战化军事训练。轰 –6K 等多型战机编队飞越宫古海峡和巴士海峡，实施了“绕岛巡航”训练课题。显示出我国空军有能力保卫自己的领空，有能力捍卫国家的统一。

733. 全国生态环境保护大会召开

2018 年 5 月 18—19 日，全国生态环境保护大会在北京召开。习近平在会上讲话，提出新时代推进生态文明建设的六大原则：一是坚持人与自然和谐共生；二是绿水青山就是金山银山；三是良好生态是最普惠的民生福祉；四是山水林田湖草是生命共同体；五是用最严格制度最严密法治保护生态环境；六是共谋全球生态文明建设。会议对加强生态环境保护，打好污染防治攻坚战作出部署，动员全党全国全社会一起动手，推动我国生态文明建设迈上新台阶。

734. 习近平要求建设世界科技强国

2018 年 5 月 28 日，中国科学院第 19 次院士大会、中国工程院第 14 次院士大会在人民大会堂开幕。习近平在会上讲话指出，要充分认识创新是第一动力，矢志不移自主创新，着力增强自主创新能力。要以关键共性技术、前沿引领技术、现代工程技术、颠覆性技术创新为突破口，努力实现关键核心技术自主可控，把创新主动权、发展主动权牢牢掌握在自己手中。中国要努力成为世界主要科学中心和创新高地，我国科技工作者要瞄准世界科技前沿，引领科技发展方向，建设世界科技强国。

735. 推进市场监管领域改革和创新

2018 年 6 月 6 日，国务院常务会议部署在市场监管领域推进管理方式改革和创新，全面推行“双随机”“一公开”监管；决定全面清理各项证明事项，更多消除群众和企业办事烦恼；确定进一步建设和完善社会信用体系的措施，以诚信立身兴业。

736. 上海合作组织青岛峰会举行

2018 年 6 月 9—10 日，上海合作组织青岛峰会举行。上海合作组织成员国领导人、常设机构负责人、观察员国领导人及联合国等国际组织负责人出席会议。习近平主持会议并发表讲话，强调要提倡创新、协调、绿色、开放、共享的发展观，践行共同、综合、合作、可持续的安全观，秉持开放、融通、互利、共赢的合作观，树立平等、互鉴、对话、包容的文明观，坚持共商共建共享的全球治理观，不断改革和完善全球治理体系，推动各国携手建设人类命运共同体。成员国领导人签署了《上海合作组织成员国元首理事会青岛宣言》等。

737. 深化“互联网 + 政务服务”

2018 年 6 月 10 日，国务院办公厅印发《进一步深化“互联网 + 政务服务”推进政务服务“一网一门一次”改革实施方案》，就加快推进政务服务“一网通办”和企业群众办事“只进一扇门”“最多跑一次”等作出部署。要求到 2019 年，重点领域和高频事项基本实现“一网”“一门”“一次”。在“一网通办”方面，省级和市县级网上可办率分别不低于 90% 和 70%。在“只进一扇门”方面，要求政务服务进驻综合性实体服务大厅基本“应进必进”。各级 100 个高频事项实现“最多跑一次”，让企业和群众到政府办事，像“网购”一样方便。

738. 蓝天保卫战三年行动计划实施

2018 年 6 月 13 日，国务院常务会议部署实施蓝天保卫战三年行动计划。16 日，中共中央、国务院印发《关于全面加强生态环境保护坚决打好污染防治攻坚战的意见》，提出到 2020 年，生态质量总体改善，主要污染物排放总量大幅减少，环境风险得到有效管控；到 2035 年，生态环境质量实现根本好转，美丽中国目标基本实现。7 月 9 日，十三届全国人大常委会第四次会议表决通过了全国人大常委会《关于全面加强生态环境保护依法推动打好污染防治攻坚战的决议》。一场蓝天保卫战在全国打响，全国上下为建设美丽中国而努力奋斗。

739.《关于打赢脱贫攻坚战三年行动的指导意见》发布

2018年6月15日，中共中央、国务院印发《关于打赢脱贫攻坚战三年行动的指导意见》。一场脱贫攻坚的硬仗在全国打响。12月28日，全国扶贫开发工作会议指出，2018年，我国脱贫攻坚重点工作扎实推进，预计全年减少农村贫困人口1000万以上，280个左右贫困县脱贫摘帽，280万人易地扶贫搬迁，脱贫攻坚三年行动开局良好。会议要求2019年再减少农村贫困人口1000万左右，实现300个左右贫困县摘帽。

740. “中国农民丰收节”设立

2018年6月21日，新华社报道：经党中央批准、国务院批复，自2018年起，我国将每年农历秋分设立为“中国农民丰收节”。9月23日，是首个“中国农民丰收节”，习近平代表党中央，向全国亿万农民致以节日的问候和良好的祝愿。在北京，全国农业劳动模范，全国十佳农民等56个民族的优秀农民代表汇聚一堂，共庆节日。各地农民用秋收的果实和各种农事竞赛与文艺汇演等，欢庆自己的节日。

741. 完善国有金融资本管理

2018年6月30日，中共中央、国务院印发《关于完善国有金融资本管理的指导意见》，明确对国有金融资本实行统一授权管理，建立健全国有金融资本管理的“四梁八柱”。指出，要有进有退，突出重点，进一步提高国有金融资本配置效率，有效发挥国有金融资本在金融领域的主导作用，继续保持国家对重点国有金融机构的控制力，显著增强金融服务实体经济的能力。

这些措施，有效维护了国家的金融安全。

742. 贵州梵净山正式列入世界遗产名录

2018 年 7 月 2 日，在巴林麦纳麦举行的第 42 届世界遗产大会上，联合国教科文组织世界遗产委员会审议通过，将贵州省梵净山列入世界遗产名录。梵净山成为中国第 53 处世界遗产和第 13 处世界自然遗产。

743. 中阿合作论坛第八届部长级会议在北京举行

2018 年 7 月 10 日，中国—阿拉伯国家合作论坛第八届部长级会议在北京举行。国家主席习近平出席开幕式并讲话，宣布中阿双方一致同意，建立全面合作、共同发展、面向未来的中阿战略伙伴关系。2014 年中国向阿拉伯世界发出共建“一带一路”的邀请两年来，中国已同十多个阿拉伯国家签署了共建“一带一路”谅解备忘录，7 个阿拉伯国家成为亚洲基础设施投资银行创始成员国。双方在人员、港口、产业园区、产能、航天卫星等领域的合作不断开花结果，一批重点项目在阿拉伯国家陆续落地。

744. 中国科学家合成全球首例单染色体酵母菌株

2018 年 8 月 1 日，英国《自然》杂志发表成果，宣布中国科学院上海生命科学研究院植物生理生态研究所覃重军研究团队，日前合成出全球首例有生命活性的单染色体真核细胞——只有一条染色体的酿酒酵母菌株。

745. 中非合作论坛北京峰会举行

2018 年 9 月 3—4 日，中非合作论坛北京峰会举行。习近平主持峰会并在开幕式上发表主旨讲话，提出中非要携手打造中非命运共同体，重点实施好产业促进、设施联通、贸易便利、绿色发展、能力建设、健康卫生、人文交流、和平安全“八大行动”。自2006年中非合作论坛北京峰会以来，中国已在非洲创办了6个境外经贸合作区，正在建设和已经运营的中非共建产业园近100个。至2017年底，在非洲投资经营的中国企业达3500多家。中非合作呈现出广阔前景。

746. 全国教育大会举行

2018年9月10—11日，全国教育大会在北京举行。习近平在会上讲话指出，教育是国之大计、党之大计。要坚持改革创新，以凝聚人心、完善人格、开发人力、培养人才、造福人民为工作目标，培养德智体美劳全面发展的社会主义建设者和接班人，加快推进教育现代化、建设教育强国、办好人民满意的教育。强调教育投入要更多向教师倾斜，不断提高教师待遇；要扭转不科学的教育评价导向，坚决克服唯分数、唯升学、唯文凭、唯论文、唯帽子的顽瘴痼疾。

747. 降低关税总水平

2018年9月26日，国务院常务会议决定，从11月1日起，降低1585个税目工业品商品进口关税税率。由此，我国关税总水平将由上年的9.8%降至7.5%。

748. 港珠澳大桥正式开通

2018年10月23日，港珠澳大桥开通仪式在广东省珠海市举行。习近平宣布大桥正式开通并巡览大桥。港珠澳大桥总长55公里，是连接香港、珠海和澳门的超大型跨海通道，也是世界上总体跨度最长、钢结构桥体最长、海底沉管隧道最长、建设技术最复杂、施工难度最高、工程规模最庞大的跨海大桥。它为中国争得6个“世界之最”。它把香港和澳门与祖国大陆连接在了一起，成为整体。

749. 习近平主持召开民营企业座谈会

2018 年 11 月 1 日，习近平主持召开民营企业座谈会，强调，毫不动摇鼓励支持引导非公有制经济发展，支持民营企业发展并走向更加广阔的舞台。他指出，我们强调把公有制经济巩固好、发展好，同鼓励、支持、引导非公有制经济发展不是对立的，而是有机统一的。公有制经济、非公有制经济应该相辅相成、相得益彰，而不是相互排斥、相互抵消。我国基本经济制度写入了宪法、党章，这是不会变的，也是不能变的。在我国经济发展进程中，要不断为民营经济营造更好的发展环境。此前，10 月 24 日，全国工商联发布由中央统战部和全国工商联共同推荐宣传的“改革开放 40 年百名杰出民营企业家”名单，肯定了民营企业对中国经济发展的贡献。

750. 首届中国国际进口博览会举行

2018 年 11 月 5—10 日，首届中国国际进口博览会在上海举行。习近平出席开幕式并发表主旨演讲，指出，中国国际进口博览会是迄今为止世界上第一个以进口为主题的国家级展会，是中国推动建设开放型世界经济、支持经济全球化的实际行动。他宣布中国扩大开放新举措：增设中国上海自由贸易区的新片区，在上海证券交易所设立科创板并试点注册制，支持长江三角洲区域一体化发展并上升为国家战略。

751. 赋予自贸区更大改革自主权

2018 年 11 月 23 日，《关于支持自由贸易试验区深化改革创新若干措施的通知》发布，提出了 53 项切口小、见效快的工作措施，赋予自贸区更大改革自主权，为自贸区提供更多金融政策支持和海关便利措施，以推动自贸区更好发挥示范引领作用。

752. 嫦娥四号开启人类首次月背之旅

2018 年 12 月 8 日，我国在西昌卫星发射中心用长征三号乙运载火箭成功发射嫦娥四号探测器。2019 年 1 月 3 日，嫦娥四号探测器自主着陆在月球背面南极——艾特肯盆地内的冯·卡门撞击坑内，实现人类探测器首次在月球背面软着陆。之后，着陆器上监视机拍摄了月背的第一张影像图并成功传回地面。中国又创造了一个新的“世界第一”。

753. 庆祝改革开放 40 周年大会举行

2018 年 12 月 18 日，庆祝改革开放 40 周年大会在北京人民大会堂隆重举行。习近平在会上讲话指出：改革开放是我们党的一次伟大觉醒，这一觉醒孕育了我们党从理论到实践的伟大创造。改革开放，是中国人民和中华民族发展史上的一次伟大革命，这一革命推动了中国特色社会主义事业的伟大飞跃。建立中国共产党、成立中华人民共和国、推进改革开放和中国特色社会主义事业，是五四运动以来我国发生的三大历史性事件，是近代以来实现中华民族伟大复兴的三大里程碑。他宣布，现在，我国是世界第二大经济体、制造业第一大国、货物贸易第一大国、商品消费第二大国、外资流入第二大国，我国外汇储备连续多年位居世界第一。我国是世界上最有安全感的国家之一。我们用几十年时间走完了发达国家几百年走过的工业化历程。中华民族迎来了从站起来、富起来到强起来的伟大飞跃。他号召全国人民将改革开放进行到底，在新时代创造中华民族新的更大奇迹！党中央、国务院决定授予于敏等 100 名同志改革先锋称号，向阿兰·梅里埃等 10 名国际友人颁授中国改革友谊奖章。

754.《市场准入负面清单（2018 年版）》发布

2018 年 12 月 25 日，经中共中央、国务院批准，国家发展改革委、商务部发布《市场准入负面清单（2018 年版）》，标志着我国全面实施市场准入负面清单制度，负面清单以外的行业、领域、业务等，各类市场主体皆可依法平等进入。这是我国对外开放的重大举措，也是我国社会主义市场经济制度的一个重要体现。

2019年

755. 国家科学技术奖励大会召开

2019 年 1 月 8 日，国家科学技术奖励大会在北京举行。习近平等党和国家领导人出席会议并为获奖代表颁奖。2018 年度国家最高科学技术奖，授予刘永坦院士和钱七虎院士。刘永坦院士坚持自主研发新体制雷达，打破国外技术垄断，为我国海疆雷达打造出“火眼金睛”。钱七虎院士创立了防护工程学科，引领着防护工程科技创新，为我国铸就坚不可摧的“地下钢铁长城”。

756. 全国政协十三届二次会议和十三届全国人大二次会议召开

2019 年 3 月 3 日和 3 月 5 日，全国政协十三届二次会议和十三届全国人大二次会议先后在北京召开。3 月 5 日，李克强在政府工作报告中，开列了 2018 年中国发展的主要成绩单：国内生产总值增长 6.6%，总量突破 90 万亿元；城镇新增就业 1361 万人；单位国内生产总值能耗下降 3.1%；日均新增企业超过 1.8 万户，市场主体超过 1 亿户；货物进出口总额 30 万亿元；实际使用外资 1363 亿美元，稳居发展中国家之首；农村贫困人口减少 1386 万；居民人均可支配收入实际增长 6.5%；棚户区住房改造 620 多万套，农村危房改造 190 万户；外汇储备保持在 3 万亿美元以上；关税总水平由 9.8% 降至 7.5%；近 1400 万农业转移人口在城镇落户；新增高速铁路运营里程 4100 公里，新建改建高速公路 6000 多公里、农村公路 30 多万公里；城乡居民基础养老金标准从每月 70 元提高到 88 元。另据 2019 年 2 月 28 日国家统计局发布的 2018 年国民经济统计年报：年末人口 139538 万人；全年粮食产量 65789 万吨；棉花产量 610 万吨；原煤 36.8 亿吨；原油 18910.6 亿吨；发电量 71117 亿千瓦小时；粗钢 92800 万吨；钢材 110551 万吨；水泥 22.1 亿吨；化肥 5424 万吨；汽车 2781 万辆，货物运输总量 514.6 亿吨；旅客运输总量 179.2 亿人次；社会消费品零售总额 380987 亿元；全社会固定资产投资 645675 亿元；货物进出口总额 305050 亿元，其中出口 164177 亿元，进口 140874 亿元，顺差 23303 亿元。全国居民人均可支配收入 28228 元，扣除物价因素，实增 6.5%；全年毕业研究生 60.4 万人，普通本专科 753.3 万人；中等职业教育 487.3 万人。这就是 2018 年底的中国数字，这就是新中国 70 年即将到来之时的中国成绩单，这就是新中国迈向更大辉煌的基础和家底。如果与 70 年前相比，国内生产总值增长了一千多倍，钢产量增长了七八千倍，原煤增长了七八十倍，发电量增长了一千多倍。这就是新中国发展的速度。2018 年中国的经济总量连续几年稳居世界第二，并正迅速接近与世界第一的距离。这就是当今新中国在国际上的地位。这些成绩，足以证明：新中国的发展成果是巨大的，发展成就是辉煌的，发展道路是正确的，发展方向是对头的，中华民族的伟大复兴是指日可待的！